Sinn und Inhalt in der Genetischen
Phänomenologie E. Husserls

PHAENOMENOLOGICA

COLLECTION PUBLIÉE SOUS LE PATRONAGE DES CENTRES
D'ARCHIVES HUSSERL

47

GUIDO ANTÔNIO DE ALMEIDA

Sinn und Inhalt in der Genetischen Phänomenologie E. Husserls

GUIDO ANTÔNIO DE ALMEIDA

Sinn und Inhalt in der Genetischen Phänomenologie E. Husserls

MARTINUS NIJHOFF / DEN HAAG / 1972

ISBN 90 247 1318 8

PRINTED IN THE NETHERLANDS

Für Maria José

INHALTSVERZEICHNIS

DRITTES KAPITEL:

DIE SINNHAFTIGKEIT DER KATEGORIALEN FORMEN

VIERTES KAPITEL:

DIE IDEALITÄT DER LOGISCHEN
GEGENSTÄNDLICHKEITEN

SCHLUSSWORT

BEILAGE.

HUSSERLS ,,TRANSZENDENTALE ÄSTHETIK'':
WELTONTOLOGIE ODER HERMENEUTIK DER
VORPRÄDIKATIV ERFAHRENEN WELT?

VORBEMERKUNG

Das vorliegende Buch enthält den Text einer Dissertation, die im Sommer-Semester 1970 von der Philosophischen Fakultät der Universität Freiburg i. Br. angenommen wurde.

An dieser Stelle möchte ich meinem Lehrer, Herrn Prof. Dr. Werner Marx, für die stete Förderung meiner Arbeit meinen zutiefst empfundenen Dank aussprechen. Herrn Prof. Dr. H. L. Van Breda, O.F.M., Direktor des Husserl-Archivs zu Löwen, bin ich auch für seine Unterstützung und die Erlaubnis, aus unveröffentlichten Manuskripten Husserls zitieren zu dürfen, besonders zu Dank verpflichtet. Dank schulde ich auch dem ,,Deutschen Akademischen Austauschdienst'' für die Gewährung des Stipendiums, das die Abfassung dieser Arbeit ermöglichte.

§ 1. Die „Repräsentationstheorie" und das Form-Inhalt-Modell

Die Repräsentationstheorie Husserls, die er zum ersten Mal in LU[1] formulierte, ist möglicherweise nicht die Grundidee, wohl aber eine der wichtigsten Hypothesen seiner ersten phänomenologischen Untersuchungen. Sie mußte zwar mit der Entdeckung der transzendentalen Subjektivität und der transzendentalen Konstitution einen neuen Sinn annehmen, indessen blieb der Hauptgedanke dabei stets derselbe: die Gegenstände unserer Erkenntnis stellen sich selbst aufgrund intuitiver Inhalte im Erlebnisstrom des Bewußtseins dar, wobei der intuitive Inhalt erst mittels einer subjektiv vollzogenen Auffassungssynthese zu einem (den Gegenstand) *darstellenden* wird.[2] Schon auf der untersten Erkenntnisstufe ist der intuitive Inhalt der bloße Bestand an sinnlichen Merkmalen, welche „außer der Auffassung" bloß „Empfindungsdaten" sind. Seinerseits kann dann der erste, aufgrund dieser sinnlichen Gegebenheiten konstituierte, Gegenstand den repräsentativen Anhaltspunkt für eine zweite Auffassungssynthese geben u.s.w. in infinitum. Die Erkenntnis hat somit auf allen Stufen zwei verschiedene Prinzipien: die Auffassungssynthese und den intuitiven Darstellungsinhalt. Darin liegt: der gegebene Inhalt kann nur als Darstellungsinhalt eines Gegenstandes aufgefaßt werden, weil die Auffassung einen *Sinn* mitbringt, womit sie den gegebenen Inhalt, wie Husserl sagt, „beseelt" und ihm dadurch Gegenstandsbezogenheit verleiht. „Sinn" und „Inhalt" sind demnach zwei Grundprinzipien der erkennenden Intentionalität, die in der Auffassungssynthese miteinander vermit-

---

[1] Vgl. z.B. LU II, S 74f. und S. 380 f. (Die Abkürzungen der Büchertitel sind vor der Bibliographie angegeben.)
[2] Vgl. auch LU III, S. 91.

telt werden. Mit dieser Konzeption der Erkenntnissynthese wird offensichtlich auf den aus der Geschichte der Philosophie bekannten Gedanken von Form und Inhalt zurückgegriffen. Bekanntlich wollte schon die Scholastik die Erkenntnis als diejenige Abstraktion der objektiven Form aus dem zugrundeliegenden Stoff erklären, womit jene dem Wesen des Gegenstandes nach unzertrennlich verbunden war. Kant greift – zwar in einer veränderten Gedankenkonstellation – dieselbe Idee der formalen Bestimmung eines vorgegebenen Inhaltes in der Absicht auf, das Zusammenwirken der passiven und der aktiven Erkenntnisakte verständlich zu machen. Vermutlich verdankt Husserl seine Auffassung der Erkenntnis seiner Auseinandersetzung mit Kant, speziell der mit dem Neukantianismus. Diese Auffassung dürfte in der Tat eine der „fraglosen Selbstverständlichkeiten" des damaligen philosophischen Lebens, das durch den überwältigenden Einfluß des Neukantianismus geprägt war, gewesen sein.

Dem entgegen wollen wir zeigen, wie dieses Erklärungsmodell in Husserls Phänomenologie schließlich versagen muß, wenn es darum geht, die Konstitution der formalen und der inhaltlichen Erkenntnisfaktoren *für sich selbst* zu erklären, nämlich die Konstitution des gegebenen „Inhaltes," bzw. der „Empfindungsdaten" in den Synthesen der Passivität einerseits, das Erzeugen von „Sinn" in den Synthesen der aktiven Denkspontaneität andererseits. Dementsprechend beginnen wir mit der Frage: wie werden Sinn und Inhalt innerhalb der Auffassungssynthese für sich selbst erkannt? M.a.W., wie gibt es innerhalb des konkreten Erkenntnisaktes, den Husserl als eine Auffassungssynthese verstanden sehen will, Bewußtsein vom Auffassungssinn und vom gegebenen Inhalt als solche?

In diesem Zusammenhang stellt sich die Frage nach einem *ursprünglichen* Bewußtsein, das natürlich nicht den Charakter eines explizit thematisierenden Bewußtseins haben kann, da innerhalb der Auffassungssynthese das eigentliche Thema der aufgefaßte Gegenstand, und nicht der Auffassungssinn oder der Auffassungsinhalt ist.[3] Es wird also auch nicht gefragt, wie der

---

[3] Weder die sinnlichen Repräsentanten noch der Sinn sind das, was in der Auffassung gegenständlich intendiert ist. *Durch den Sinn* richtet sich das Bewußtsein auf den Gegenstand (*Ideen I*, S. 316). Andererseits ist der Gegenstand keine bloße „Empfindungskomplexion" (LU III, S. 234 f.), und die Empfindungen sind nicht als Zeichen oder Bilder in der „verstehenden Auffassung" gedeutet, sondern sind in der

gegebene Inhalt oder die Sinne nachträglich vergegenständlicht werden, (wie es, was die Auffassungssinne anbetrifft, etwa in der formalen Logik geschieht, oder in anderer Hinsicht in der Psychologie oder gar in der Philosophie). Wenn wir fragen, wie es Bewußtsein von Sinn geben kann, haben wir nicht die Methoden der logischen Abstraktion und Formalisierung im Auge, ebensowenig die Methoden der psychologischen oder philosophischen Reflexion, sondern das unmittelbare Verstehen von Sinn, das die Voraussetzung für seine vergegenständlichende Herausstellung schafft. Dementsprechend fragen wir auch nicht, wie die Empfindungen in abstraktiver Einstellung für sich selbst betrachtet werden können, sondern wie das Empfinden sinnlicher Inhalte selbst im unmittelbaren Bewußtsein eines gegebenen Gegenstandes erfolgen kann.

Das reicht freilich noch nicht aus, um die Absicht unserer Frage eindeutig herauszustellen. Wir müssen nämlich unsere Fragestellung noch vor einem möglichen Mißverständnis absichern. Man könnte uns ja entgegenhalten, daß es ungereimt wäre, nach der Bewußtseinsweise von Sinn bzw. Empfindungsinhalt zu fragen, weil diese komplementäre Rollen innerhalb der Auffassungssynthese spielen, so daß die Berücksichtigung des einen die Mitberücksichtigung des anderen fordert. Deswegen könne man die Frage nach dem Sinnverstehen nicht von der Frage nach dem Empfinden isolieren. Das ist zweifellos unbestreitbar. Deshalb wollen wir auch kein imaginäres ,,Außerhalb-'' oder ,,Vor-der-Erkenntnissynthese,'' in der Sinn und Inhalt verbunden sind, fingieren, als ob beide – wenn nicht gegenständlich, so zumindest gedanklich – getrennt werden könnten. Hingegen beabsichtigen wir die Eigenart des Bewußtseins von Sinn gegen die Eigenart des Bewußtseins vom gegebenen Inhalt abzuheben. Das muß möglich sein. Denn gemäß der Repräsentationstheorie, sollen wir Sinn und Inhalt unterscheiden. Dies setzt ebenso die Möglichkeit und Notwendigkeit der Differenzierung der korrelativen Bewußtseinsweisen voraus. Kurz es kommt darauf an, das *Verstehen* von Sinn vom *Empfinden* sinnlicher Inhalte zu unterscheiden. Es wird sich noch zeigen, welche Schwierigkeiten sich hinter dieser schlichten Formulierung verbergen.

,,objektivierenden Auffassung'' die ,,Präsentanten'' des Gegenstandes selbst (LU II, S. 75, *Ideen I*, S. 98).

Ob Sinn und Inhalt nun gleichursprünglich sind oder nicht, ob ein im vorhinein (a priori) verstandener Sinn einem vorgegebenen Stoff nachträglich zugefügt wird, oder ob im Gegenteil das Verstehen von Sinn und das Affizieren der sinnlichen Inhalte gleichzeitig erfolgt, ist für unsere Frage ohne Belang: so oder so muß der Sinn nach der Repräsentationstheorie irgendwie für sich selbst *verstanden* werden können, genau so wie korrelativ der Inhalt *empfunden* werden muß, vorausgesetzt, beide seien zwei verschiedene Erkenntnisprinzipien. Der vorausgesetzten Verschiedenheit von Sinn und Inhalt muß also auch eine Verschiedenheit in der Weise, wie beide bewußt werden, entsprechen. So versteht sich denn unsere Frage, wie Sinn unabhängig vom Rezipieren eines gegebenen Inhaltes für sich selbst bewußt wird, als die Frage nach der Eigenart der Verstehens- und der Empfindungsstruktur.

Den Einwand, den wir vorgreifend zurückgewiesen haben, beruht auf einer Implikation des Form-Inhalts-Gedankens, sc., daß Form und Inhalt unzertrennlich eins sind, und zwar nicht nur „in re," sondern auch im Gedanken, insofern eines nicht ohne das andere und umgekehrt gedacht werden kann. Wir haben dagegen gezeigt, daß gerade das Form-Inhalt-Modell unsere Fragestellung ermöglicht, ja gar erzwingt, insofern die Unterscheidung von Form und Inhalt jene der korrelativen Bewußtseinsweisen impliziert. Die Durchführung dieser Problematik wird aber erweisen, daß die Konstitution vom Auffassungssinn nicht von der Konstitution vom gegebenen Inhalt zu trennen ist. Unsere Fragestellung hat somit hypothetischen Charakter. Sie entsteht nämlich aus der Annahme der Form-Inhalt-Hypothese, aber sie führt zur Einsicht, daß sie sich nicht konsequent durchführen läßt, sondern vielmehr in unlösbaren Aporien verwickelt. Mit unserer Fragestellung machen wir also durchaus den Ansatz der Repräsentationstheorie mit, aber nur, damit wir zeigen können, wie sich daraus eine Problematik entwickelt, die diesen hypothetischen Ansatz zerstört. Dies negatives Resultat wird jedoch für uns zu einem positiven werden, insofern die Phänomenologie aus der Negation der Repräsentationstheorie einen Neuansatz für die erfolgreiche Lösung der Frage nach der konstitutiven Genesis von Sinn und Inhalt gewinnt.

Eine bloß darstellende Wiedergabe der Phänomenologie Husserls in ihrer Entwicklung würde nicht ausreichen, um diese höchst bedeutsame Wandlung bezüglich der Konstitutionsproblematik sichtbar zu machen. Obwohl es Husserl in der späten genetischen Phänomenologie gelungen ist, eine neue philosophische Position zu entwickeln, die auf das Konstitutionsproblem ein ganz neues Licht wirft, ist er immer wieder auf die überwundenen Positionen zurückgefallen. Die daraus resultierende Interferenz der alten Auffassungen mit den neuen machen eine interpretierende Lektüre von Husserls Werken nötig, welche wir in der vorliegenden Arbeit unternehmen. Ihre Absicht ist, die verschiedenen in Husserls Werken vertretenen Auffassungen zu scheiden, und ebenso das nur implizite Formulierte zur Klarheit zu bringen.

Es ist von Vorteil, bevor wir die eigentliche Interpretationsarbeit von Husserls Gedanken in Angriff nehmen, in freierer Form einige Bemerkungen darzulegen bezüglich der mit dem Form-Inhalt-Modell verbundenen Schwierigkeiten.

§ 2. „Statische" und „genetische" Phänomenologie

Das Form-Inhalt-Modell scheint uns zwei Aufgaben in Husserls früher Phänomenologie zu erfüllen: erstens, die Unterscheidung von Sinn und Gegebenen zu begründen, und zweitens, das Aufeinanderangewiesensein von Sinn und Gegebenem einsichtig zu machen. Das Modell wird angewandt in der Absicht, das Zusammensein von Sinn und Inhalt in jeder Erkenntnissynthese als eine notwendig, und nicht nur faktisch unzertrennliche Einheit verständlich zu machen, ohne dabei die radikale Verschiedenheit beider aufzuheben. Wie Form ohne Stoff und Stoff ohne Form bloße Abstraktionen sind, so sind auch Sinn und Inhalt für sich selbst wesenlose Abstrakta, die nur in der Konkretion des beide vereinheitlichenden Aktes bzw. in der Konkretion seines gegenständlichen Korrelats wirklich sein können. Vermutlich ist dies der schlichte Hintergedanke Husserls bei der Anwendung dieses Erklärungsmodells in der Repräsentationstheorie.

Es ist bemerkenswert, daß die Konkretion von Sinn und Inhalt in erster Linie als eine *Akteinheit* gedacht wird. Die Thematik der noetisch-noematischen Korrelationen ermöglichte es zwar in den *Ideen*, diese Einheit auch als eine gegenständliche zu denken; da der Gegenstand aber ein Konstituiertes ist, so behält die konstituierende Akteinheit einen Vorrang vor der gegenständlichen

Einheit. Nur auf dem Umweg der konstitutiven Betrachtung können wir also dem formalen Wissen von der Einheit von Sinn und Inhalt eine konkrete Bedeutung beimessen. Vom Standpunkt der für Sinn und Inhalt konstitutiven Bewußtseinsweisen aus kann die „unzertrennliche Einheit" der beiden so formuliert werden: Bewußtsein von Sinn kann es nur in Vermittlung mit Bewußtsein vom Inhalt geben und umgekehrt. Welches sind die Bedingungen dieser Vermittlung? Sie müssen die konstitutiven Strukturen von Sinn und Inhalt betreffen, die Bewußtseinsweisen von Sinn und Inhalt müssen ihren Strukturen nach irgendwie verwandt und innerlich aufeinander bezogen sein. Daß der eine mit dem anderen vermittelt werden kann, das besagt, daß sie sich einander gleichsam in einer gemeinsamen „Mitte" (im Erkenntnisakt) treffen.

Im Form-Stoff-Schema wird das Verhältnis aber noch *äußerlich* gedacht. Die radikale Differenz zwischen Form und Inhalt verhindert, jene innere Verwandtschaft aufzufinden, die zwischen Sinn und Inhalt bestehen muß, falls diese eine Akteinheit bilden sollen. Wir können somit von vornherein sehen, daß das Form-Inhalt-Modell nicht mehr als bloß eine räumliche Metapher für eine geistige Einheit sein kann. So lange nun die Phänomenologie sich in den Grenzen der sogenannten „statischen" Phänomenologie bewegte, so lange konnte diese Modell ohne offenkundige Schwierigkeiten angewandt werden; es veranschaulichte, wie erhofft, die notwendige Einheit zwischen Sinn und Inhalt. Sobald aber die Phänomenologie anfing, die Erkenntnis als einen dynamischen Prozeß in den sogenannten „genetischen" Analysen zu thematisieren, traten die Schwierigkeiten bei der Anwendung dieses räumlichen Modells unübersehbar hervor. Die Schwierigkeiten betreffen die Priorität des Auffassungssinnes als zum vornherein verstandener und die des sinnlichen Inhaltes als vorgegebener. Für die erste „statische" Phänomenologie bereiten jedoch die Apriorität des Sinnes und die Vorgegebenheit des Inhaltes keine manifesten Schwierigkeiten, insofern die Gesetzmäßigkeiten der Sinn und Inhalt konstituierenden Subjektivität für die „statische" Phänomenologie immer bloß *logische* Möglichkeitsbedingungen sind, und noch nicht die Regeln einer subjektiven „Macht," eines konkreten Erzeugungsvermögens. Indem die genetische Phänomenologie hingegen die Intentionalität als einen aktiv erzeugenden Prozeß versteht, will sie Sinn und Inhalt selbst als die *Leistung* eines konkreten Subjektes ansehen.

Der entscheidende Unterschied zwischen der statischen und der genetischen Phänomenologie liegt in der Auffassung der Seinsweise der transzendentalen Subjektivität. In der statischen Phänomenologie ist das Ich selbst ein bloß logischer Sinn, eine Sinnstruktur der subjektiven Akte, nämlich ihrer intentionale Rückbezogenheit auf ein irreales Ich; das Ich bleibt somit – ebenso wie, zu ihm symmetrisch, der Gegenstand selbst – ein an sich leerer Beziehungspol, der nichts außerhalb der beziehenden Akte ist. In der genetischen Phänomenologie dagegen ist das Ich ein aktiv erzeugendes Subjekt und ein Substrat von Habitualitäten, und somit ein geschichtliches, werdendes Ich,[4] ein Ich, das, wie es in *Ideen II* heißt, nicht aus Konstitution, sondern „aus Leben" ist (vgl. S. 252).[5]

Das Thema der statischen Phänomenologie ist materialiter dasselbe wie das Thema der genetischen Phänomenologie. Es handelt sich um dieselbe Sachlage, nur von verschiedenen Blickwinkeln her betrachtet. Man könnte sagen, um diesen Unterschied zu verdeutlichen, daß die statische Phänomenologie einen Querschnitt durch den Erlebnisstrom legt, der die vertikale Struktur des Stromes zum Vorschein bringt, während die genetische ihn im Längsschnitt darstellt, wodurch der Fluß und somit das Prozeßhafte der Intentionalität ersichtlich wird. In beiden Fällen wird dabei ein kompliziertes System von Synthesen freigelegt. Führen wir aber diese Synthesen auf die ihnen zugrundeliegenden Typen zurück, so kommen wir letzlich auf die beiden Synthesentypen: Synthesen der Rezeptivität und Synthesen der Spontaneität. Weil im vertikalen Schnitt das Geworden- und Imwerden-sein der intentionalen Momente nicht sichtbar wird, da der Querschnitt der statischen Phänomenologie den Fluß der Bewußtseinserlebnisse gleichsam zum Erstarren bringt, und somit nur ein Moment des Stroms fixieren kann, müssen Sinn und Inhalt als übereinander gelagert erscheinen, und zwar so, daß sie trotz des Fundierungsverhältnisses zwischen beiden als getrennte

---

[4] Vgl. Q. Lauer, *Phénoménologie de Husserl*, S. 357 f. oder *The Triumph of Subjectivity*, S. 109 f.

[5] Zur Konfrontation dieser beiden Auffassungen vgl. *Ideen I*, § 80, S. 194 f. und CM, §§ 30–33, S. 99 f.

Momente, als füreinander äußerliche Schichten erscheinen müssen. Erst im dynamischen Längsschnitt wird der sich abwandelnde Inhalt nach seinen retentionalen und protentionalen Gesetzmäßigkeiten sichtbar, welche die statischen Analysen wegen ihres Charakters nicht aufzeigen können. Wir werden diesem Thema bei der Erörterung der zeitlichen Konstitution des sinnlichen Inhaltes weiter noch nachgehen.

Indessen gibt es in der statischen Phänomenologie schon die – streng genommen jedoch noch uneigentliche – Rede von ,,Erzeugen'': zunächst bezüglich der ,,Erzeugung'' der Erlebnisse im Zeitbewußtsein (vgl. *Ideen I*, 182), dann bezüglich des produktiven Charakters der ,,gegliederten,'' d.h. kategorialen Synthesen der freien Denkspontaneität (vgl. *Ideen I*, S. 300). Daß die eigentliche Bedeutung der Genesis nicht vollkommen verständlich gemacht werden konnte, wird erstens aus Husserls Meinung, daß die Probleme des ursprünglichen Zeitbewußtseins eine ,,völlig abgeschlossene Problemsphäre'' (*Ideen I*, S. 199) bilden, ersichtlich. Husserl verfährt, als ob die konstitutiven Analysen ohne die Mitberücksichtigung der Zeitprobleme durchgeführt werden könnten und nur beiläufig macht er darauf aufmerksam, daß das statisch Beschriebene nichtsdestoweniger eine fließende Einheit im Bewußtseinsstrom ist. Zweitens liegt die Produktivität der kategorialen Synthesen im Erzeugen von neuen Gegenständlichkeiten, wozu das Vorgegebensein der fundierenden Inhalte und das Vorverständnis der Auffassungssinne vorausgesetzt wird. Die Produktivität betrifft deshalb weder den Sinn, noch den Inhalt selbst, sondern sie besagt nur, daß die idealen Identitäten, Mannigfaltigkeiten, Zahlen, Relationen, Allgemeinheiten usw. keine ursprüngliche, sondern *neue* Vorkommnisse in der Welt sind, die *vor* den sie originär erzeugenden Akten *nicht* waren, im Gegensatz zu den Realitäten der passiven Erfahrung, die eben als *schon* immer da seiend erfahren werden (vgl. dazu FTL, S. 71).

Wenn nun von Konstitution in der statischen Phänomenologie die Rede ist, ist damit allein die funktionale Korrelation zwischen den noetischen und den noematischen Mannigfaltigkeiten, zwischen den Akten des Ich und dessen gegenständlichem Gegenüber gemeint. Wenn dem Ich ein Vorrang zugesprochen wird (genauer, dem Erlebnisstrom, wovon das Ich als logischer Beziehungspol eine fundamentale Struktur im Sinne eines vermeintlichen Abso-

lutseinkönnens bildet), so besagt das, daß eine Welt von Gegenständen für ein Ich nicht sein kann, ohne daß das Ich bestimmte
Akte aktuell oder potentiell vollzieht. Konstitution besagt also
noch nicht transzendentale Genesis oder Ursprungsanalyse der
Welt, wie es in Finks bekannter, von Husserl ausdrücklich gebil-
ligter Interpretation heißt.[6]

Husserl führt die kategorialen Gegenständlichkeiten auf pro-
duktive Synthesen des Ich zurück, nicht aber die sinnlichen Gegebenheiten; spricht er doch den passiven Synthesen im Rahmen
seiner statischen Phänomenologie ganz entschieden den produktiven Charakter ab. „Indessen, wenn wir von schöpferisch sprechen, so meinen wir das schöpferische Konstituieren, das in der
Spontaneität als solcher liegt, während die niedere Synthesis
nicht schöpferisch ist, insofern als die Erscheinung einfach etwas
Gehabtes ist, und wir keine Fragen haben, wie Einbildungskraft
aus Empfindung Erscheinung ,mache.' Sie macht gar nichts,
sofern sie Rezeptivität ist. Psychologisch mag man von Produ-
zieren sprechen, phänomenologisch kann man nur die Komponenten der Erscheinung und sie selbst ihrem Wesen nach analy-
sieren." [7] Trotzdem spricht Husserl von Konstitution sowohl der
kategorialen Gegenständlichkeiten, als auch der sinnlichen Gegebenheiten. Daraus ersehen wir, daß in der statischen Phäno-
nologie die Konstitution noch nicht Erzeugen, Genesis bedeuten
kann. Dies gilt erst recht für die Rede von der Sinnesgenesis als
Weltursprung in der späteren Phänomenologie.

Wenn nun in der genetischen Phänomenologie von einer passiven Genesis, von der erzeugenden Konstitution der sinnlichen
Inhalte gesprochen wird, so kann das natürlich nicht bedeuten,
daß der Begriff der Produktivität, den wir am Beispiel der kategorialen Synthesen bestimmten, einfach auf die passiven Synthesen der Sinnlichkeit ausgedehnt wird. Man würde damit nur den
großen Unterschied zwischen dem Bewußtseinsvollzug beim Denken und beim schlichten Wahrnehmen verwischen. Man könnte
vorgreifend sagen, daß Konstituieren für die genetische Phänomenologie die Stiftung der Möglichkeit der Sinngebung selbst

---

[6] Vgl. „Die phänomenologische Philosophie Edmund Husserls in der gegenwärtigen
Kritik," in: *Studien zur Phänomenologie*, S. 101.
[7] Ms. orig. A VI 8/i, S. 366 f., von 1911, zitiert nach Iso Kern, *Husserl und Kant*,
S. 258.

bedeutet, während die statische Konstitutionstheorie nur die
Sinngebung als solche ins Auge faßt. Die Konstitution als transzendentale Genesis betrifft also nicht das Erzeugen von einzelnen
Gegenständen, sondern die Möglichkeit einer Welt, worin es erst
etwas geben und worin erst etwas zur sinngebenden Bestimmung
gebracht werden kann. Dieser Begriff der Konstitution kann
definiert werden, – wie wir in unserer Interpretation zeigen wollen –, wenn die ausschließliche Orientierung an der Auffassungstheorie, die nur die sinngebende Aktintentionalität ins Auge faßt,
überwunden wird.

§ 3. Aporetische Betrachtungen

Ein erstes Verdienst der genetischen Phänomenologie ist, die
latenten Schwierigkeiten, die mit dem Form-Inhalt-Modell verbunden sind, manifest zu machen. Das geschieht eben, weil die
genetische Phänomenologie vorerst den Hypothesen der Repräsentationstheorie verhaftet bleibt und deshalb in eine theoretische Sackgasse führt. Dies ist jetzt aufzuzeigen. Der zentrale
Begriff der genetischen Phänomenologie ist nicht der Zeitbegriff
als solcher – sondern der Begriff der Habitualität. Wie wir sahen,
erkennt die statische Phänomenologie in gewisser Weise auch
den Zeitcharakter der Intentionalität an. Mit diesem Begriff
kommt Husserls Entdeckung zum Ausdruck, daß sowohl die
gegenständlichen Sinne als auch die gegebenen Inhalte die Leistung von früheren, in einem gewissen Sinne auch „aktiven"
Synthesen sind, die sich als habitueller Erwerb in Bewußtsein
„niederschlagen." Die Entdeckung der Habitualitäten geschah
im Rahmen eines bestimmten Problembereiches, dessen zentrale
Frage so formuliert werden kann: Wie können wir immerwährend
eine Welt von vorgegebenen Gegenständen vor uns haben, wie
kann eine Welt schon im vorhinein da sein, wiewohl jeweils nur
ein Gegenstand aktiv konstituiert werden kann?[8] Diese Frage
gilt dem Möglichkeitsgrund der Vorgegebenheit, d.h. der passiven
Erfahrungssynthesen. Husserl beantwortet diese Frage, indem er
der passiven Erfahrung einen produktiven, genetischen Charakter
zuerkennt. Die passiven Gegebenheiten der Rezeptivität werden
somit verstanden als habitueller Erwerb von früheren „Aktivi-

[8] Vgl. CM, S. 113.

täten," die sich freilich in der Anonymität des Unbewußten auswirken. Was uns im Leben als „fertig" und schon im vorhinein daseiend entgegentritt, d.h. die Weltdinge mit ihren empirischen Beschaffenheiten, mußte vorerst einmal „angefertigt" werden, denn alles *Kennen* setzt aktives *Kennenlernen* voraus. So sind die passiven Synthesen im Vergleich mit den aktiven Synthesen der „praktischen," kategorial produktiven Vernunft bloß relativ passiv,[9] wobei immerfort die Auffassungstheorie mit ihrem Form-Inhalt-Modell sich bemerkbar macht.

Solange Husserl sich auf die passive *Erfahrung* als solche, d.h. auf die schlichte oder die explikative *Wahrnehmung* beschränkt, entstehen dadurch noch keine Probleme. Die Anwendung des Auffassungsmodells bereitet für die genetische Phänomenologie noch keine Schwierigkeiten, soweit die Wahrnehmung als ein zeitlich verlaufender Prozeß angesehen wird, worin die Empfindungsdaten unmittelbar zu einer gegenständlichen Einheit zusammenwachsen. Die Empfindungsdaten aber stellen „letzte Elemente" für eine Synthese dar, d.h. sie sind nicht selbst durch Abschattung konstituiert, sie beruhen nicht auf anderen Gegebenheiten, sie sind eher die letzten Gegebenheiten, und insofern scheint kein Ausweg aus der Form-Inhalt-Hypothese möglich. Die Überlegungen zur Bewußtseinsweise dieser „letzten Elemente" in genetischer Hinsicht führen unvermeidlich in sehr ernste Schwierigkeiten. Während für die statische Phänomenologie die letzten Empfindungselemente nur als eine strukturelle Fundierungsschicht der Wahrnehmung gedacht werden, müssen sie für die genetische Phänomenologie darüber hinaus ein *zeitlich Erstes* sein. Es entsteht somit die Frage nach dem Anfang des intentionalen Prozesses, d.h. nach den Urapperzeptionen, in denen etwas zum ersten Mal zur Gegebenheit kommt (und die wir uns etwa am Beispiel des Blindgeborenen, der plötzlich zu sehen beginnt, veranschaulichen können).

Husserl hat die Frage nach den *faktischen Anfängen* des intentionalen Prozesses im Namen der eidetischen Methode,[10] deren

---

[9] Vgl. CM, § 38, S. 111 f. und dazu auch EU, S. 83: „Dieser phänomenologisch notwendige Begriff der Rezeptivität steht keineswegs in ausschließendem Gegensatz zur Aktivität des Ich, unter welchem Titel alle spezifisch vom Ichpol ausgehende Akte zu befassen sind; vielmehr ist die Rezeptivität als unterste Stufe der Aktivität anzusehen."

[10] „Es braucht hier nicht erwogen zu werden, ob es Urapperzeptionen gibt, die an

sich die Phänomenologie bedienen muß, um seinen Befunden die
für eine Wissenschaft nötige universale Verbindlichkeit zu sichern, als phänomenologisch unbrauchbar zurückgewiesen.[11] Die
phänomenologische „Geschichtschreibung" des Bewußtseins betrifft also, wie Husserl sagt, nicht die „Aufweisung faktischer
Genesis." Das kann aber nicht besagen, daß das Bewußtsein
faktisch keinen Anfang habe. Im Gegenteil, nehmen wir Empfindungsdaten als „letzte Elemente" an, so müssen wir dieses
„Letztes" in genetischer Hinsicht als ein „Erstes" auslegen (ob
innerhalb oder schon vor einer Urapperzeption, das bleibe zunächst dahingestellt). Daß wir uns nun allein für das reine Eidos
der vorausgesetzten Urapperzeptionen interessieren, das darf uns
also nicht von der ganz legitimen Frage nach dem Sinn dieser
Notwendigkeit für das Bewußtsein eines faktischen Anfangs ab-
halten. Selbstverständlich verlangen auch wir von der Phänomenologie nicht, daß sie uns erzähle, wie die Bewußtseinsströme
jeweils anfangen; wir verlangen weder, daß sie „Geschichte
erzähle," noch entwicklungspsychologische Untersuchungen über
die ersten Erlebnisse eines Kindes anstellt. Uns scheint die Frage
nach dem Möglichkeitsgrund und dem Sinn einer zeitlich ersten
Synthese gerechtfertigt, und zwar im Rahmen einer transzendentalen Reflexion, die eidetisch verfahren will. Den Rechtsgrund
dieser Frage sehen wir in der Auffassung einer zeitmäßig motivierten Genesis als einer Entwicklung vom „Elementaren,"
„Fundierenden," zum „Komplexen," „Fundierten."

Dabei verfolgen wir nicht das Ziel, die Phänomenologie Husserls um ein neues theoretisches Stück zu ergänzen, sondern wir
wollen mit dieser Frage, deren Recht wir aufgrund Husserls
eigener Hypothesen verfochten haben, verdeckte Widersprüche
und Aporien aufdecken. Dieser Aporien wegen ist Husserl, wie
wir bald sehen werden, der Frage nach dem Anfang ausgewichen:
nicht etwa weil das Faktische als solches sich der wissenschaft-

---

den ‚Anfang' des Bewußtseinsstroms gestellt werden können" (HUS. XI, S. 338).
„Die ‚Geschichte' des Bewußtseins (die Geschichte aller möglichen Apperzeptionen)
betrifft nicht die Aufweisung faktischer Genesis für faktische Apperzeptionen oder
faktische Typen in einem faktischen Bewußtseinsstrom oder auch in dem aller faktischen Menschen – nichts Ähnliches also wie die Entwicklung der Pflanzen- und Tier-
spezies –, vielmehr jede Gestalt von Apperzeptionen ist eine Wesensgestalt und hat
ihre Genesis nach Wesensgesetze" (HUS. XI, S. 339).

[11] Vgl. HUS. XI, Beilage über „Die statische und die genetische phänomenologische
Methode," S. 336 f.

lichen Bestimmung entzieht, sondern weil ein faktischer Anfang letzten Endes einen Widersinn für die Phänomenologie darstellen muß. Wir untersuchen diese Problematik im folgenden nur vom Standpunkt des Inhalts bzw. der passiven Erfahrung aus. Aber es wird sich später herausstellen, daß die Nachwirkung des Auffassungsmodells in der genetischen Phänomenologie ähnliche Schwierigkeiten für die Theorie der Sinneskonstitution mit sich bringt.

Die passive Genesis setzt, wie wir anhand der CM sahen, eine frühere „Aktivität" voraus, d.h. die passive Erfahrung, wodurch wir ständig mit bekannten „Dingen" und einer bekannten „gegenständlichen Umgebung" als Vorgegebenheiten jeder Aktivität im prägnanten Sinne konfrontiert sind, hat selbst eine Geschichte, die auf ein „ursprüngliches Kennenlernen" zurückweist. Dieses ursprüngliche Kennenlernen kann nur ein aktueller Bewußtseinsvollzug sein: in diesem Sinne ist sie eine „aktive" Synthesis (nicht zu verwechseln mit den Synthesen der ideale Gegenstände erzeugenden Denkspontaneität). Eine „aktive" Synthesis aber – soll sie im Sinne eines „intuitus originarius" nicht mythologisiert werden – kann nur eine Betätigung an einer vorgegebenen „*Materie*" sein.[12]

Wir stehen offensichtlich in einem Zirkel: die passive Synthesis weist auf eine ursprüngliche „aktive," d.h. aktuell vollzogene Synthesis zurück, und diese weist ihrerseits auf die passive Habe („im vorgegebenen Wahrnehmungsfeld") der für die Synthesis

---

[12] Das wird von Husserl im CM implizite eingeräumt. Er sagt nämlich: „Was uns im Leben sozusagen fertig entgegentritt als daseiendes bloßes Ding, ... das ist in der Ursprünglichkeit des *es selbst* in der Synthesis passiver Erfahrung gegeben." Und ein paar Zeilen weiter fügt er hinzu: „Mit gutem Grund heißt es, daß wir in früher Kinderzeit das Sehen von Dingen überhaupt erst lernen mußten, wie auch, daß dergleichen allen anderen Bewußtseinsweisen von Dingen genetisch vorangehen mußte. Das vorgebende Wahrnehmungsfeld in der *frühen Kindheit* enthält also noch nichts, was in bloßem Ansehen als Ding expliziert werden könnte" (S. 112). Allem anderen voran ist zu bemerken, daß Husserl sich hier in diesem Text mit der Frage des faktischen Anfangs befaßt, deren Möglichkeit für die Phänomenologie er aber sonst nicht wahrhaben möchte. Nach diesem Text besteht die passive Erfahrung in der Auffassung vor allen aktiven Synthesen von „bloßen Dingen," d.h. von raumzeitlichen Körpern mit primären und sekundären Qualitäten. Wie aber aus dem letzt zitierten Satz hervorgeht, setzt die Dingauffassung „in der frühen Kindheit," also an einem hypothetischen Anfang, die Vorgegebenheit (vgl. im Text: „im vorgebenden Wahrnehmungsfeld") von etwas voraus, „was in bloßem Ansehen (nicht) als Ding expliziert werden könnte," d.h. (in kantischen Begriffen) ein mannigfaltiges Gegebenes, eine empirische Mannigfaltigkeit, die radikal verschieden von der Auffassungsform ist.

bereitgestellten ,,Materie'' zurück. Dieser Zirkel führt aber zu einer freilich ebenso widersprüchlichen Alternative:

1. Entweder müssen wir einen ,,unendlichen Regreß'' annehmen, insofern jede Passivität eine frühere Aktivität, und jede Aktivität eine frühere Passivität voraussetzen muß.

2. Oder aber es gibt doch eine absolut primäre ,,aktive'' Synthese, der eine absolut primäre passive Habe vorangeht.

Die erste Alternative, einen Anfang suchen zu müssen, scheint vom logischen Standpunkt aus unhaltbar zu sein (denn nicht die Idee des unendlichen Regresses als solche ist formallogisch unhaltbar, sondern die Idee eines Anfanges, der ins Unendliche regrediert, d.h. eines Anfanges, der ,,vor allem'' nie anfangen kann). Die zweite aber impliziert, daß das Bewußtsein einen Anfangsmoment von totaler Unwissenheit erlebt haben muß (nämlich ,,in der frühen Kindheit'' vor der ersten Dingauffassung), wo es noch nichts vom Gegebenen wissen konnte, weil dieses eben bloß ,,gegeben'' war und so noch ,,formlos'' erscheinen mußte. Denn die Idee von primären Synthesen bringt die Idee von primären Gegebenheiten mit sich, denen noch kein Sinn in dieser primären Synthese erwachsen ist. Aber die Idee von solchen reinen Gegebenheiten, die zugleich ihren Ursprung im Bewußtsein haben müssen (insofern eine Empfindung als solche nur im Bewußtsein sein kann) und die trotzdem ihrem Gehalt nach nicht auf Bewußtseinsakte reduzierbar sind, bedeutet streng genommen eine unzulässige Überschreitung der Grenzen der konstitutiven Phänomenologie. Denn sie widerspricht letzten Endes der Idee der konstitutiven Intentionalität, insofern diese impliziert, daß nichts für ein Subjekt sein kann, was nicht durch eine aktive Konstitutionsmacht für es geworden ist.

Husserl hat die erste Alternative nicht ausgearbeitet (es sei denn in der Zurückweisung dieser Alternative in Bezug auf die idealen Sinne). Die Hypothese von inhaltlichen Elementen führte ihn natürlich zur zweiten Alternative des ,,endlichen'' Anfanges, und er hat sich sogar mit der Möglichkeit eines ,,impressionalen Chaos'' von puren Gegebenheiten ernstlich befaßt im Forschungsmanuskript, das als Beilage XIX zu den *Analysen zur passiven Synthesis*[13] veröffentlicht wurde. Da können wir folgendes lesen:

[13] HUS. XI, S. 411–416

,,Blind geboren und Moment des Sehendwerdens – ist im Moment eine geordnete Gegenwart schon konstituiert? Kann man nicht umgekehrt sagen: Erst in der werdenden Kontinuität konkreszieren Einheiten und sondern sie sich von andern Einheiten und konstituieren nun auch Koexistenz von Dauerndem. Erst später kann mit einem Blick, mit dem bloßen Aufwachen, Öffnen der Augen sofort eine gegliederte impressionale ,,Welt" gesehen werden. Das ,,Chaos" der ,,Eindrücke" organisiert sich – die Eindrücke noch keine Gegenstände, Reduktionselemente, genetische Urelemente, auf die der Abbau der Intentionalität und ihre Genesis zurückführt. Ungegliederte Affinität, ungegliederte ,,Gegenstände." Die Synthesen machen die Gegenstände nach Prinzipien, die nur durch ,,Analyse" gewonnen werden können. Voran gegeben und evident ist immer die ,,fertige" Struktur der impressionalen Welt mit ihren Einheiten und ihren sie bedingenden Affektivitäten. Wie kann man daraus eine ideale Genesis aus dem Chaos zeichnen?" (a.a.O. S. 413 f.)

Husserl gelingt es in diesem Text nicht, diese Hypothese endgültig zu entkräften; darin aber liegt eben das Interesse des Textes, d.h. in der Gegenüberstellung von zwei sich widersprechenden Hypothesen, die die einzigen Alternativen für die Phänomenologie zu bilden scheinen: einerseits die Hypothese eines anfänglichen ,,impressionalen Chaos," aus der erst nach und nach eine gegliederte Einheit wird;[14] andererseits die Gegenhypothese, daß der assoziative Prozeß[15] sich nur in der Zeit ,,fortzupflanzen" vermag, wenn er einen Ansatzpunkt in dem *momentanen*, also *unzeitlichen* Zusammenhang einer lebendigen Gegenwart nimmt.[16]

Es ist offensichtlich derselbe Gedanke eines ,,impressionalen Chaos," der der Hypothese der Weltvernichtung in *Ideen I*

---

[14] Husserl berücksichtigt die Chaoshypothese ja nur für ein Sinnlichkeitsressort ausdrücklich, nämlich das des Gesichtes; man kann aber ohne weiteres die Hypothese auf den ganzen Bereich der Sinnlichkeit extrapolieren.

[15] Nur der *assoziative* intentionale Prozeß kommt in Frage, weil Husserl es hier mit der sinnlichen Genesis zu tun hat, und weil die Assoziation das universale Gesetz der passiven Genesis vom *inhaltlichen* Standpunkt her ist. Natürlich kommen aber auch die formalen raumzeitlichen Gesetzlichkeiten der passiven Genesis hinzu. Vgl. HUS. XI, S. 125 f.

[16] ,,Was hier zeitlich statthat" (nämlich in der Fortpflanzung der Affektion im assoziativen Prozeß) ,,das ist unzeitlich im Zusammenhang einer erhöhenden Gegenwart in Aktion" (HUS. XI, S. 413).

zugrundeliegt. Husserl räsoniert ja im, wie E. Tugendhat sagt,[17] „berüchtigten" Paragraph 49 dieses Werkes (über das absolute Sein des Bewußtseins), daß die Welterfahrung einen so radikalen Abbruch erleiden, daß die Einstimmigkeit ihres Verlaufes nicht mehr wiederhergestellt werden und dann keine Welt sich mehr in der Erfahrung bekunden kann. Husserl vertritt die Hypothese, daß die Erfahrung sich plötzlich als durchgehend inkonsequent erweisen kann.[18]

Dieser hypothetisch absolut uneinstimmige Verlauf der Erfahrung besagt, daß jeder Versuch, den gegebenen Inhalten einen sie vereinheitlichenden und harmonisierenden Sinn durch Auffassungssynthesen zu geben, scheitern muß. Womit kann das Bewußtsein konfrontiert werden, wenn nicht mit einem „Gewühl" von sinnlichen Daten, die unfähig sind, jemals zu einer sinnhaften Einheit zusammenzuwachsen? Aber genau diese Hypothese wird in EU ausdrücklich zurückgewiesen: „Nehmen wir das Feld passiver Vorgegebenheiten in seiner, freilich nur abstraktiv herauszustellenden Ursprünglichkeit. ... Darum ist dieses Feld aber doch nicht ein bloßes Chaos, ein bloßes ‚Gewühl' von ‚Daten,' sondern ein Feld von bestimmter Struktur, von Abgehobenheiten und gegliederten Einzelheiten" (EU, S. 74 f.). Die Zurückweisung impliziert natürlich den Verzicht auf die Hypothese der Weltvernichtung: die Unmodalisierbarkeit der Weltgewißheit wird deshalb in der Einleitung[19] in konsequenter Weise hervorgehoben, und zwar in einer Formulierung, die zur Thesis vom § 49 in *Ideen I* in totalem Widerspruch steht.[20] Dieser Widerruf ist aber nur möglich, weil Husserl die Aporien des Anfanges durch eine radikale Umbesinnung der Konstitutionstheorie endlich gelöst hat, wie wir im Laufe unserer Arbeit zeigen wollen.

[17] Vgl. E. Tugendhat, *Der Wahrheitsbegriff bei Husserl und Heidegger*, S. 263.
[18] Vgl. *Ideen I*, S. 115.
[19] „Alles was als seiender Gegenstand Ziel der Erkenntnis ist, ist Seiendes auf dem Boden der selbstverständlich als seiend geltenden Welt. Einzelnes vermeintlich Seiendes in ihr mag sich als nicht seiend herausstellen, Erkenntnis mag im einzelnen Korrektur von Seinsmeinungen bringen; aber das heißt nur, daß es statt so anders ist, anders auf dem Boden der im Ganzen seienden Welt" (EU, S. 25).
[20] Die *Unmodalisierbarkeit* der Seinsgewißheit bedeutet natürlich nicht die Unmöglichkeit, sie in der Epoche zu *neutralisieren*. Wie wir aus *Ideen I* selbst (vgl. S. 265) wissen, ist die Neutralität keineswegs ein Modus der Gewißheit unter anderen wie die Negation, die Möglichkeit, die Wahrscheinlichkeit, usw., sondern eine parallele Modifikation aller dieser Modi, mit Einschluß des Grundmodus der Gewißheit.

Warum aber konnte Husserl, trotz der Berücksichtigung der zweiten Alternative (in Form der Hypothesen des „impressionalen Chaos" und einer möglichen durchgehenden „Inkonsequenz" des Erfahrungsverlaufes), letzten Endes auf diese Hypothese nicht konkret eingehen? Warum konnte die Darstellung der „idealen Genesis aus dem Chaos" nicht durchgeführt werden?

Der Grund liegt darin, daß Husserl selbst die von uns angedeuteten Widersprüche schon spürte. Die Hypothese eines impressionalen Moments des Bewußtseins vor jeder Dingauffassung, d.i. die Hypothese des impressionalen Chaos impliziert nämlich, daß diese Impression die Form der Intentionalität überhaupt nicht annehmen kann. Intendieren heißt nämlich bei einer aktuellen Impression und aufgrund eines retentional „Schon-im-Griff-haben" von vergangenen Impressionen, durch das protentionale Vorgreifen auf weitere Gegebenheiten (weitere Impressionen) einen selben Gegenstand intendieren. Es erhellt daraus, daß die *zeitliche* Form der Intentionalität, die in erster Linie für die genetische Phänomenologie in Frage kommt, zugleich die objektivierende Auffassungsform ist. Die Hypothese eines impressionalen Chaos, – von an sich ersten Impressionen vor der Auffassung –, muß somit auf die Idee einer retentions- und protentionslosen Impression hinauslaufen. Dies stellt für Husserl eine Unmöglichkeit dar: nämlich die Unmöglichkeit eines nicht verlaufenden Zeitverlaufes, einer Zeitstrecke, die nicht mehr Zeit, zeitlich ist. Die Einsichten in diese „apriorischen Zeitgesetze" verleiten nun Husserl zu der Thesis der Unendlichkeit der Zeit sowohl in retentionaler als auch protentionaler Hinsicht und weiterhin zur Thesis der Unmöglichkeit, daß das transzendentale Ego „geboren" werden oder „sterben" müsse.[21]

„Das Fortleben," sagt Husserl, „und das Ich, das fortlebt, ist unsterblich – notabene das reine transzendentale Ich, nicht das empirische Welt-Ich, das sehr wohl sterben kann (HUS. XI, S. 378). Die Begründung dieser These erfolgt nun ähnlich, wie es bei Kant[22] bezüglich der These der unendlichen Kontinuität in der Zeit erfolgte. „Wie das Aufhören nur im Prozeß denkbar ist, aber nicht denkbar ist das Aufhören des Prozesses selbst, so ist

---

[21] Vgl. HUS. XI, Beilage VIII (S. 365 f.), die den Text aus einem Forschungsmanuskript aus den Jahren 1922/23 wiedergibt.
[22] Vgl. *Kritik der reinen Vernunft*, A 188–B 231.

das Anfangen nur im Prozeß denkbar, aber nicht denkbar als das Anfangen des Prozesses. Das Nichts vor dem Anfang setzt schon ein Etwas voraus, dem es widerstreiten könnte. Vor dem Anfang kann eine Leere liegen, ein indifferentes, eintöniges, stummes Dämmern, aber selbst das ist Vergangenes und hat die Wesensstruktur des Zeitlichen" (HUS. XI, S. 378). Es ist deshalb eine Bewußtseinsgegenwart undenkbar, die keine retentionale Vergangenheit hinter sich und keine protentionale Zukunft vor sich hätte.

Damit glauben wir der genetischen Phänomenologie Husserls zumindest in ihrem Ansatz einen Widerspruch nachgewiesen zu haben: einmal kommt die genetische Phänomenologie – durch die von der statischen Phänomenologie übernommene Auffassungstheorie verführt – auf die Idee eines ersten Anfanges, andererseits aber erweist sich die Idee des ersten Anfanges als undenkbar. Die Auflösung dieses Widerspruches wird erst, wie angedeutet, mit der Überwindung der Auffassungstheorie möglich werden. Dabei wird auch die Idee eines ersten, impressionalen Anfangs endgültig überwunden, und zwar indem sie durch die Idee des *Ursprunges* abgelöst wird. Damit zeichnet sich in Husserls Phänomenologie eine scheinbar ähnliche Begriffsunterscheidung wie bei Kant ab.

§ 4. Ursprung und Anfang

Schon in Kants transzendentaler Kritik scheiden sich die Begriffe von Ursprung und Anfang. Man kann in Kants Sprachgebrauch verschiedene Bestimmungen dieser Begriffe nachweisen und aufzeigen, wie sie in jedem Bedeutungsbereich gegeneinander ausgespielt werden. Im metaphysischen Sinne ist Ursprung eine Vernunftidee und bedeutet „die Abstammung einer Wirkung aus ihrer ersten Ursache," der Anfang hingegen gehört in den Bereich der Erscheinungen. „Was geschieht, hat einen Grund d.i. ist wodurch bestimmt nach einer Regel der Einheit der Sukzession. Denn ohne diese Regel wäre nicht Einheit der Erfahrung möglich. Daraus folgt, daß in der Welt die Reihenfolge der Erscheinungen gar keinen Anfang habe. Ob aber die Welt selbst einen Ursprung habe, das gehört aber zu Intellektualbegriffen" (Nachlaß, 4756). Das Wort Ursprung taucht auch in einer metaphysischen Bedeutung auf im Ausdruck „intuitus originarius," der eine schöpferische Anschauung, d.h. eine, die ihrem Gegenstand Ursprung gibt, bezeichnet.

„Ursprünglich" nennt Kant auch das transzendentale Bewußtsein, und das bedeutet letzten Endes, daß das *Sein* des Bewußtseins aus sich selbst, d.h. aus dem *bewußt-Sein* seiner selbst entspringt. Das Selbstbewußtsein ist eben die ursprüngliche Vorstellung, worauf alle anderen bezogen sein müssen, um sich als Erkenntnisvorstellungen auszuweisen. In einem transzendentalen Sinne ist also das Bewußtsein auch eine „causa sui." Als solches hat das ursprüngliche transzendentale Bewußtsein zwar einen Ursprung aus sich selbst, aber keinen Anfang.

Bei ihrer Abstammung aus dem ursprünglichen Bewußtsein haben auch die Begriffe und Formen a priori einen Ursprung, gleichfalls aber keinen Anfang. Anfang haben nur die empirischen Vorstellungen, ob aber die Reihe dieser Vorstellungen einen Anfang hat (oder keinen), ist eine Frage, die, genau wie die Frage nach dem Anfang der Reihe der Naturerscheinungen, nicht zu beantworten ist. Die Form der Vorstellungsreihe jedoch, die Zeit, stellt in Hinsicht auf ihre beiden Dimensionen eine Unendlichkeit dar: „die Zeit bleibt und wechselt nicht," und alles was anfängt oder endet, fängt an oder endet in der Zeit, während die Zeit weder anfangen noch enden kann. Denn dies würde wiederum einen umfassenderen zeitlichen Rahmen voraussetzen, in dem diese „Zeit" anfangen oder enden könnte.

Husserls Stellungnahmen in der statischen Phänomenologie spiegeln diese Begriffsbestimmungen Kants wider. Die gegenseitige Ausschließung von Ursprung und Anfang folgt: 1. aus der Trennung des transzendentalen und des empirischen Ego; 2. daraus, daß die Apriorität sowohl der reinen Verstandesbegriffe, als auch der reinen Formen der Sinnlichkeit, mit welchen die transzendentale Subjektivität ausgerüstet ist, keine zeitliche, sondern nur eine logische Priorität bedeutet. Bei aller Verschiedenheit der Interessen und der instrumentalen Begrifflichkeit dieser beiden Philosophen könnten ähnliche Ansichten Husserls statischer Phänomenologie nachgewiesen werden, aber nicht mehr seiner genetischen Phänomenologie. Diese nämlich charakterisiert sich *erstens* dadurch, daß sie sowohl die kategorialen Sinne, als auch die sinnlichen „Formen" des Raumes und der Zeit als Ergebnisse von konstitutiven Prozessen ansieht, die in der anteprädikativen ἐμπειρία gründen, *zweitens* dadurch, daß sie das psychologische und das transzendentale Ich nicht mehr in der selben Weise wie die statische Phänomenologie kennt.[23] (Wie schon angedeutet (siehe oben S. 7), besagt die Einheit des psychologischen und des transzendentalen Ich für die genetische Phänomenologie, daß das Ich nicht ein bloß logischer Möglichkeitsgrund ist, sondern ein konkretes und aktiv konstituierendes, ein *lebendes* Ich ist.)

Trotzdem wird die Gegenüberstellung von Ursprung und Anfang in der genetischen Phänomenologie ihr gutes Recht behalten, und in der Frage nach einer Genesis als dem Ursprung einer Welt werden wir etwas anderes sehen müssen als eine Frage nach dem Anfang.

§ 5. *Die Frage nach dem Sinn*

Auf den vorangehenden Seiten haben wir uns ausschließlich an der Thematik des Inhaltes orientiert, um die ,,Aporien des Anfanges" aufzudecken, die in der ,,formalistischen" genetischen Phänomenologie enthalten sind. Erwachsen diese tatsächlich, wie vorausgesetzt, aus dem Form-Inhalt-Modell, so müssen wir auch ,,symmetrische" Schwierigkeiten für die Problematik der Sinneskonstitution nachweisen können. Diesen Nachweis wollen wir zunächst einmal durch die Argumentation erbringen, daß die Faktizität des Inhaltes eine entsprechende ,,Faktizität" des Sinnes mit sich bringt. Sollte nämlich der Inhalt ein faktischer Bestand an sinnlichen Daten sein, der an sich diesem oder jenem Sinne gleichgültig ist (was daraus erhellen soll, daß derselbe Inhalt durch verschiedene Sinne aufgefaßt werden kann, während derselbe Sinn aufgrund verschiedenartiger Inhalte intendiert werden kann), so bleibt es unverständlich, warum gerade *dieser* Inhalt durch gerade *diesen* Sinn aufgefaßt wird.

Die Faktizität des Sinnes, d.h. zunächst einmal die Unmöglichkeit, seinen Ursprung für gerade diesen Inhalt verständlich zu machen, bedeutet, daß wir den Sinn (genau wie den bloß impressionalen Inhalt) nur als ein faktisches Vorkommnis im Bewußt-

---

[23] Vgl. Husserls Kritik an Kants Zurückweisung des Psychologischen (*Krisis*, § 31). Der letzte Satz dieses Paragraphen lautet: ,,Sowie wir diese transzendentale Subjektivität aber von der Seele unterscheiden, geraten wir in ein unverständlich Mytisches" (S. 120).

sein *feststellen* können. Das ist um so zwingender, als die Phänomenologie sich den Weg eines deduktiven Idealismus verweigert.
Es ist aber interessant zu bemerken, daß Husserl die Idee einer
Ableitung der Auffassungssinne aus dem apperzipierenden Ich
ablehnt, weil er darin eine Psychologisierung der Bewußtseinsstrukturen sieht; weil die vermeintliche Begründung des Sinnes
diesen nur auf eine tiefere Faktizität der Bewußtseinsstrukturen
zurückführt.[24]

Mit der Theorie der kategorialen Wahrnehmung, die zum ersten
Mal in den LU entworfen wurde, wollte Husserl aufweisen, wie
die logischen Sinne in einer Vernunftevidenz gegeben werden
können. Diese Theorie aber – zumindest wie sie in den LU formuliert wurde – stellt auch den Versuch dar, das Auffassungsmodell
auf die Thematik des Sinnverstehens anzuwenden. So wird beispielsweise der Sinn der Gegenstandsidentität, oder der Ganzheit
einer Gegenstandskonstellation, selbst für eine neue Gegenständlichkeit gehalten, die sich aufgrund der Auffassung von
nichtsinnlichen Darstellungsinhalten konstituiert. Wie Husserl
selbst bald einsehen mußte, erwies sich nicht nur die Hypothese
der kategorialen Repräsentation als unhaltbar, sondern auch die
ganze Theorie der kategorialen Wahrnehmung, auch wenn sie von
der Hypothese der kategorialen Repräsentation entlastet wurde.
Das Unzulängliche an dieser Theorie liegt darin, wie wir zeigen
werden, daß letztlich unerklärt bleibt, was die Vergegenständlichung der logischen Sinne in der kategorialen Wahrnehmung
ermöglicht.

Nehmen wir die Theorie der kategorialen Repräsentation ernst,
so können wir bezüglich des Problems der Sinneskonstitution
folgendermaßen argumentieren: der kategoriale Gegenstand ist
nicht nur von seinen hypothetischen, kategorialen Inhalten verschieden, sondern er muß auch vom Auffassungssinn unterschieden werden, da die Repräsentationstheorie die Dreiheit: ,,Sinn-
Inhalt-Gegenstand'' (oder korrelativ: ,,Sinn-Inhalt-Aktsynthe-
se'') voraussetzt. Die Wahrnehmung eines kategorialen Gegenstandes impliziert also ein Vorverständnis (Vorkonstitution) von
Sinn. Die logischen konstituierten Sinne – z.B. Identität, Widerspruch, Ganzes und Teile usw. – setzen ein Vorwissen um einen

---

[24] Das ist der Sinn von Husserls Kritik an Kants vermeintlichem ,,Psychologis-
mus.'' Dazu vgl. I. Kern, *Husserl und Kant,* 114 f.

noch nicht vergegenständlichten Widerspruch, um Identität, um Ganzes und Teile usw. voraus. Dieses kann das Auffassen der entsprechenden Darstellungsinhalte regeln, d.h. diese Inhalte als die bestimmten Inhalte konstituieren, an denen sich Widerspruch, Identität, Ganzes und Teile usw. zeigen.

Dasselbe Resultat erreichen wir, wenn wir die Hypothese der kategorialen Repräsentation außer Acht lassen, und die kategorialen Wahrnehmung nicht mehr als Auffassung eines Gegenstandes aufgrund gegebener Inhalte, sondern nur als den aktuellen Vollzug bestimmter Akte ansehen. (Praktisch bedeutet das, daß wir eine logische Gegenständlichkeit, etwa den Widerspruch zwischen zwei Sätzen oder einen mathematischen Lehrsatz, erst verstehen können, wenn wir die Akte, die durch den intendierten Sinn in einem vorgegebenen Ausdruck angedeutet sind, für uns selbst nun explizit vollziehen.) Aber auch dieser aktuelle Vollzug muß sich nach einem vorverstandenen Sinn richten (etwa dem leer intendierten Sinn in einem vorgegebenen Ausdruck). Wir geben zu, daß erst der Versuch, zwei Urteile in aktueller, ,,anschaulicher" Weise zu vollziehen, deren Widersprüchlichkeit oder Nicht-Widersprüchlichkeit zeigen kann. Damit wir aber in Evidenz diesen neuartigen Gegenstand: ,,Widerspruch" konstituieren können, genügt es nicht, daß wir lediglich diesen Widerspruch in einem Erlebnis des ,,Nicht-könnens" (beide Urteile zusammen nicht fällen können) erfahren. Das Nicht-können wird nicht so erlebt, als ob man etwa auf eine psychologische Barriere stieße, also auf eine faktische Unmöglichkeit, sondern es entsteht aus der Einsicht in die Unverträglichkeit von zwei konkurrierenden Setzungen.[25] Um aber die Unverträglichkeit dieser Setzungen einzusehen, muß der Vollzug der Setzungsakte schon so geregelt sein, daß das vollziehende Ich von vornherein auf Identität oder Widerspruch des Gesetzten aus ist.

Es fragt sich dann, wie dieser vorverstandene Sinn konstituiert ist. Soll dieser Sinn auch in einer Synthesis (ähnlich wie die Erfahrungsgegebenheiten in passiven Synthesen) konstituiert werden, so stellt sich wiederum die Frage des Anfanges. Wir stoßen wiederum auf die Alternative des unendlichen Regresses

---

[25] Es handelt sich, wie Tran-Duc-Thao bemerkt, nicht um die ,,impossibilité d'une conscience," sondern um die ,,conscience d'une impossibilité." Vgl. *Phénoménologie et matérialisme dialectique*, S. 26.

oder des ersten Anfanges. Soll Sinn aus vorkonstituierten Sinnen entstehen, soll es eine ,,Sinnesgeschichte" geben, so müssen wir in konsequenter Weise die Frage des Anfanges bezüglich dieser ,,Geschichte" stellen können.

Die Freilegung der Thematik der Sinnesgeschichte erfolgt bekanntlich im zweiten, ,,transzendentalen" Teil von FTL.[26] Wir wollen jetzt zeigen, daß die Darstellung dieser Thematik in gewisser Weise der Antithetik des Anfanges und des unendlichen Regresses verhaftet bleibt, und zwar insofern das Auffassungsmodell in versteckter Weise innerhalb dieser genetischen Theorie immerzu nachwirkt. Die Nachwirkung dieses Modells kann folgendermaßen nachgewiesen werden.

Entscheidend ist die Tatsache, daß die Sinnesgeschichte als eine kontinuierlich verlaufende *Schichtung* von konstituierten Sinnen rekonstruiert wird, und zwar so, daß die vorkonstituierten Sinne vergegenständlicht und als Substrate für neue prädikative Synthesen gebraucht werden. Um das zu veranschaulichen, nehmen wir ein Beispiel; die Geschichte des Sinnes ,,Buch" besteht darin, daß das unter diesem Begriff explizite Verstandene das implizite Verstehen von vorkonstituierten Sinnen: Blätter, Papier, materielles Ding usw. voraussetzt. Die Sinnesgeschichte ist in dieser Hinsicht nicht mehr als eine Aufstufung der schon in der statischen Phänomenologie bekannten Auffassungssynthesen: ein Vorgegebenes – z.B. ein materielles Ding, das im ursprünglichen Urteil: ,,das ist ein materielles Ding" und durch Nominalisierung eines der Momente des Sachverhaltes, des Prädikates, gewonnen wurde –, wird in einer neuen prädikativen Synthese mittels eines neuen Sinnes aufgefaßt,[27] z.B.: dieses Ding ist aus Papier, und zwar so, daß wir denselben Prozeß immer wieder in immer ähnlicher Weise wiederholen können: dieses Ding aus Papier ist ein Buch, dieses Buch ist eine Bibel, diese Bibel ist eine christliche, ins Latein übersetzte, usw.

Die Fortsetzung der Reihe bietet eigentlich kein Problem, insofern schon Sinne als Bedingungen für neue Sinne gegeben sind. Beim regressiven Durchlaufen der Reihe müssen wir aber entweder einen Anfang oder einen unendlichen Regreß voraus-

---

[26] FTL, II. Abschnitt, 4. Kapitel. Vgl. bes. § 85, S. 183 f.
[27] Vgl. FTL § 85, S. 183 f.

setzen. Insofern Husserl die Sinnesgenesis auf die vorprädikative
Erfahrung zurückführen will, muß er die implizierte Sinnhaftigkeit der Erfahrung entweder als ein primär Gegebenes des Verstandes oder selbst als etwas schon Konstituiertes ansehen. Im
ersten Fall stoßen wir auf einen *faktischen* Sinnesbestand, den
wir nicht mehr weiter begründen können. Im zweiten Fall wissen
wir nicht mehr, worauf wir zurückgreifen können, um die Sinnhaftigkeit der Erfahrung zu begründen, oder, auch wenn wir
weiter in der Reihe absteigen könnten, so würde für jede neu
erreichte Stufe eine noch tiefere vorausgesetzt werden müssen,
und zwar so, daß wir die letzte Begründung des Sinnes nie herbeiführen können. In beiden Fällen würden wir unvermeidlich auf
die Irrationalität des begründenden Sinnes stoßen.

Wir haben mit den vorausgeschickten Überlegungen noch keine
Interpretation der Theorie der Sinnesgeschichte angestrebt, sondern nur ihr Erklärungsmodell herauszustellen versucht. In der
Tat *wird es sich erweisen*, daß die Orientierung am *Auffassungsmodell* innerhalb der Theorie der Sinnesgeschichte selbst überwunden wird. Diese Theorie ist unseres Erachtens eine zweideutige Begriffskonstruktion, die einer kritischen Interpretation bedarf, damit ihre ursprüngliche Eindeutigkeit und Konsequenz
wiederhergestellt wird. Wir werden uns bemühen zu zeigen, daß
wir das wirkliche Problem der Sinneskonstitution erst recht
verfehlen werden, falls wir Husserl beim Wort nehmen und die
Enthüllung der Sinnesgeschichte als den Aufweis der impliziten
Sinnhaftigkeit des vorgegebenen Substrates bestimmen. Darüber
hinaus ist zu zeigen, ob und wie die impliziten Sinne der vorkonstituierten Gegenständlichkeit den neuen Sinn „bedingen", und
zwar im Hinblick auf die Frage, wie der jeweils neue Sinn entsteht. Maßgebend sollte ja nicht die Frage sein, wie jeweils eine
neue Gegenständlichkeit, sondern, wie der neue Sinn für die
Konstitution dieser Gegenständlichkeit entsteht. Die Frage:,,Wie
können wir über einen Sinn verfügen?" bildet die eigentliche
Schwierigkeit der genetischen Problematik. So gesehen betrifft
die Frage nicht die Stufen der geschichtlich gewordenen Sinnes-
reihe, sondern die Reihe selbst, und zwar in Hinblick auf deren
Möglichkeitsgrund. So deutet sich auch schon die Möglichkeit
einer Überwindung der „Antithetik" an, insofern man sich nicht
mehr auf die Möglichkeit oder Unmöglichkeit eines ersten Anfan-

ges innerhalb der Reihe richtet, sondern auf den Ursprung der Reihe selbst.

§ 6. Die Theorie der Horizontintentionalität

Die dargestellte Antithetik in der Konstitution der gegebenen Inhalte und der Auffassungssinne wird nicht dadurch gelöst werden, daß für die eine oder die andere These Stellung genommen wird, sondern dadurch, daß ein „Seinsbereich" aufgezeigt wird, der dieser Antithetik überhoben ist und jenseits der Alternative von Anfang und Unendlichkeit liegt, und dabei grundlegend ist für alles, was als Sinn oder Gegebenes faktisch entsteht. Dieser „Seinsbereich" ist die Welt als Totalität aller Seienden, nicht aber im Sinne einer Summe (die wiederum endlich oder unendlich sein sollte) aller Gegenstände, etwa einer allumfassenden gegenständlichen Umgebung, die sich im Raum und in der Zeit (endlich oder unendlich) erstreckt, sondern im Sinne eines „Horizontes," wo es erst Gegebenes geben und dieses zur Sinnbestimmung aufgegeben werden kann. Diesen „Horizont" konnte Husserl erst freilegen, als er die ausschließliche Orientierung an der Aktintentionalität, d.h. an der Intentionalität, die darauf aus ist, Gegebenes als so und so aufzufassen, überwunden hatte. Dies bedeutet nicht, daß die Auffassungsintentionalität (mithin das Auffassungsmodell) als eine falsche Idee entlarvt wurde, sondern eher, daß eine andere Art der Intentionalität entdeckt wurde, die für die Aktintentionalität und deren gegenständliche Evidenzen in einem transzendentalen Sinn grundlegend ist.

Es erweist sich somit, daß die echte genetische Frage nicht eine Frage nach dem Anfang eines aktintentionalen Prozesses ist, sondern nach dem Ursprung des Horizonts, aus dem heraus dann erst etwas in Aktevidenzen intendiert und aufgefaßt werden kann. Die Frage betrifft also das Ursprungsverhältnis zwischen Welt und Gegebenem und Welt und Sinn, also die Welt als Boden jeder Sinnhaftigkeit und als Spielraum jedes Gegebenseinkönnens. Die Frage soll daher lauten: Wie kommt es dazu, daß es etwas gibt, d.h. daß etwas gegeben wird? Wie kommt es dazu, daß es Sinn gibt, das heißt, daß das Gegebene als so und so typisiert erscheint, und zwar so, daß der Sinn ein geschichtlich Werdender ist?

§ 7. Gliederung der Arbeit

In der Darstellung der Weise, wie sich das Problem, das unsere Forschungen motivierte, ergab und entfaltete, ist die Ausführung der Problematik schon vorgezeichnet. Wir gliedern dementsprechend unsere Arbeit folgendermaßen:

Im 1. Kapitel befassen wir uns mit der Frage der Konstitution von „Empfindungsdaten." Wir erörtern zunächst Husserls Definition der Empfindung als eines „nicht-intentionalen, reellen Darstellungsinhalts" (§ 8) und die von Husserl entworfene Methodik der hyletischen Analysen (§ 9). Wir zeigen dann die Schwierigkeiten, die daraus entstehen, daß die Empfindung durch eine ihr nicht eigenwesentliche Funktion definiert wird (§ 10). Diese Schwierigkeiten betreffen hauptsächlich die Frage, wie nicht-intentionale Inhalte für die *bestimmte* Gegenstandsdarstellung geeignet sein können. Wir erörtern dazu Husserls Beschreibung des Motivationszusammenhangs zwischen sensueller Hyle und gegenständlichem Sinn, und weisen nach, daß diese Frage unbewältigt bleiben mußte, solange Husserl seiner Empfindungsdefinition verhaftet blieb (§ 11). Wir zeigen aber anschließend, daß die Analysen des Zeitbewußtseins eigentlich eine radikale Umwälzung seiner Empfindungskonzeption darstellen, obwohl Husserl nicht alle Konsequenzen daraus ziehen konnte, weil er eine systematische Revision seiner Empfindungstheorie unterließ. Diese radikale Umwälzung folgt daraus, daß das Empfinden als ein „kontinuierlicher" intentionaler Prozeß aufgedeckt wird. Korrelativ wird das *Empfundene* nicht mehr als ein bloß stofflicher Inhalt aufgefaßt, sondern als ein im intentionalen Prozeß des Empfindens konstituiertes noematisches Gegenstandsmoment (§ 12). Damit wird die Hypothese von letzten hyletischen Elementen im Erlebnisstrom endgültig überwunden, denn es erweist sich: einerseits, daß die Empfindung *noetisch* gesehen die intentionale Struktur der Zeit hat, das heißt, einer horizonthaften Ganzheit, die nicht aus letzten „Teilen" besteht, sondern aus der Bewegung selbst eines Prozesses; andererseits, daß das *noematische* Empfundene die Struktur des sinnlichen „Feldes," das heißt, eines raumhorizonthaften Ganzen hat (§ 14).

Im 2. Kapitel zeigen wir zunächst (§ 16), daß der Unterschied zwischen Sinnkonstitution und Inhaltskonstitution nicht verwischt werden darf, obwohl sich die vermeintlichen sinnlichen

,,Inhalte" auch als Sinngebilde erwiesen haben. Vielmehr soll die Rede von Sinnbestimmung und Inhalt relativiert werden. Zu diesem Zweck haben wir die Doppeldeutigkeit von Husserls Begriffen von ,,Sinn" bzw. ,,Sinnbestimmung" und ,,Gegenstand" thematisiert. Im ersten Wortsinn wird der Erfahrungsgegenstand als ein ,,Inhalt" gemeint, den es weiter zu bestimmen gilt. Es erweist sich aber, daß der vorgegebene Erfahrungsinhalt nicht Gegenstand im eigentlichen Sinn ist, d.h. im Sinne des identischen Substrates von verschiedenen Intentionen, sondern erst durch eine höhere, kategoriale Sinnbestimmung zu einem eigentlichen Gegenstand wird. In der Bestimmung eines vorgegebenen Erfahrungsinhaltes als Gegenstand im eigentlichen Sinne wird dieser Inhalt selbst zur Bestimmung und zwar des gedachten identischen Gegenstandes. Es zeigt sich somit, daß Gegenstand und Bestimmung, Sinn und Inhalt, im Verlauf der Bestimmungssynthese ihre Rollen vertauschen müssen. Es gilt deswegen, die Frage der Sinnhaftigkeit des sinnlichen Gegebenen vom Standpunkt seiner Funktion in der Erkenntnissynthese aus neu zu behandeln, und zwar je nachdem das Gegebene als ein weiter zu bestimmender Inhalt oder selber als sinnliche Bestimmung eines gedachten identischen Gegenstandes (im eigentlichen Sinn) auftritt. Somit werden zwei Problemkreise abgegrenzt: den ersten – relativ der *sinnlichen* Sinnbestimmungen – behandeln wir in diesem Kapitel; dem zweiten – bezüglich der *kategorialen* Sinnbestimmungen – gehen wir im 3. und 4. Kapitel nach.

Die Frage der Sinnhaftigkeit des gegebenen Inhaltes in der Erkenntnissynthese hat deswegen einen anderen theoretischen Stellenwert in Husserls Denken als die Frage des Empfindungsinhaltes. Es gilt jetzt vom neuen Standpunkt aus zu zeigen, daß der sinnliche Inhalt in der vorprädikativen Bestimmungssynthese kein pures Datum ist, sondern ein an sich sinnhaftes Gebilde. Dem sinnlichen Inhalt – verstanden als Fülle einer meinenden Intention – kommt eine ursprüngliche Sinnhaftigkeit zu, d.h. eine, die aus ihm selbst in seiner Funktion als Fülle im intentionalen Erkenntnisprozeß und nicht aus einem von ihm getrennten signitiven Akt erwächst (§ 18). Die ursprüngliche Sinnhaftigkeit der Fülle liegt nach den LU darin, daß die Fülle keine bloß faktische Gegebenheit eines faktischen Aktes ist, sondern vielmehr einen *Wesenscharakter* hat. Diesen muß sie haben, wenn es im

Erfüllungsverhältnis so etwas wie Wahrheit geben soll (§ 19). Wir
erörtern dann die zwei ersten Wahrheitsbegriffe in LU und zeigen,
daß die Wahrheit als „Übereinstimmung zwischen Gemeintem
und Gegebenem" oder als das „ideale Verhältnis zwischen den
erkenntnismäßigen Wesen der sich deckenden Akte" nicht das
faktische Bewußtsein derer Identität ist, sondern in einem „Möglichkeitsbewußtsein" gründet. Wir beschreiben dabei das „Wechselspiel" zwischen Meinung und Gegebenem, in dem einmal die
Meinung als das Wesentliche und Wesenhafte für das Gegebene,
und das andere Mal das Gegebene als das Wesentliche für die
Meinung gilt. Erst in diesem Wechselspiel, in dem Meinung und
Gegebenes sich wechselseitig transzendieren, ist Erkenntnis eines
Gegenstandes als solchen möglich. In diesem Wechselspiel stellen
der signitive Akt und die Fülle abwechselnd für einander das
Faktische oder das Sinnhafte des Erkenntnisaktes bzw. des
Erkenntnisgegenstandes dar (§ 20).

Im 3. Kapitel besprechen wir als erstes (§ 21) – und zwar in
Rückblick auf die Thematik von § 15 – Husserls Unterscheidung
zwischen dem Sinn als Gegenstand im Wie seiner Gegebenheit
und dem Sinn als dem noematischen Kern, d.h. dem Sinn des
identischen Gegenstandes als solchen. Wir stellen dann die Frage
nach der Konstitution des gegenständlichen Sinnes in dieser
letzten Bedeutung. Es handelt sich da um einen Sinn, der nicht
zur *Gegebenheit* kommen kann, und der trotzdem sich in einer
Evidenz ausweisen muß. Zur Lösung dieser Frage wenden wir
uns (§ 22) der Theorie der kategorialen Wahrnehmung in den LU
zu. Wir erörtern die Interpretation der kategorialen Wahrnehmung als die Aktualität des Vollzuges von bestimmten Denkoperationen. Es zeigt sich dabei, daß die daraus entstandenen
„kategorialen Gegenständlichkeiten" nicht mehr als die Regel
für eine bestimmte Denkoperation enthalten (§ 23). Paradox formuliert: die kategoriale Gegenständlichkeit ist die Regel für die
Konstitution seiner selbst. Die Paradoxie löst sich dadurch auf,
daß sich die fragliche Regel als diejenige erweist, die athematisch
in der „explizierenden" sinnlichen Wahrnehmung am Werke ist,
und in der „kategorialen" Wahrnehmung aufgefaßt und vergegenständlicht wird. Auf diese Weise sind wir auf die Frage der
Konstitution von Sinn in den sinnlichen Synthesen zurückgeworfen. Aber eine Rückkehr zur Frage der sinnlichen Konstitution

wäre voreilig, weil sich in der Evidenz der kategorialen Gegenständlichkeiten etwas bekundet, was die kategoriale Evidenz selbst übersteigt und unmöglich auf Sinnliches zurückgeführt werden kann. Dies ist die Regel selbst, insofern sie den Charakter einer *Idee* hat.

Die Idee als solche enthält in sich eine Unendlichkeit, die in keiner Evidenz (welche prinzipiell „endlich," d.h. vorläufig und in ihrer Tragweite beschränkt ist), gegeben sein kann. Im 4. Kapitel befassen wir uns mit den „idealisierenden Voraussetzungen" der kategorialen Evidenzen (§ 24), welche Voraussetzungen Husserl ausführlich in FTL behandelt hat. Wir gehen folgendermaßen vor: erstens (§§ 25-27) erörtern wir den idealen Charakter des logischen Gegenstandes, d.h. des Gegenstandes im eigentlichen Sinne. Daraus ergibt sich ein konstitutives Problem (§ 28), das darin besteht, daß der identische Gegenstand als solcher nicht der Gegenstand einer Evidenz ist, sondern nur in einem unendlichen Prozeß der Identifizierung intendiert werden kann. Anschließend (§ 29) erörtern wir die Frage der Voraussetzung der „Wahrheit an sich," d.h. des Gegenstandes als eines an sich wahren und objektiv bestimmbaren und der Entscheidbarkeit jedes Urteils als wahr oder falsch. Wir sehen dann (§ 30), daß die Idealität der Wahrheit an sich (im Kontrast zum notwendigerweise vorläufigen und prinzipiell modalisierbaren Charakter der Evidenz) in ihrer „Endgültigkeit" und in der Unendlichkeit des Prozesses besteht, wodurch eine Wahrheit „endgültig" festgestellt werden soll. Husserls Gedanken in FTL nachvollziehend stellen wir die Frage nach der Ausweisung des Rechts und nach der Klärung des Sinnes dieser Idealisierungen (§ 31). Das ist, wie es sich erweist, eine konstitutive Frage, die sich nicht durch die Analyse der „Aktintentionalität," (die auf Evidenz von *Gegenständlichem* aus ist), sondern erst durch die Analyse der „Horizontintentionalität" lösen läßt. In Hinblick darauf versuchen wir dann (§ 32) zu zeigen, daß die Enthüllung der idealisierenden Implikate der prädikativen Urteile falsch verstanden wird, wenn man darin nur den Aufweis der Rückverweisungen jedes Urteils auf individuelle Erfahrungsgegenstände sieht. Was in der Enthüllung der Sinnesgenesis des prädikativen Urteils eigentlich aufgedeckt wird, ist, wie wir dann zeigen (§ 33), nicht die Vorgegebenheit individueller Erfahrungsgegenstände, sondern die Of-

fenbarkeit einer ,,*Welt* von Individuen," wobei unter dem Begriff
von ,,Welt" zugleich der *Horizont* für die Gegebenheit der Erfahrungsgegenstände, als auch die Unendlichkeit der Erfahrungsge-
schichte verstanden wird. Wir versuchen dann zu zeigen, daß die
Begriffe der Welt als Erfahrungshorizont und als die in einem
unendlichen Prozeß synthetisch gewordene Einheit der Erfahrung in ihrer Bestimmung als *Idee* zusammengebracht wird. Dabei erweist sich die Welt (Schlußwort) als jener gesuchte (vgl.
Einleitung, § 4) Ursprungsgrund der intentionalen Genesis, der
den Aporien des endlichen Anfanges und des unendlichen Regresses überhoben ist.

ERSTES KAPITEL

DIE FRAGE DER EMPFINDUNGSKONSTITUTION

§ 8. *Husserls Definition der Empfindung*

Wir haben uns schon in unserer Einleitung auf Husserls Definition der Empfindung als eines *Darstellungsinhaltes* bezogen. Zur vollständigen Definition fehlte aber noch der charakterisierende Zusatz: ,,reell,'' wodurch der fragliche Darstellungsinhalt vom ,,intentionalen'' Inhalt unterschieden wird. Während der intentionale Inhalt den *transzendenten* Gegenstand einer Intention (entweder den Gegenstand als solchen, d.h. als ,,Substrat'' oder ,,Pol'' der Bestimmungen, oder den Gegenstand ,,im Wie'' seiner Bestimmtheiten, also das Noema, den intentionalen *Sinn* als solchen) bedeutet, bezeichnet ,,reell'' das, was in der Intention *immanent* ist. Man sieht daraus, daß ,,reell'' keineswegs als identisch mit ,,real'' zu verstehen ist, insofern ,,real'' für Husserl die dinghafte Transzendenz eines Gegenstandes bedeutet.[1]

Das ,,Reelle'' kann entweder ein ,,Aktcharakter'' (in der Terminologie der LU) sein, oder, wie es seit *Ideen I* heißt, eine ,,Noesis,'' also intentionale Akte im weitesten Sinne (in den verschiedenen Modalitäten der Aktualität oder der Potentialitäten, der freien Denkspontaneität oder der relativen Passivität der sinnlichen Erfahrung), oder aber ein ,,Inhalt.'' Ein reeller Inhalt ist somit das, was einem intentionalen Erlebnis immanent ist, ohne mit dem Erlebnis selbst als einer Noesis identisch zu sein. Die Empfindung als ein reeller Darstellungsinhalt ist deshalb für Husserl das vermeintlich in der Immanenz eines Erlebnisses unmittelbar Erlebte. Diese Definition kann in allen Werken

---

[1] ,,,Real' würde neben ,intentional' sehr viel besser klingen, aber es führt den Gedanken einer dinghaften Transzendenz, der gerade durch die Reduktion auf die reelle Erlebnisimmanenz ausgeschaltet werden sollte, sehr entschieden mit sich. Wir tun gut, dem {Worte ,real' die Beziehung auf das Dinghafte vollbewußt beizumessen'' (LU II, S. 399).

Husserls von LU her bis zur ,,Krisis'' nachgewiesen oder zumindest supponiert werden,[2] und sie bildet anscheinend eine der selbstverständlichsten Überzeugungen Husserls, die, wenn nicht ungeprüft, so zumindest, wie es scheint, in ihrer Formulierung von der Kritik unangetastet blieb, und die er bis zum Ende seines Denkwegs durchzuhalten vermochte. Schon in der V. Logischen Untersuchung setzte Husserl die Empfindungsdaten zu den reellen Bestandstücken des erlebenden Bewußtseins hinzu, neben die Bewußtseinsakte, und zwar als deren ,,Material.''[3] ,,Die darstellenden Inhalte der äußeren Wahrnehmung – sagt Husserl in der VI. Logischen Untersuchung – definieren den Begriff der *Empfindung* im gewöhnlichen, engen Sinn'' (LU III, S. 79). Dabei ist aber zu beachten, daß dies nur dann wirklich zutrifft, wenn der darstellende Inhalt außerhalb seiner Darstellungsfunktion betrachtet wird. Die Empfindungen sind ja die Inhalte, die sich zur Darstellung eines Gegenstandes irgendwie eignen, aber an sich selbst als bloße Inhalte des Erlebnisstromes noch nicht darstellend sein können, sondern erst mittels des Auffassungsaktes. Eine der augenfälligsten Eigentümlichkeiten der Husserlschen Empfindungsdefinition ist ja, daß sie durch eine Funktion definiert wird, die ihr streng genommen unwesentlich ist.[4] Erwächst aber diese Darstellungsfunktion der Empfindung nicht selbst, so muß man zwischen dem Empfindungsdatum als einem reellen Inhalt und der sinnlichen Gegenstandsqualität, die laut Husserls Hypothese aufgrund des Empfindungsdatums erscheint, unterscheiden. Deshalb beharrt Husserl darauf, daß die Erscheinung als solche[5] nicht mit deren reellen Bestandstücken verwechselt wird, wie es in der gewöhnlichen Rede von Erscheinung der Fall ist.

[2] Und zwar, wenn Husserl dazu kommt, von der Wahrnehmung als einer Auffassung von Empfindungsdaten zu sprechen. Vgl. EU, S. 100 und S. 109 (entsprechende Stelle in HUS. XI, vgl. S. 34).

[3] ,,Was es (das erlebende Bewußtsein) in sich findet, was in ihm reell vorhanden ist, das sind die betreffenden Akte des Wahrnehmens, Urteilens usw. mit ihrem wechselnden Empfindungsmaterial, ihrem Auffassungsgehalt, ihren Setzungscharakteren usw.'' (LU II, S. 352).

[4] Vgl. Asemissen, *Strukturanalytische Probleme* . . . , S. 24.

[5] Erscheinung ist im prägnanten Sinne für Husserl entweder der erscheinende Gegenstand selbst oder das ,,konkrete Erlebnis der Anschauung'' (LU III, S. 233 f.), d.h. das, was im Wahrnehmungsakt dem Gegenstand als einem erscheinenden und nicht nur gemeinten entspricht. ,,Erscheinung'' bezeichnet also die rein intuitiven Repräsentanten ungeachtet ihrer Setzungsqualität. Die rein intuitiven Repräsentanten mit ihrer Auffassungsform nennt Husserl auch ,,Repräsentation.'' (Vgl. LU III, § 26, S. 90 f.)

In dieser irrigen Redeweise „heißen Erscheinungen die präsentierenden Empfindungen, also die erlebten Momente von Farbe,
Form, usw., welche nicht unterschieden werden von den ihnen
entsprechenden und im Akte ihrer ‚Deutung' *erscheinenden Eigenschaften des* (farbigen, geformten) *Gegenstandes"* (LU III,
S. 234). Es besteht für Husserl eine „Analogie" zwischen den
Empfindungen als Bewußtseinsinhalt und dem „Stoff," aus dem
die Sinnendinge (die Sinnendinge, nicht die „materiellen," durch
die Kategorien der Kausalität und Substantialität konstituierten
Dinge) konstituiert sind. Diese „Analogie" hindert aber nicht,
daß die erscheinenden Eigenschaften des Gegenstandes als
„transzendente" Eigenschaften von den „immanenten" Bewußt-
seinsinhalten unterschieden werden müssen. Deshalb können die
Dinge nicht als Komplexionen von Empfindungsdaten aufgefaßt
werden, wie ein gewisser Idealismus (etwa Schopenhauerscher
Prägung) irrtümlich meint.[6]
  Husserl hat mehrmals auf den Unterschied zwischen dem Empfundenen als solchen und dem Wahrgenommenen, dem als transzendent Aufgefaßten, hingewiesen.[7] Der Grund für diese Unterscheidung, wie übrigens auch für die vorausgesetzte „Analogie,"
ist die Auffassungsform, welche den empfundenen Inhalt in die
gegenständliche Qualität sozusagen verwandelt. „Denn es ist
offenbar, und an jedem Beispiel durch phänomenologische Analyse zu bewähren, daß das Wahrnehmungsding, diese angebliche
Empfindungskomplexion, nach den einzelnen Eigenschaftsmo-
menten, wie auch als Ganzes verschieden ist und unter allen
Umständen verschieden ist von der in der betreffenden Wahrnehmung faktisch erlebten Empfindungskomplexion, *deren objektive
Apperzeption allererst den Wahrnehmungssinn, also das erschei-*

---

[6] Dieselbe Verwechslung von Empfindung und erscheinender Qualität wird in
Ideen I (§ 52, S. 128) abgewehrt, allein daß sie diesmal dem „Realismus" zugeschrieben wird, während es hier um die Zurückweisung der idealistischen Thesis Schopen-
hauers (die Welt als meine Vorstellung) geht. „Dabei verwechselt man aber im gewöhnlichen Realismus die sinnlichen Erscheinungen, d.i. die erscheinenden Gegenstände als solche (die selbst schon Transzendenzen sind), vermöge ihrer „bloßen
Subjektivität" mit den sie konstituierenden absoluten Erlebnissen des Erscheinens,
des erfahrenden Bewußtseins überhaupt" (*Ideen I*, S. 128). Vgl. auch *Ideen I*, § 41,
S. 94 f.
  [7] Vgl. z.B. HUS. X, S. 6: „Das empfundene Rot ist ein phänomenologisches Datum,
das, von einer gewissen Auffassungsfunktion beseelt, eine objektive Qualität darstellt;
es ist nicht selbst eine Qualität. Eine Qualität im eigentlichen Sinne, d.h. eine Beschaffenheit des erscheinenden Dinges, ist nicht das empfundene, sondern das wahrgenommene Rot." Vgl. auch *Ideen II*, § 18c, S. 71.

nende Ding intentional konstituiert'' (LU III, S. 235; Hervorhebung v. Verf.).[8]

Daß die Empfindungsinhalte „apperzipiert" oder „aufgefaßt" werden, bedeutet nicht, wie Husserl auch anderswo bemerkt, daß „das Bewußtsein auf die Empfindungen hinblicke, sie selbst zu *Gegenständen* einer Wahrnehmung und einer erst darauf zu gründenden Deutung mache" (LU II, S. 75). Die Auffassung der Empfindungsinhalte soll nämlich mit der „verstehenden Deutung" von Zeichen oder mit dem Bildbewußtsein nicht verwechselt werden.[9] Im Gegensatz zur „verstehenden" Deutung eines Zeichens oder zur Auffassung des Verhältnisses zwischen einem Bild und dem Abgebildeten geht die Wahrnehmungsintention nicht auf die Empfindungsdaten als solche, sondern durch sie auf den erscheinenden Gegenstand im Wie seines Erscheinens aus, und zwar so, daß sie in der Wahrnehmung nie gegenständlich werden (auch nicht in der explikativen Wahrnehmung, da diese auf die gegenständlichen *Momente* des erscheinenden Gegenstandes eben als Momente *dieses Gegenstandes* ausgeht). Das prinzipielle Ungegenständlichsein des reellen Inhaltes gehört diesem als einem *reellen* zu, als einem Moment der reellen Intentionalität, die eben als Gerichtetsein auf einen Gegenstand auf einer notwendigen Selbstvergessenheit gründet. „Die Wahrnehmungsvorstellung kommt dadurch zustande, daß die erlebte Empfindungskomplexion von einem gewissen Aktcharakter, einem gewissen Auffassen, Meinen beseelt ist; und indem sie es ist, erscheint der wahrgenommene *Gegenstand*, während sie selbst *so wenig erscheint wie der Akt* (Hervorhebung v. Verf.), in dem sich der wahrgenommene Gegenstand als solcher konstituiert" (S. 75).

Weil die Empfindung nicht das Intendierte, sondern nur die Grundlage der intentionalen Auffassung ist, wird sie in *Ideen I* in konsequenter Weise als ein *nicht-intentionales* Erlebnis definiert: es leuchtet ja ein, daß was „außer" der Auffassungsform betrachtet werden muß, nicht als intentional bezeichnet werden

---

[8] Wie die Rede von „konstituieren" bezeugt, handelt es sich um den umgearbeiteten Text der zweiten Auflage. Der Text der ersten Auflage sagt aber im wesentlichen dasselbe. Vgl. erste Ausgabe, S. 707, oder, wenn diese nicht zugänglich ist, die Gegenüberstellung des ursprünglichen mit dem umgearbeiteten Textes in der französischen Übersetzung von H. Elie (Paris: Presses Universitaires de France, 1963; 3. Band, S. 298).

[9] A.a.O. Vgl. auch *Ideen I*, § 43, S. 98 f. und § 90, S. 224.

darf; vorausgesetzt, daß die Intentionalität durch Gegenstands-bezogenheit, und die Gegenstandsbezogenheit als Funktion der Auffassung definiert werden können. ,,Man sieht nämlich leicht, daß *nicht jedes reelle Moment* in der konkreten Einheit eines intentionalen Erlebnisses selbst den *Grundcharakter der Intentionalität* hat, also die Eigenschaft, ,Bewußtsein von etwas' zu sein. Das betrifft z.B. alle *Empfindungsdaten*, die in den perzeptiven Dinganschauungen eine so große Rolle spielen'' (*Ideen I*, S. 81). Dieses nicht-intentionale Erlebnis wird ,,durch passende Blick-wendung und in phänomenologischer Reduktion auf das reine Psychische'' als ,,reelles konkretes Bestandstück des Erlebnis-ses'' gefunden. Wir werden noch auf die Frage, inwieweit diese reellen Bestandstücke der Erlebnisse tatsächlich Befunde der phänomenologischen Reflexion sind, zurückkommen. Vorläufig aber interessieren wir uns allein für den Sachgehalt der These, wonach ein Empfindungsdatum, z.B. das Empfindungsdatum ,,weiß,'' ,,als ,darstellender' Inhalt für das erscheinende Weiß des Papieres ... *Träger* einer Intentionalität, aber nicht selbst ein Bewußtsein von etwas'' sei (ebd.).

Diese nicht-intentionalen Einheiten, die Empfindungen, haben als solche nicht nur keine Gegenstandsbezogenheit, sondern streng genommen auch keine eigentliche Ichbezogenheit, obwohl sie dem Ich ohne Zweifel ,,gehören''; das heißt, sie haben nicht die Form des ,,cogito.''[10] Sie bilden eine subjektive Habe des Ich, die aber sowohl vom Ich als auch vom Gegenstand zu unter-scheiden ist (*Ideen II*, 214 f.). Wahrscheinlich aus diesem Grund sind diese Einheiten in *Ideen I* (§ 85, S. 207 f.) als eine ,,sensuelle hylé'' beschrieben. Im Terminus ,,hylé'' spiegelt sich nämlich nicht nur deren Eignung als ,,Material'' oder ,,Stoff'' zu einer objektivierenden Auffassungssynthese wider, sondern auch die Tatsache, daß erst die sinngebende Auffassung dieses materielle Datum ,,beseelt'' (a.a.O., S. 208; LU II, S. 75), d.h. ihm Bezogen-heit auf die ,,Seele,'' das heißt auf ein Ich, das als ,,leiblich'' wahrnehmend in der Weise der konstituierenden Intentionalität ,,lebt,'' verleiht.[11] ,,Wir finden dergleichen konkrete Erlebnisda-

---

[10] *Ideen I*, § 80, S. 195. Für die Affektion als eine ,,Tendenz vor dem cogito,'' s. unten S. 68 f. und EU, S. 81 f.

[11] Leib, Seele, Leben ... in dieser Gedankenkonstellation finden wir den Horizont, aus dem heraus die Frage des Empfindens in *Ideen II* ausgeht.

ten als Komponenten in umfassenderen konkreten Erlebnissen, die als Ganze intentionale sind, und zwar so, daß über jenen sensuellen Momenten eine gleichsam ,beseelende,' *sinngebende* (bzw. Sinngebung wesentlich implizierende) Schicht liegt, eine Schicht, durch die aus dem *Sensuellen, das in sich nichts von Intentionalität hat,* eben das konkrete intentionale Erlebnis zustande kommt" (*Ideen I*, S. 208). Wenn man nun davon ausgeht, daß das Leben des Ich in der Aktualität des intentionalen Verhaltens auf Gegenständliches verläuft, so kann das Nicht-intentionale nur als etwas ,,Unlebendiges,'' ,,Unbeseeltes" hervorkommen.

Mit diesen Überlegungen wollen wir auf eine Spannung innerhalb des Empfindungsbegriffes hinweisen, denn nach dem in den LU und in den *Ideen I* gewonnenen Begriff soll die Empfindung sowohl als ein reelles Moment des Bewußtseinsstroms (näm. als *Empfinden*) bestimmt, und insofern mit den Noesen, die das ,,vernünftige" Leben des Bewußtseins ausmachen, gleichgesetzt, als auch als ein an sich nicht-ichliches Bestandstück des Bewußtseins (näm. als das *Empfundene* ,,im" Strom) angesehen werden. Im folgenden fixieren wir diesen Unterschied terminologisch als den Unterschied zwischen ,,Reelles" im vorzüglichen Sinn und ,,Reell-inhaltliches,'' oder einfach als ,,Inhalt." (Wenn also im folgenden von ,,Reellem" gesprochen wird, so wird damit die Empfindung als Empfinden gemeint.) Vordeutend können wir sagen, daß diese Spannung zwischen den Bestimmungen der Empfindung als ,,reell" und als ,,Inhalt" oder ,,Hyle" sich erst löst, wenn einerseits die Empfindung in ihrem reellen Sein als ein intentionaler Prozeß enthüllt wird, und wenn andererseits dessen Korrelat: der ,,empfundene Inhalt" als ein zum noematischen Bestand gehörendes intentionales Gebilde entdeckt wird.[12]

---

[12] Der alte Empfindungsbegriff scheint gelegentlich in den späteren Werken hervor. So in FTL: ,,In dieser Sphäre tritt dann notwendig als radikaler Unterschied der zwischen *hyletischen Daten* und *intentionalen Funktionen* auf" (S. 253). ,,Diese Sphäre" ist die Problemsphäre, die in *Ideen I* durch die Ausschaltung der Probleme des Zeitbewußtseins eröffnet wurde. In EU ist die Rede von Empfindungsdaten ohne diese Einschränkung an zwei Stellen, in denen es um die Auffassung von einem Gegebenen als etwas geht. ,,Ein und derselbe Bestand an Empfindungsdaten ist die gemeinsame Unterlage von zwei übereinander gelagerten Auffassungen" (S. 100). (In der entsprechenden Stelle in den *Analysen zur passiven Synthesis* (HUS. XI S. 34) heißt es anstelle von ,,Empfindungsdaten" ,,hyletische Daten.") ,,Abgewandelte oder völlig neue Empfindungsdaten, die auftreten, fordern unter der gegebenen intentionalen Lage Auffassungen" (EU, S. 109). Dasselbe wird in den entsprechenden Stellen in HUS. XI aus-

§ 9. Die reine Hyletik

Die vorausgeschickte Erörterung des Empfindungsbegriffes Husserls hat eine doppelte Zweigliedrigkeit in der Struktur der Empfindung (oder zumindest in ihrer theoretischen Konstruktion) bloßgelegt: erstens die Zweigliedrigkeit der Darstellungsfunktion und des Empfindungsmaterials, zweitens die Zweigliedrigkeit innerhalb der Empfindung an sich selbst: die Zweigliedrigkeit ihrer *reellen* Seinsweise und ihres *Inhalt*charakters. Beide werfen Fragen auf, die schwer lösbar sind: erstens, die Frage nach der *Eignung* der Empfindung, eine Darstellungsfunktion zu übernehmen, zweitens, die Frage, wie ein ,,Inhalt," d.h. wie etwas Nicht-ichliches, Nicht-intentionales die Seinsweise des *reellen* Bewußtseins, das zugleich ein intentionales sein muß, annehmen kann. Die Beantwortung dieser Fragen setzt voraus, daß wir wissen, wie der Empfindungsbegriff in der phänomenologischen Reflexion gewonnen wird.

Wir müssen also zunächst die Frage der Methode der ,,reinen Hyletik"[13] und der Bedingungen ihrer Anwendung anschneiden; als *reine* müssen die phänomenologischen hyletischen Analysen die eidetische Methode anwenden. Diese beruht auf der freien Wesensvariation von beliebigen individuellen Exempeln. Die Anwendung der eidetischen Methode zwecks der Gewinnung der reinen ,,eide" der Empfindung setzt also voraus, daß die Empfindungen irgendwie in ihrer ,,beispielmäßigen" und ,,exemplaren" Faktizität zugänglich sind. Wie ist das aber möglich, wenn die Empfindung bei der konkreten Erkenntnissynthese (ebenso wie der Auffassungssinn) ungegenständlich bleibt? Der ursprüngliche ungegenständliche Charakter der Empfindung ist übrigens nicht zufällig und irgendwie zu beheben, sondern im Gegenteil notwendig und wesentlich, und zwar nicht nur, wenn wir die Empfindung in der Darstellungsfunktion, also innerhalb des Erkenntnisaktes (in dem wir auf den Gegenstand thematisch gerichtet bleiben), sondern auch, wenn wir die Empfindung an sich selbst betrachten. Es zeigt sich, daß die Ungegenständlichkeit ein notwendiger Charakter der ,,reellen Intentionalität"

gesagt, nur daß da von ,,hyletischen Daten" gesprochen wird, was aber dasselbe bedeutet. Zuvor dagegen wurden die Felder passiver Gegebenheiten als kein bloßes ,,Gewühl" von Daten bestimmt (EU, S. 75).

[13] Zu diesem Begriff vgl. *Ideen I* S. 212 und S. 215.

überhaupt und mithin ihrer ,,Inhalte'' ist. In dieser Feststellung liegt aber schon die Antwort auf unsere Frage. Die Empfindungen müssen als *reelle* Inhalte auf dieselbe Weise zugänglich sein, wie die Intentionalität überhaupt, also in einer Reflexion, die sich auf das Vollzugsbewußtsein bezieht, das jede Noese und jeden reellen Inhalt begleiten muß, also auf das unmittelbare und athematische Selbstbewußtsein, das eine gleichursprüngliche Dimension der Intentionalität wie die Dimension des Gegenstandesbewußtseins ist, und das die phänomenologische Reflexion thematisch zu artikulieren versucht. Natürlich sind die Evidenzen der Reflexion kein unmittelbares Sehen, sondern im Gegenteil das schwierige und mehrfach vermittelte Thematisieren dessen, was zunächst verborgen bleibt.

Nach Husserl können die Empfindungen in einer regressiven Analyse herausgestellt werden, die, – wie es in *Ideen II* beschrieben wird (§§ 8–10, S. 17 ff.) – zwei Stadien durchlaufen müssen: beim ersten kehren wir zu den ,,Urgegenständen'' der Sinnlichkeit, den Sinnesgegenständen, zurück. Husserl beschreibt diese regressive Analyse in einer ähnlichen Weise, wie die Enthüllung der ,,Sinnesgeschichte'' in FTL.[14] ,,Gehen wir den intentionalen Struktur irgend welcher gegebenen Gegenstände nach und den *Rückdeutungen*, die bewußtseinsmäßig in Form *sekundärer Rezeptivitäten* vorliegen, erzeugen wir die Spontaneitäten, welche die betreffenden Gegenständlichkeiten zu voll eigentlicher originärer Gegebenheit bringen, so kommen wir, ev. in einer Reihe von Schritten, auf fundierende Gegenständlichkeiten bzw. Noemata zurück, die nichts mehr von solchen Rückdeutungen enthalten, die in *schlichtesten Thesen* ursprünglich erfaßt oder erfaßbar sind und auf keine voranliegenden und allererst zu reaktivierenden Thesen zurückweisen, die zum konstitutiven Bestand des Gegenstandes Beitrag liefern'' (*Ideen II*, S. 17).

Das zweite Stadium unterscheidet sich, obwohl von Husserl nicht hervorgehoben, wesentlich vom ersten Stadium, da wir uns nach Husserls eigener Aussage nicht mehr an Rückdeutungen orientieren können, die von einer fundierten zu einer fundierenden Gegenständlichkeit (z.B. von einem Buch zu Papier, zu einem materiellen Ding usw.) zurückführen. In der Tat erfolgt die

---

[14] FTL. § 85, S. 183 ff.

„Rückkehr" jetzt in einer abbauenden, destrukturierenden Analyse, die nur zu Abstraktionen, d.h. zu unselbständigen Faktoren der konkreten Erkenntnisakte gelangen kann. Wir gehen von den Sinnendingen aus, von den puren Körpern, den real-kausalen Einheiten der Natur. Durch Abstrahierung der „materialen Realität" des Dinges (d.h. seines Sinnes als einer substanzial-kausalen Einheit) gewinnen wir das *Raumphantom*: „eine pure farbige erfüllte Gestalt, nicht nur ohne Beziehung auf taktuelle und sonstige Daten anderer Sinne, sondern auch ohne jede Beziehung auf Momente der „Materialität" und somit auf irgendwelche realkausalen Bestimmtheiten" (ebd., S. 22).[15]

Und wiederum gewinnen wir erst durch Abstraktion des Raumes die Empfindungen. „Endlich kann die räumliche Auffassung außer Vollzug gesetzt, also statt eines räumlich erklingenden Tones als bloßes ‚Empfindungsdatum' genommen werden" (ebd., S. 22). (In EU werden die Felder passiver Vorgegebenheiten in ihrer Ursprünglichkeit auch durch Abstraktion ihrer „Bekanntheitsqualitäten," „Vertrautheiten," d.i. ihrer Auffassungsformen als so und so typisierte Dinge gewonnen. Daß aber die passiven Vorgegebenheiten „Felder von bestimmter Struktur" ausmachen, bedeutet, daß der räumliche Charakter nicht abstrahiert wird, so

---

[15] Andere Benennungen des Raumphantoms: „Schema," „Dingschema," „Apparenz," „originale Gegebenheit" (vgl. *Ideen II*, S. 35 f.). Das Wort „Schema" ist ohne Zweifel der *Kritik der reinen Vernunft* entnommen worden. Tatsächlich fällt das, was Husserl „Raumphantom" oder „Dingschema" nennt, gewissermaßen mit Kants Begriff der extensiven und intensiven Größe – der Raumzeitfülle – zusammen, welche für Kant die Schemata zu den Kategorien der Quantität und der Qualität bilden. Im Gegenzug zu Kants Sprachgebrauch dehnt Husserl die Bedeutung dieses Terminus nicht auf die Kategorien der Relation und der Modalität aus. Der „kausalen Materialität" entspricht nach dem auf S. 37 Gesagten kein Schema; das bedeutet für Husserl, sie ist der Gegenstand einer reinen Auffassung; sie wird nämlich nicht in der „Apparenz" oder „originalen Gegebenheit" des Dinges aufgefaßt.

„Dingschema" und „Raumphantom" bedeuten dasselbe, obwohl unter verschiedenen Gesichtspunkten. Man könnte sagen, das Dingschema ist das Raumphantom, sofern dieses auf einen Gegenstand, auf ein Ding bezogen wird, nämlich sofern es als Unterlage für die Dingauffassung betrachtet wird (daher der zusammengesetzte Ausdruck: *Ding*schema). Dagegen ist das Raumphantom ein Schema, insofern von der real-kausalen Auffassung abgesehen wird, so daß nur die im Raume ausgebreitete Erscheinung in den Blick tritt (daher nun der Ausdruck *Raum*phantom).

Es ist auch zu beachten, daß in dieser Gleichsetzung von Dingschema und Raumphantom allein der Raum als konstitutive (in Husserls und Kants Wortsinn) Regel in Frage kommt, (nicht aber die Zeit).

Husserl spricht dementsprechend von Raumphantom in der regressiven abbauenden Analyse und von Dingschema in der aufbauenden konstitutiven Enthüllung der Erkenntnissynthesen.

daß die fundierenden Auffassungsinhalte für EU dem Raumphantom von *Ideen II* entsprechen.)

Am Ende dieses abbauenden Prozesses glaubt Husserl zu den Empfindungen als letzten Elementen zu kommen. Diese letzten Elemente werden in den „sinnlichen" oder „ästhetischen" Synthesen verknüpft" (a.a.O., S. 19), und das Konstituierte in diesen Synthesen ist das reine „Sinnending," d.h. das sinnliche Dingschema oder Raumphantom.

Die Weise, wie Husserl die Herausstellung der Empfindungsdaten begreift, hat viele Kritiker veranlaßt, von einem Konstruktivismus und gar einem Sensualismus Husserls zu sprechen.[16] Die erste Kritik hat Asemissen geliefert. Seine Argumentation kann folgendermaßen dargestellt werden. Zunächst nimmt er daran Anstoß, daß Husserl die Empfindung durch die Darstellungsfunktion definiert hat. Das hat nun nach Asemissen die Konsequenz, daß Husserl die Empfindungen als Empfindungen nicht untersucht hat. „Er benutzt einen unüberprüften Empfindungsbegriff, um mit seiner Hilfe die Eigenart intentionaler Erlebnisse, sofern es sich um Wahrnehmungen handelt, verständlich zu machen. Aber nach den Empfindungen selbst, in seiner Theorie also nach der nicht minder problematischen Eigenart nicht-intentionaler Erlebnisse, ist überhaupt nicht gefragt."[17] Indem aber Husserl die Empfindung außer ihrer Darstellungsfunktion als einen reellen Inhalt bezeichnet, der durch Abstraktion des räumlichen Charakters gewonnen wird, gerät er nach der Auffassung Asemissens in Widersprüche. Denn zu den Farb- und Gestaltempfindungen und im allgemeinen zu allen Empfindungen, die Abschattungen sind, gehört nach Husserls eigener Meinung (vgl. z.B. *Ideen I*, S. 197) notwendigerweise eine „Ausbreitung." Deshalb fragt Asemissen: „Wie aber soll sich die räumliche Bestimmtheit der Empfindungen mit ihrer Bestimmungen als reelle Inhalte des reinen Bewußtseins vertragen? Entweder die Empfindungen sind reelle Inhalte des reinen Bewußtseins, dann können sie, da Bewußtsein unräumlich und der Raum ein intentionales Korrelat des Bewußtseins ist, nicht räumliche Bestimmtheiten haben. Oder sie sind räumlich bestimmt,

---

[16] Vgl. außer dem schon erwähnten Buch von Asemissen unter anderen E. Tugendhat, *Der Wahrheitsbegriff* ..., S. 71, und R. Boehms Einleitung zu HUS. X.

[17] Asemissen, *Strukturanalytische Probleme* ..., S. 25.

dann können sie nicht reelle Bewußtseinsinhalte sein" (a.a.O.,
S. 25). Daraus folgert Asemissen: ,,Die scheinbar homogene Bestimmung ,darstellender Erlebnisinhalt' zerbricht bei der phänomenologischen Prüfung in die heterogenen und unverträglichen
Bestimmungsstücke ,reeller Erlebnisinhalt' und ,darstellendes
sinnliches Material'" (a.a.O., S. 28). Demzufolge ist nach Asemissen ein Farbdatum z.B. als ein darstellendes sinnliches Material zu verstehen und ,,gehört ausschließlich auf die noematische
Seite der Wahrnehmung, es ist kein reeller Erlebnisinhalt, es ist
in der reell analysierenden Reflexion nicht als Komponente des
Erlebnisbestandes zu finden. Faktisch entspricht ihm, wie man
weiß, ein physiologischer Prozeß. Aber dieser wird nicht empfunden. Und wenn er empfunden wird – wie bei der Blendung –, stört
oder verhindert dies die Wahrnehmung, statt sie – wie es nach
Husserl sein müßte – allererst zu ermöglichen. Phänomenal entspricht einer wahrgenommenen Farbe auf der Erlebnisseite
nichts. Husserls Unterscheidung von einerseits empfundenem und
andererseits wahrgenommenem Rot bzw. Weiß ist theoretisch
konstruiert" (a.a.O., S. 28).

Wir stimmen dieser Kritik völlig zu, soweit sie auf der Lektüre
der LU, *Ideen I* und bestimmten Passagen von HUS. X (die aus
den Vorlesungen des Jahres 1905 stammen) beruht. Wir glauben
aber, daß Asemissen es sich bei der Beschränkung auf diese Texte
zu leicht gemacht hat. (So befaßt er sich mit *Ideen II* nicht,
obwohl das Buch in der Bibliographie angeführt wird, weiterhin
nicht mit der genetischen Problematik in den späteren Schriften
und mit der zeitkonstitutiven Problematik der Empfindung).
Zunächst würden wir sogar seine Argumentation erweitern wollen, und zwar mit dem Hinweis darauf, daß der *Inhalt* als solcher
kein *reelles* Bestandteil sein könnte. Denn wie sollte beispielsweise
eine Farbempfindung ,,Weiß" oder ,,Grün" selbst als *reelles Bestandteil des Bewußtseins* weiß oder grün sein? Die neunte Sym-
phonie Beethovens erschallt ja auch nicht in meinem Bewußtseinsstrom, wenn ich sie höre, sondern nur ,,draußen" im Kon-
zertsaal. Husserl hat die Leistung der Auffassungsfunktion offenbar verkannt: die Auffassung bringt nicht die Empfindung (den
reellen Inhalt) zu einer ,,Grün"-Empfindung, oder zu einer
,,Ton-Empfindung ,C'," sondern sie bringt die ,,Grün"-Empfin-
dung zur Darstellung eines Gegenstandes, also zum Grün *dieses*

Ahornblattes, oder die Tonempfindung „C" zu dieser Tonempfindung „C," die ich jetzt von einer näselnden Klarinette gespielt höre. Als Empfindung von Grün und „C" sind diese Inhalte unmöglich reelle Bestandstücke des Erlebnisstromes; als Inhalte sind sie ja auf das Bewußtsein irreduktibel. Sonst müßten wir uns den Erlebnisstrom als ein tönendes, riechendes, farbiges usw.-laufendes Band von Erlebnisinhalten vorstellen.

Husserls Unterscheidung zwischen der Empfindung und der sinnlichen Qualität muß aus diesen Gründen also, wie Asemissen sagt, als konstruiert und als kein echter phänomenologischer Befund entlarvt werden. Was er als reellen Inhalt, sensuelle „hylé" beschreibt, gehört keineswegs der reellen Schicht der Intentionalität zu, sondern muß dem noematischen Bestand zugeschrieben werden. Im übrigen werden wir sehen, daß sich nur so die Frage, wie sich die Inhalte zur Darstellung eines bestimmten Gegenstandes eignen, lösen läßt. Das bedeutet natürlich nicht, daß der Unterschied zwischen „empfunden" und „wahrgenommen" aufgegeben wird; er wird aber nur als der Unterschied zwischen beispielsweise der noematischen Bestandeskomponente „Grün" und dem vergegenständlichten, d.h. gegenstandsbezogenen „Grün" dieses Blattes (entweder in der Form der schlichten Wahrnehmung des „grünen Blattes" oder der explikativen Wahrnehmung des „Grün des Blattes") beibehalten. Dagegen braucht die Existenz von reellen Korrelaten vom Empfundenen (in noematischer Hinsicht) nicht geleugnet zu werden, wenn man berücksichtigt, daß die Empfindungen als reelle Vorkommnisse im Bewußtsein, als Bewußtseins-Zuständlichkeiten nicht den Darstellungscharakter haben, der den empfundenen sinnlichen Merkmalen unbestreitbar zukommt. Auf diese Unterscheidung des Reellen vom Inhaltlichen kann auf keinen Fall verzichtet werden, wenn man einen „Repräsentationismus," für den das Wahrgenommene nur ein Bild oder ein Zeichen für transzendente Realitäten ist, oder einen Idealismus, wie er sich bei Schopenhauer („die Welt als meine Vorstellung") findet, oder einen Sensualismus, für den die Dinge bloße Empfindungskomplexionen sind, vermeiden will.

Husserl hat mehrmals diesen Unterschied hervorgehoben, um solchen Irrtümern vorzubeugen. Auch darf man natürlich nicht

Husserls Kritik des Sensualismus übergehen.[18] Trotzdem kann man mit Recht von einem unterschwelligen Einfluß dieses Sensualismus auf Husserls Denken sprechen, und zwar insofern er vorerst den Empfindungsbegriff als einen reellen Darstellungsinhalt definiert. Soweit er von reellen Inhalten glaubt sprechen zu müssen, muß er genau wie in jeder sensualistischen Theorie als von ,,letzten Elementen'' im Bewußtseinsstrom sprechen. Hier ist nicht mehr zu sehen, worin sich die abgelehnten ,,Sächelchen'' oder ,,Atome'' des Sensualismus von diesen letzten Elementen unterscheiden sollen. Weil die Phänomenologie über die Empfindung hinaus andere Erkenntnisfunktionen anerkennt, wird sie sicher mit diesem Empfindungsbegriff nicht zu einer neuen Form des Sensualismus.[19] Dennoch unterscheidet sich bisher der phänomenologische Empfindungsbegriff in keiner Weise vom sensualistischen. Husserl wird aber später mit der Entfaltung der zeitkonstitutiven Problematik den Empfindungsbegriff revidieren.[20]

§ 10. Die Empfindungsfrage und der Weg zu ihrer Lösung

Der Hinweis darauf, daß zwischen sinnlichem Inhalt und reellem Moment des Bewußtseins geschieden werden muß, ist innerhalb eines *interpretativen* Versuches ganz und gar unzulänglich, ja unbrauchbar, weil dieser Unterschied außerhalb der phänomenologischen Betrachtungen Husserls gemacht wurde. Unsere Absicht ist nicht, Husserls Gedanken zu berichtigen oder gar zu ergänzen, sondern ihren Sinn, manchmal ihren verdeckten Sinn voll verständlich zu machen. Sollten wir aber Husserls Empfindungsdefinition als sein letztes und endgültiges Wort annehmen müssen, so wäre die Erörterung dieser Frage schon hier beendet. Diese Definition führt nämlich folgerichtig, wie wir sagten – und wie anhand dieser Definition für eine Empfindung konkret aufge-

---

[18] Vgl. *Ideen I*, S. 270 f. und FTL, S. 252 f.

[19] Die Phänomenologie unterscheidet sich nach Husserl vom Sensualismus, weil Bewußtsein ,,kein Titel für ‚psychische Komplexe' ist, für zusammengeschmolzene ‚Inhalte', für ‚Bündel' oder ‚Ströme' von ‚Empfindungen,' die, in sich sinnlos, auch in beliebigem Gemenge keinen ‚Sinn' hergeben könnten,'' sondern etwas, dessen Wesen ist, ,,Sinn . . . in sich zu bergen.'' Bewußtsein ist also für die Phänomenologie in erster Linie die noetische Funktion, die die an sich sinnlosen Empfindungsdaten beseelen, und somit ,,Seele,'' ,,Geist'' und ,,Vernunft.'' ,,Bewußtsein ist also toto coelo verschieden von dem, was der Sensualismus allein sehen will, von dem in der Tat an sich sinnlosen, irrationalen – aber freilich der Rationalisierung zugänglichen – Stoffe'' (*Ideen I*, S. 213 f.).

[20] Vgl. FTL. S. 252 f.

zeigt werden kann –, zur Auffassung der Empfindung als eines „letzten Elements" im Bewußtsein. Wir haben aber in der Einleitung gezeigt, daß diese Auffassung den Aporien des ersten Anfanges oder des unendlichen Regresses verfallen muß. Wenn es möglich ist, diese Frage weiter zu entwickeln, so können wir diese Definition nicht als etwas Feststehendes in Husserls Denken verstehen, sondern nur als Anzeige für die Beschreibung konkreter Phänomene. Vielleicht gewinnen wir aus diesen Beschreibungen andere Erkenntnisse über das Thema der Empfindung.

Auf der Suche nach einer Möglichkeit, diese Frage, die sich aus der Empfindungsdefinition ergibt, innerhalb des phänomenologischen Horizontes zu lösen, ist Landgrebes Aufsatz über die „Prinzipien der Lehre vom Empfinden" zu beachten.[21] Nach Landgrebe kommt es für die Phänomenologie darauf an, das „Empfinden als ein Strukturmoment des Bewußtseins" zu betrachten. So gesehen muß der Frage nach der Empfindung von sinnlichen Inhalten die Frage „nach dem Empfinden als einem Moment des ,Sich-seiner-selbst-bewußtseins'" vorangehen. Zum Empfinden gehört das Sich-selbst-Empfinden, insofern „es ein kinästhetisches Bewußtsein ist, das heißt ein Bewußtsein, das in sich das Bewußtsein ,ich bewege mich' einschließt" (a.a.O., S. 116). Durch das kinästhetische Bewußtsein haben wir Bewußtsein von unserem Leibe als einem Organ unseres Wollens (a.a.O., S. 117), und hierbei wird uns auch bewußt, „daß alles Haben von Sinneseindrücken nicht einfach ein rezeptives Hinnehmen von Daten ist, ein bloßes Erleiden und Affiziertwerden, sondern daß es selbst schon Ergebnis einer, sei es latenten (,unwillkürlichen') oder patenten, als ,ich bewege mich' vollzogenen Aktivität." Diese Einsichten sollen nun die Revisionsbedürftigkeit des Empfindungsbegriffes als eines letzten Aufbauelements und der Sinnlichkeit als Rezeptivität begründen (S. 117). Denn die Möglichkeit, sinnliche Affektionen zu erleiden, setzt eine Aktivität des „empfindenden Sichbewegens voraus, welche natürlich nicht durch die sinnlichen Affektionen gesteuert ist, (denn diese setzen eben jene Aktivität voraus) sondern durch die emotionalen „Ausdrucks-

---

[21] In: „Der Weg der Phänomenologie," S. 111–123. Asemissen, auf dessen Kritik wir oben Bezug genommen haben, glaubt in diesem Aufsatz die Richtlinien zur Lösung der Frage zu finden. Vgl. Asemissen, Strukturanalytische Probleme ..., S. 34, Anm. 51.

qualitäten" der Gegenstände, d.h. ,,die Charakteren des Anzie-
henden, Abstoßenden, Erschreckenden usw." (S. 118) Die Voraussetzung des Empfindens ist somit nicht das bloße kinästhetische
Bewußtsein, sondern das Bewußtsein, insofern es durch (Heideggers Begriff der) ,,Befindlichkeit" charakterisiert ist.

Darüber hinaus ist das Empfinden als das befindliche Bewußtsein des Sich-bewegen-könnens zugleich ,,Bewußtsein, einen
Spielraum zu haben, innerhalb dessen durch das Sichbewegen
sinnliche Affektionen beschafft werden können. So ist das Ichbewußtsein nicht ein bloßes Bewußtsein der Spontaneität des
Denkens, das sich auseinanderlegt in synthetischen Leistungen,
in denen der gegebene Stoff der sinnlichen Empfindungen im
Begriffe des Gegenstandes vereinigt wird, sondern es kann apriori
nur Bewußtsein seiner selbst als eines denkenden sein, weil es
ineins Bewußtsein des Spielraumes der Spontaneität eines Sichbewegens ist" (S. 120). Kinästhetisches Bewußtsein, Befindlichkeit
und Weltbewußtsein bilden also in Landgrebes Sicht die Voraussetzungen der Sinnesaffektion. ,,Wenn also zur Möglichkeit eines
Ichbewußtseins als der ,Vorstellung der Selbstätigkeit eines denkenden Subjekts' unlösbar gehört das Bewußtsein der Spontaneität des ,ich bewege mich,' und wenn dieses das Bewußtsein eines
Spielraumes der Bewegung in sich einschließt, der nichts anderes
als die Welt ist, so ist damit erwiesen, daß Ichbewußtsein ineins
Weltbewußtsein ist und daß es als solches der Grund der Möglichkeit einer Affektion der Sinne ist" (ebd.).

Wir wollen nicht die Möglichkeit einer solchen Interpretation
von Husserls Lehre von den lokalisierten Empfindungen und vom
kinästhetischen Bewußtsein bestreiten; wir wären eher bereit ihr
zuzustimmen, wenn auch der Begriff der Befindlichkeit streng
genommen nicht ohne weiteres in Husserls Denken hineininter-
pretiert werden kann. (Man muß aber zugeben, daß Landgrebe
keineswegs eine *Husserlinterpretation* unternehmen wollte, sondern sich nur die Aufgabe stellte, im Rahmen einer phänomenologischen Betrachtung die ,,Prinzipien für die Lehre des Empfindens" herauszustellen). Trotzdem glaube ich nicht, daß mit dem
Aufweis des kinästhetischen Bewußtseins als eines Bewußtseins
des Sich-bewegen-könnens in einem weltlichen Spielraum schon
das *Affiziert-werden als solches* erklärt wird. Im Grunde versucht
Landgrebe dasselbe wie Husserl, wenn dieser bei dem Empfin-

dungsbegriff als einem reellen *Darstellungs*inhalt ansetzt, indem er die Affektion durch eine ihr außerwesentliche Funktionalität erklärt, allein diese Funktionalität heißt nicht mehr schlechthin „Darstellung," sondern „Weltkonstitution" als Konstitution eines Bewegungsspielraumes. Natürlich handelt es sich um zwei grundverschiedene Konstitutionsarten, aber das spielt hier keine Rolle; in beiden Fällen, sowohl im Rekurs auf die eine, wie auf die andere, bleibt die Frage unbeantwortet, wie die Empfindungen *für sich selbst* konstituiert werden, was sie *an sich selbst* sind. Der Hinweis darauf, daß erst im befindlichen Bewußtsein des Sich-bewegen-könnens „sinnliche Affektionen beschafft werden können" (S. 120), befreit diese Affektionen keineswegs von ihrer Faktizität und ihren Unverständlichkeiten. Der alte Begriff der Empfindungsdaten bleibt also alles in allem in Landgrebes Darstellung bestehen. Er vermag nur zu zeigen, daß der Rezeptivität eine bestimmte Aktivität vorangehen muß, aber nicht, daß diese Rezeptivität selbst eine Art von Aktivität ist. So gesehen unterscheidet sich die Weise, wie sich die Affektionen *nach* dieser Aktivität strukturieren, keineswegs von der Weise, wie die Affektionen – der Repräsentationstheorie gemäß – *vor* der Aktivität strukturiert sind. Interessanterweise werden in *Ideen II* die Empfindungsdaten von Husserl *trotz der ausführlichen Entfaltung der Theorie des kinästhetischen Bewußtseins* immer noch als „letzte Elemente" behandelt. Das zeigt, wie gut sich der alte Empfindungsbegriff mit der neuen kinästhetischen Theorie vertragen kann. Es ist deshalb nicht verwunderlich, daß Landgrebe, der sich eben an *Ideen II* orientiert, mit dem sensualistischen Empfindungsbegriff weiter operiert.

Für uns ist es wichtig, zu zeigen, daß – ohne dabei Husserls Theorien durch eigene oder anderswo entlehnte Einsichten vervollständigen zu wollen – das Empfinden ein schon intentional sich verhaltendes Bewußtsein *ist* (und nicht nur *voraussetzt*). Ein erster Hinweis in dieser Richtung, den wir bei Husserl selbst finden können, ist die Thesis des Motivationszusammenhanges zwischen dem Empfindungsinhalt und dem Auffassungssinn, zwischen der sensuellen „hylé" und den noematischen Komponenten. (Wir gehen natürlich von Husserls Begriff der Empfindung als eines reellen Inhaltes, und nicht von der Kritik dieses Begriffes aus). Die Frage lautet jetzt: Wie kann eine subjektive,

reelle Bewußtseinskomponente eine objektive Regel vorschreiben?

§ 11. Der Motivationszusammenhang zwischen sensueller „hylé" und gegenständlichem Sinn

Wir versuchen zunächst, das „Fragwürdige," das zu dieser
Frage drängte, konkreter zu fixieren.

Den sinnlichen Inhalten wird die Funktion verliehen, einen
Gegenstand darzustellen; innerhalb dieser Funktion werden sie
zu sinnlichen Repäsentanten *des* Gegenstandes, oder besser, nicht
des Gegenstandes oder eines Gegenstandes *überhaupt*, sondern
dieses Gegenstandes. Wenn nun den sinnlichen Inhalten die
bestimmte Gegenstandsbezogenheit verliehen werden kann, so
entsteht die Frage nach der *Eignung* der sinnlichen Inhalte, einen
bestimmten Gegenstand darzustellen: was macht es, daß diese
bestimmten Inhalte gerade diesen bestimmten Gegenstand darstellen? Das ist die Frage nach der Art des Zusammenhanges
zwischen dem *intentionalen* Inhalt (dem gegenständlichen Sinn)
und dem *faktischen* Empfindungsinhalt. Auch wenn sich der sinnliche Inhalt als irgendwie für den gegenständlichen Sinn außerwesentlich erweisen sollte, muß diese Frage gestellt werden, weil
immer eine (in der sinnlichen Wahrnehmung unmittelbare, in
den fundierten Wahrnehmungsakten mittelbare) Beziehung des
gegenständlichen Sinnes zu sinnlichen Inhalten bestehen muß.

Besteht diese Beziehung als eine bestimmte, so läßt sich fragen,
ob der sinnliche Inhalt irgendeinen „Einfluß" auf den gegenständlichen Sinn ausüben kann. Rufen Wandlungen im Empfin-
dungsbestand Wandlungen im gegenständlichen Sinn hervor?
Und wenn dies der Fall sein sollte, kann man dann sagen, daß der
genständliche Sinn sich durch diese Wandlungen in der Empfindungsunterlage modifizieren läßt? Oder ist eher anzunehmen,
daß der intentionale Sinn in Wirklichkeit von diesen Abwandlungen unangetastet bleibt, weil der sinnliche Inhalt höchstens
zu indizieren vermag, daß dieser oder jener Sinn der Fall oder
nicht der Fall ist? Wandelt sich der Sinn mit, oder wird er vielmehr aufgegeben und durch einen anderen ersetzt? Sollte man
vielleicht sagen, daß nur der konstituierte Gegenstand (als Substrat von Bestimmungen) sich parallel mit den Änderungen in
den sinnlichen Repräsentanten verwandelt, indem diese dem

Gegenstand den jeweiligen konstitutiven Sinn vorschreiben? Aber was heißt dann „vorschreiben"? Wie vermag der „außerwesentliche" sinnliche Repräsentant einen Sinn vorzuschreiben?

Es wird gesagt, daß zwischen Inhalt und Auffassungsfunktion bzw. Auffassungssinn bei Husserl „zu scharf" unterschieden wird.[22] Aber was kann „zu scharf" hier bedeuten? Vielleicht handelt es sich nur um eine Verlegenheitsantwort, denn soll eine Unterscheidung zwischen Auffassungsfunktion und Auffassungsinhalt unternommen werden, so kann sie nicht scharf genug sein, es sei denn, man will sich mit Äquivokationen abfinden. Aber prüfen wir die Sachlage bei Husserl selbst.

Die in Frage stehende „zu scharfe" Unterscheidung soll darin bestehen, daß der Auffassung ein intentionaler Charakter zugesprochen wird, während dieser dem Empfindungsinhalt als solchem (außerhalb der Funktion) ganz und gar abgesprochen wird. Daß die Empfindung, der sinnliche Inhalt, für sich nach Husserls Meinung keinen intentionalen Charakter besitzen kann, haben wir oben nachgewiesen. Wir haben diese Kennzeichnung schließlich dem abstraktiv-konstruierenden Vorgehen Husserls zugeschrieben. Man muß aber jetzt zugeben, daß vielleicht gewisse echte phänomenologische „Beobachtungen" dafür sprechen, daß ein und derselbe Gegenstand aufgrund wechselnder sinnlicher Unterlagen intendiert werden kann, ohne daß der intentionale

---

[22] Vgl. z.B. Sokolowski, der diese Frage auch in seinem Buch *The Formation of Husserl's Concept of Constitution* (vgl. S. 62) aufgreift. „Such questions arise because Husserl distinguishes so radically between sense data and the intentions that animate them" (S. 62). Sokolowski hat aber selber versucht, nachzuweisen, daß Husserl auch die Empfindung als ein intentionales prozeßhaftes Bewußtsein und nicht bloß als „Inhalt" angesehen hat. Dazu griff er, wie wir jetzt auch, zu der Theorie der Zeitkonstitution. Wir schlagen aber dazu eine von der seinigen sich unterscheidende Interpretation vor. Für Sokolowski ist die Empfindung im phänomenologischen Verstande ein zeitlicher Akt, dessen Teilintentionen identisch sind mit den Zeitphasen selbst (S. 86 f.). Wir lehnen diese Identifizierung ab, und zeigen, daß für Husserl die Zeit, – nicht nur die transzendente Weltzeit, sondern auch die immanente – ein Konstituiertes ist, und daß die konstituierende Subjektivität mit ihren Akten ein zeitloser Fluß ist. Dabei bemerken wir, daß, weil Sokolowski den konstituierenden Akt selbst mit den objektivierten Zeitphasen selbst identifiziert hat, sich die unlösbare Frage stellt, wie sich verschiedenartige Akte im Fluß unterscheiden lassen. Nach Sokolowski hätte Husserl nicht erklären können, was einen Akt als einen bestimmten Akt, z.B. eine Empfindung als die bestimmte Rot-Empfindung qualifiziert (vgl. S. 92 f.). Die Bestimmung der Akte, d.h. ihre Gegenstandsbezogenheit kann nur etwas Faktisches (vgl. S. 98) und somit Irrationales sein. Indem wir aber den konstituierenden Aktfluß von den konstituierten Zeitgestalten und -gebilden unterscheiden, und die noetisch-noematische Korrelation für die konstituierenden Akte nicht außer acht lassen, ergibt sich für uns diese Schwierigkeit nicht.

Sinn irgendeine Änderung erfahren muß. Verschiedene Empfindungsinhalte können, wie leicht zu sehen, ist, durch denselben
gegenständlichen Sinn aufgefaßt werden. Und umgekehrt kann
derselbe sinnliche Stoff durch verschiedene intentionale Sinne
aufgefaßt werden. Beide Fälle scheinen auf dasselbe Resultat
hinauszulaufen: die Unabhängigkeit, d.h. die wechselseitige
Gleichgültigkeit von sinnlichem Inhalt und Auffassungssinn.[23]

Wie steht es von diesem Standpunkt aus mit der ,,Darstellungs-
eignung'' der sinnlichen Inhalte? In der Tat kann jene Unabhängigkeit nur eine relative sein. Denn sie besagt nicht, daß *jeder*
Empfindungsinhalt durch *jeden* Sinn aufgefaßt werden kann.
Zwar scheint der Empfindungsinhalt unendlich variieren zu können, und die Rede der Unendlichkeit der Wahrnehmung bezüglich der Mannigfalt und Variationsfähigkeit der Empfindungsinhalte hat sogar ihr gutes Recht, aber nur insofern damit die
Verweisungsstruktur der Wahrnehmung gekennzeichnet wird.
Jeder Inhalt verweist von sich aus durch noematische Intentionalität auf einen anderen, so daß keiner als der *letzte, endgültige*
aufgefaßt werden kann; in diesem Sinn hat die Wahrnehmung
keinen endgültigen Schluß und ist somit unendlich, (aber nicht in
dem Sinn, daß ihre Darstellungsinhalte eine additiv totalisierende
Unendlichkeit, wie die der Zahlenreihe, bilden sollte). Das bedeutet nicht, daß die Mannigfaltigkeit und Variationsfähigkeit der
Empfindungsinhalte grenzenlos sei. Im Gegenteil hat die Variation ihre Grenze eben da, wo sie aufhört, ein in sich geschlossenes,
zusammenhängendes Verweisungsganzes zu artikulieren. Denn
die Apperzeption der Empfindungsdaten verläuft bekanntlich
innerhalb eidetischer Grenzen. Die Frage ist nun, wodurch diese
Grenzen gezogen werden. Erfolgt diese Grenzenziehung als Folge
einer den Empfindungsdaten unwesentlichen Funktionalität, so
ist es nicht mehr klar, warum es eine Grenze *für die Empfindungs-*
daten geben soll. Werden die Grenzen sozusagen ,,von außen''
gezogen, so müssen sie den Empfindungen äußerlich sein. In
diesem Fall aber müßte innerhalb der eidetischen Grenze jede

---

[23] Vgl. V. Logische Untersuchung (LU II), § 14, S. 381 f. Vgl. auch *Ideen I*: ,,Es
braucht ja nur daran erinnert zu werden, daß in den Stoffen selbst, ihrem Wesen
nach, die Beziehung auf die objektive Einheit nicht eindeutig vorgezeichnet ist,
vielmehr derselbe stoffliche Komplex mehrfache, diskret ineinander überspringende
Auffassungen erfahren kann, denen gemäß *verschiedene* Gegenständlichkeiten bewußt
werden'' (S. 247).

beliebige Empfindung enthalten sein können. Paradox ausgedrückt: die eidetischen Grenzen vermögen, wenn sie den darstellenden Inhalten außerwesentlich sind, nur die eidetischen Grenzen selbst abzugrenzen, indem die eidetische Abgrenzung die
Empfindungsunterlage nicht betrifft. Die eidetischen Grenzen
halten die eidetischen Gebiete auseinander, sie gliedern die Ge-
genstandssphäre in derer verschiedene Teile, aber nicht die
sinnlichen Gegebenheiten als solche, die sich scheinbar in dieser
gesamten Sphäre frei bewegen können. Zusammenfassend ist zu
sagen: nicht jedes Empfindungsdatum kann für die Darstellung
eines bestimmten Gegenstandes in Frage kommen; in diesem Sinn
werden die Empfindungsdaten in der Darstellungsfunktion eidetisch abgegrenzt; aber diese Grenzen können nicht als den Empfindungsdaten außerwesentlich aufgefaßt werden, denn sonst
würden wir unseren Ansatzpunkt verleugnen müssen, nämlich
daß nicht jede Empfindung für die bestimmte Darstellungsfunktion in Frage kommt.

Dieses Resultat lehrt uns, daß die Frage des Motivationszusammenhanges zwischen Empfindungsdaten und Auffassungsfunktion erst vom Phänomenologen beantwortet werden kann,
wenn er imstande ist, zu zeigen, wie die Empfindungsdaten *von
sich aus* geeignet sind, in bestimmter Weise die Darstellungsfunktion zu übernehmen.

Nachdem wir die Frage umrissen haben, wenden wir uns jenen
Stellen in *Ideen I* zu, wo von diesem Motivationszusammenhang
gesprochen wird. Die Frage des Motivationszusammenhanges
zwischen sensueller Hyle und intentionalem Sinn stellt sich in
Ideen I anläßlich der Feststellung, daß sich der noematische Sinn
bei attentionaler Wandlung, Klarheits- und Orientierungsunter-
schieden, Beleuchtungsänderung, uws. wandeln muß. Was aber
dabei als Sinn in Frage kommt, ist der gegenständliche Sinn im
,,Modus der Fülle,''[24] ,,der Gegenstand im Wie seiner Gegebenheitsweisen,'' und somit nicht der Gegenstand ,,im Wie seiner
Bestimmtheiten'' überhaupt, der das bloß ,,bestimmbare X''
einer Meinung ist.[25]

Betrachtet man den gegenständlichen Sinn als Gegenstand im
Wie seiner Gegebenheiten, so muß man natürlich zugeben, daß

[24] Vgl. *Ideen I*, § 132, S. 323 und Beilage XXIV, S. 212.
[25] Vgl. *Ideen I*, S. 320.

jeder Wandel an den *präsentierenden* Inhalten, in denen also ein
Gegenstand *selbst gegeben* ist, einen Wandel im gegenständlichen
Sinn herbeiführen muß. Die präsentierenden Inhalte sind schließlich die Gegebenheitsweisen des Gegenstandes. Es ist also der
„noematische Modus," der sich ändert. „Nehme ich ein bestimmtes Merkmal, etwa eine farbige Fläche, die zum erscheinenden
Gegenstand als solchen (dem ‚Sinn') gehört, so ist der bloß noematische Modus dieser Fläche, die Weise, wie sie erscheinende
ist, eine andere je nach dem wechselnden repräsentierenden hyletischen Inhalt (aber auch der motivierenden hyletischen Daten)"
(S. 411). Dabei bleibt der gegenständliche Sinn im engeren Wortsinn unverändert.[26]

Diese Änderung kommt nicht dadurch zustande, daß die hyletischen Daten als solche im noematischen Gehalt vertreten sind.
Diese gehören nie, wie Husserl betont (*Ideen I*, S. 412), zum
noematischen Gehalt. „Aber jedem Wechsel der fungierenden
hyletischen Daten entspricht vermöge der noetischen Funktionen
auch ein *Wechsel in Noema*" (*Ideen I*, S. 412). Der Wandel im
Noema wird von der noetischen Funktion, also von der Auffassung der sensuellen Hyle vermittelt. Insofern nun das Noema die
„Leistung der Auffassung der Hyle" ist, muß es sowohl das
Wesen der Noese, wie die Hyle selbst reflektieren, oder es muß,
wie Husserl sagt, eine Komponente, die von der Hyle, und eine
andere, die von der Noese herstammt, enthalten (ebd.).

Damit aber die Noese den Wandel im hyletischen Inhalt ins
Noema selbst übertragen kann, muß die Noese schon von diesem
Wandel irgendwie betroffen sein. Es entsteht also die Frage, wie
die noetische Funktion von der Hyle bedingt werden kann. Das
ist aber nur verständlich, wenn wir die hyletischen Inhalte von
vornherein nicht als reelle Bewußtseinszuständlichkeiten, sondern als Bestimmtheiten, – d.h. als diese Nuance von Grün,
diesen Knall, dieses Rauh, dieses Geschmeidig, usw. – bewußt
haben. Und nicht als „sinnlose," „irrationale" Gegebenheiten im
Bewußtsein, wie Husserl früher gesagt hatte.

In *Ideen I* bleibt Husserl bei der Erörterung der Frage der
„Eignung" der Empfindungsdaten zur Darstellung eines Gegenstandes seinem „sensualistischen" Vorurteil der Existenz von

---

[26] Vgl. *Ideen I*, S. 230.

reellen Darstellungsinhalten treu. Wichtig ist aber, daß er die
Bedingtheit der Noese durch die Hyle bei deren Abwandlung
anerkennen mußte. Diese Frage wird in *Ideen I* in einer unbefrie-
digenden Weise erörtert, weil Husserl nicht auf das Problem des
(bleibenden oder wechselnden) Zusammenhanges zwischen der
Hyle und dem Auffassungssinn in der engeren Bedeutung des
Gegenstandes „im Wie seiner Bestimmtheiten" eingeht. Dafür
fehlen die Voraussetzungen in *Ideen I*, nämlich eine Theorie der
Konstitution der Empfindungsdaten selbst. Diese Theorie kann
im Horizont der zeitkonstitutiven Analysen entworfen werden.
Das läßt sich zweifach begründen. Einerseits ermöglicht die Zeit-
analyse das Eingehen auf die Empfindung selbst, nämlich außerhalb der konstruierten Darstellungsfunktionalität, wobei die
Empfindung nicht mehr als ein struktureller Erkenntnisfaktor,
sondern als letztes zeitlich individuiertes Moment einer erfüllten
Gegenwart bestimmt wird. Andererseits können im Werden des
Erlebnisstroms die „Inhalte" dieses Stroms als sinnvolle Gebilde,
und nicht mehr als irrationale Daten, enthüllt werden.

§ *12. Kontinuität und Diskontinuität in der ästhetischen Synthesis*
Die Anerkennung des Motivationszusammenhanges zwischen
der sinnlichen Hyle und dem noematischen Bestand steht, wie
wir sahen, in einem latenten Konflikt mit der Hypothese der
Empfindungen als der letzten hyletischen Elemente im Erlebnisstrom. Wir wissen schon, in welchem Zusammenhang diese Rede
von „Hyle," von „letzten Elementen" mit der Repräsentationstheorie und deren Form-Inhalt-Schema steht. Jetzt wollen wir
die Tatsache hervorheben, daß die Anwendung dieses Schemas
auf eine Konzeption des Wesens der Erkenntnis hinführt, wonach
diese aus Synthesen von diskontinuierten Momenten bestehen
soll: die Diskonstinuität kommt entweder als Heterogeneität von
Sinn und Gegebenem – wie in den fundierten, kategorialen Synthesen – oder – wie in den sinnlichen Synthesen – als die Mannigfaltigkeit von diskreten Gegebenheiten (Farbe, Gestalt, Rauheit,
Geschmeidigkeit usw.) hervor. Wenn man sich auf diese Synthesen beschränkt, hat man zwischen dem passiven Hinnehmen des
mannigfaltig Gegebenen, oder wenn man will, zwischen einem
„passiven Akt," der jedes dieser Elemente für sich selbst hervor-
hebt (die Affektion), und einem spontanen Akt (allerdings nicht

im Sinne der *freien* Denkspontaneität), der die Einheit dieser Elemente intendiert (die Synthese oder Funktion) zu unterscheiden. Husserl betont in der VI. Logischen Untersuchung, daß für die sinnlichen Synthesen keine Heterogeneität zwischen den Elementen und deren Einheit bestehen kann, da die Einheit dieser Elemente aus ihrer „unmittelbaren Verschmelzung" erwächst.[27] Derselbe Akt, der die Elemente intendiert, intendiert auch die Einheit der Elemente. Oder anders gesagt, derselbe geistige Blick, der passiv fungiert, und jedes sinnliche Merkmal für sich abhebt, fungiert auch spontan, indem er gleichzeitig die Einheit dieses Merkmals mit allen anderen mitmeint. In dieser Idee eines Aktes, der auf zweierlei Weise, passiv und aktiv, fungiert, liegt ohne Zweifel eine der bedeutendsten phänomenologischen Entdeckungen. Eine große Schwierigkeit liegt aber darin, daß Husserl mit seiner Auffassungshypothese die radikale Differenzierung von Funktion und Affektion fordert. Vom Standpunkt der Repräsentationstheorie ist diese „unmittelbare Verschmelzung" als Homogeneität des Einheit stiftenden Sinnes und der sinnlichen Momente unverständlich. (Man könnte möglicherweise gegen unsere These einwenden, daß allein in der Darstellungsfunktion die darstellenden Inhalte und der dargestellte Gegenstand homogen sind. Darauf ist zu entgegnen, daß eben die Darstellungsfunktion die Heterogeneität beider voraussetzt, und zwar so, daß die Darstellungsmomente sich ändern können, während dieselbe gegenständliche Einheit immerfort intendiert wird.) Was dabei in Konflikt steht, ist vom Standpunkt des Zeitverlaufes her gesehen einerseits die Auffassung der sinnlichen Synthese als einer *kontinuierlichen* und andererseits als einer *diskontinuierlichen*. Das Bewußtsein dieses Konfliktes kommt deutlich zu Wort in einer berichtigenden Anmerkung, die Husserl einer Stelle in *Ideen II* beigefügt hat. Der Haupttext lautet: „Der gegenständliche Sinn eines reinen Sinnengegenstandes (reine Sache) ist eine Synthesis von *Elementen*, die nicht wieder durch ästhetische Synthesis geworden sind:

---

[27] „So ist auch der Wahrnehmungsakt allzeit eine homogene Einheit, die den Gegenstand in einfacher und unmittelbarer Weise gegenwärtig. Die Einheit der Wahrnehmung erwächst also nicht durch eigene synthetische Akte. ... Der Artikulierung und somit auch der aktuellen Verknüpfung bedarf es nicht. Die Wahrnehmungseinheit kommt als schlichte Einheit, als unmittelbare Verschmelzung der Partialintentionen und ohne Hinzutritt neuer Aktintentionen zustande" (LU III, S. 148).

das sind die letzten sinnlichen Merkmale" (*Ideen II*, 19). Aus
dieser Formulierung kann man schließen, daß die sinnlichen
„Elemente" oder „Merkmale" durch gar keine Synthesis konstituiert sind. Husserl verbessert aber diese Stelle mit folgender
Anmerkung zum Text der letzten Fassung (1924–1925): „Zur
ästhetischen Synthesis: Muß man nicht die Grundunterscheidung
einführen: 1.) Synthesis als eigentliche Verknüpfung, Verbindung, ein Ausdruck, der auf *Gesondertes* verweist; und 2.) kontinuierliche Synthesis als kontinuierliche Verschmelzung? Jede
ästhetische Synthesis der ersteren Art führt auf letzte Elemente.
Das Ding als Gebilde einer ästhetischen Verknüpfung baut sich
aus sinnlichen Merkmalen auf, die ihrerseits aus kontinuierlicher
Synthesis stammen" (a.a.O., Anm.).

Beachten wir zunächst die Anwendung des Terminus „sinnliches Merkmal" anstelle des Terminus „Empfindung" oder
„Empfindungsdaten" (der aber offensichtlich das im Haupttext
Gemeinte ist, wie aus dem darauffolgenden Paragraph (§ 10,
S. 21 ff.) deutlich hervorgeht). Man kann in diesem Kontext die
Rede von „sinnlichen Merkmalen" mit dem alten Empfindungsbegriff in Einklang bringen, indem man unter dem Terminus
„sinnliches Merkmal" das Empfindungsdatum in der Darstellungsfunktion, also den Darstellungsinhalt als solchen, und somit
einen noematischen Bestand denken kann. Auf diese Weise wären
wir dann frei, von der Darstellungsfunktion eventuell abzusehen
und somit ein pures Empfindungsdatum, einen puren reellen
Inhalt abstraktiv herauszustellen. Indem aber das sinnliche
Merkmal als ein Korrelat einer kontinuierlichen *Synthesis* (also
nicht als die Sache einer passiven *Affektion*) gesetzt wird, erfolgt
eine höchst bedeutsame Änderung des Empfindungsbegriffes:
indem die Empfindung im Sinne des Empfindens tatsächlich als
eine kontinuierliche Synthesis ausgelegt wird, wird die Empfindung durch eine eigenwesentliche Funktion (und nicht mehr
durch die außerwesentliche Darstellungsfunktion) definiert. Das
Korrelat dieser Empfindung bzw. Empfindens ist als Korrelat
einer Synthesis ein Konstituiertes, ein sinnhaftes Gebilde, also
nicht mehr ein stofflicher Inhalt, sondern ein noematischer Bestand. Damit löst sich die zweideutige „mésalliance" von Inhalt-
lichem und Reellem in der Empfindungsdefinition auf: während
die reelle Schicht zur Synthesis des Empfindens gehört, also einer

eigenartigen Funktion (die mit der fundierten Darstellungsfunktion nicht zu verwechseln ist), fällt das Moment des Inhalts ganz eindeutig auf die Seite des Noemas.

Selbstverständlich muß der Phänomenologe die Existenz der kontinuierlichen Synthesen nicht nur behaupten, sondern auch konkret aufweisen. Überlegen wir uns zunächst, von welchem Belang der Aufweis dieser Synthesen für die Probleme, die wir bezüglich der Empfindung aufgeworfen haben, sein kann, um uns zu vergewissern, daß wir den richtigen Weg eingeschlagen haben. Erstens merken wir, daß diese neue Theorie, die Frage nach der Darstellungseignung der Empfindungsinhalte löst: denn die Schwierigkeit lag, wie wir sahen, darin, daß die Darstellungsinhalte als „sinnlose," irrationale" Materialen (*Ideen I*, S. 213) unmöglich eine Regel für die funktionale Auffassung vorschreiben konnten, was aber gerade im Phänomen des Motivationszusammenhanges zwischen der sensuellen Hyle und dem noematischen erfüllten Sinn zutrifft. Wenn aber diese vermeintlichen „formlosen Stoffe" (*Ideen I*, S. 209) nicht mehr als letzte elementare Gegebenheiten verstanden (bzw. mißverstanden) werden, sondern als das in einer (kontinuierlichen) Synthese Gewordene, so entsteht eo ipso die Möglichkeit, sie als von Hause aus intentionale, sinnvolle Gebilde auf- und auszuweisen und dabei das Vorschreiben der Auffassungsregel aufgrund ihrer ursprünglichen Regelhaftigkeit verständlich zu machen. Zweitens werden sich möglicherweise auch die Aporien des Anfanges lösen lassen; denn diese erwachsen aus der Anwendung des Form-Inhalt-Modells und somit, wie wir sahen, aus der Interpretation der Erkenntnissynthesen als diskontinuierliche Synthesen.

Kontinuität und Diskontinuität sind zeitliche Schemen der Erkenntnissynthesen. Sie werden also innerhalb der konstitutiven Zeitanalysen behandelt. Deshalb wenden wir uns den Untersuchungen Husserls „Zur Phänomenologie des inneren Zeitbewußtseins" zu (HUS. X). Wie der Herausgeber in der Einleitung zu diesem Band gezeigt hat, besteht der Text der darin enthaltenen „Vorlesungen," die bis vor wenigen Jahren die Hauptquelle für das Verständnis der Zeitproblematik in Husserls Denken gebildet haben, nicht nur aus den tatsächlich gehaltenen Vorlesungen von 1905, sondern auch aus früheren, und hauptsächlich aus späteren Texten Husserls, so daß verschiedene, sich zuweilen einander

widersprechende Auffassungen Husserls vertreten sind. Dieser
Nachteil wird uns aber zum Vorteil, indem wir das Erscheinen
der Idee von kontinuierlichen Zeitsynthesen und gleichzeitig das
Überwinden des Form-Inhalt-Gedankens nachweisen können.[28]

In dieser Hinsicht ist es interessant, von vornherein auf eine
ähnliche Zusammenstellung eines früheren und eines späteren
Textes (wie im oben besprochenen Passus von *Ideen II*) hinzuweisen. (In der ursprünglichen Ausgabe der ,,Vorlesungen'' wurde
auf die verschiedene Datierung der Texte kein Hinweis gegeben).
Im Haupttext (der im Jahre 1905 entstand), steht folgendes:
,,Nennen wir empfunden ein phänomenologisches Datum, das
durch Auffassung als leibhaft gegeben ein Objektives bewußt
macht, das dann objektiv wahrgenommen heißt, so haben wir im
gleichen Sinne auch ein ,empfundenes' Zeitliches und ein wahrgenommenes Zeitliches zu unterscheiden'' (HUS. X, 7). Wenn
man weiß, daß die relativisierenden Anführungsstriche erst *später*
dem Vorlesungsmanuskript von 1905 beigegeben wurden, so sieht
man, daß dieser Passus die bekannten Unterschiede von ,,emp-
funden'' und ,,wahrgenommen'' in Zusammenhang mit dem ,,sen-
sualistischen'' Empfindungsbegriff wiedergibt. Zu dieser Stelle
wurde eine Fußnote beigefügt, die im Manuskript von 1905 fehlt,
und die also auf eine spätere Anmerkung Husserls zurückgeht.[29]
Sie lautet: ,,Empfunden wäre dann also Anzeige eines Relations-
begriffes, der in sich nichts darüber besagen würde, ob das
Empfundene sensuell, ja ob es überhaupt immanent ist im Sinne
von Sensuellem, m.a.W. es bliebe offen, ob das Empfundene
selbst schon konstituiert ist, und vielleicht ganz anders als das
Sensuelle. Aber dieser ganze Unterschied bleibt am besten beiseite; nicht jede Konstitution hat das Schema Auffassungsinhalt-
Auffassung'' (a.a.O., S. 7).

Der Unterschied zwischen dem Empfundenen als einer reell-
immanenten sensuellen Hyle und dem Empfundenen als einem
konstituierten sinnlichen Merkmal, d.h. als einer objektivierten
sinnlichen Qualität, soll ,,beiseite'' bleiben. Der Grund dafür ist:
nicht jede Konstitution hat das Schema Auffassungsinhalt-Auf-
fassung, also das Schema Affektion-Funktion. Hier ist natürlich
nicht die objektivierende Konstitution gemeint, denn für sie ist

---

[28] Vgl. HUS. X, Einleitung des Herausgebers, S. XXXV.
[29] Vgl. HUS. X, S. XXXV.

das Auffassungsschema und der Unterschied von Sinn und Gegebenem sehr wohl vertretbar. Dieser Unterschied wird von
Husserl sogar in den späteren Werken nicht aufgegeben: man
denke z.B. an EU, speziell an die Texte, wo es um die Auffassung
einer sinnlichen Unterlage als eines bestimmten gegenständlichen
Sinnes geht).[30] Der Hinweis kann also nur für die Konstitution
der Empfindung als solcher außerhalb der objektivierenden
Funktion zutreffen. Wir bemühen uns im folgenden zu zeigen,
daß die Konstitution der Empfindungsdaten in kontinuierlichen
Synthesen, worauf *Ideen II* anspielt, eben nicht auf dem Inhalt-
Form-Schema beruht.

§ 13. Die sinnlichen Momente als Kontinuitäten

Wir wenden uns dem ursprünglichen Text der Zeitvorlesungen
vom Jahre 1905 zu.[31] Dieser Text ist für uns deshalb von Interesse, weil hier der neue, spezifisch phänomenologische Begriff
der Zeitkontinuität zum ersten Mal entworfen wird, und zwar so,
daß hier das Neue mit dem Alten koexistieren muß. Dieser Text
ist daher zu einem Vergleich der neuen Auffassung mit der alten
besonders geeignet.

Der Text der Einleitung und der ersten Paragraphen werden
in ausgesprochener Weise noch im Sinn der Repräsentationstheorie und des Form-Inhalt-Gedankens konzipiert. Die Einleitung
stellt nämlich die Frage nach der Zeitkonstitution von immanenten Gegebenheiten als eine Frage nach der Art der Auffassung
von „temporalen Inhalten," und erläutert dabei den Unterschied
von Inhalt und Auffassung am Beispiel der Farbauffassung. Es
ergibt sich das (von uns schon bekannte) Resultat, daß das
Empfundene als solches von der erscheinenden, wahrgenommenen sinnlichen Qualität unterschieden wird. Die Repräsentationstheorie bildet also den formalen Rahmen der so entworfenen
Frage der Zeitkonstitution.[32] Der konkrete Ausgangspunkt unse-

---

[30] S. Anm. 12 oben.
[31] Zur Rekonstruktion dieses Textes vgl. HUS. X, textkritischer Anhang. Für
unsere Zwecke kommen folgende Texte in Frage: Einleitung und §§ 1–7, Ergänzende
Texte Nr. 29, 30, 33, 31 § 11 (2. Absatz), Ergänzender Text Nr. 32. Zur Darstellung
des Umbruches in Husserls Theorie der Zeitkonstitution benutzen wir außer dem
dritten Abschnitt der „Vorlesungen," die alle auf späteren Manuskripten fußen, die
Ergänzenden Texte Nr. 48–50.
[32] „Das Apriori der Zeit suchen wir zur Klarheit zu bringen, indem wir das Zeitbewußtsein durchforschen, seine wesentliche Konstitution zutage fördern und die ev.

rer Frage beginnt erst mit § 7, wo die Polemik zwischen den
Vertretern der ,,Momentanauffassungstheorie'' und den Vertretern der Theorie der ,,Erfassung als dauernden Aktes'' referiert
wird. Für die Vertreter der ersten Theorie (Herbart, Lotze, Brentano) kann eine Sukzession von Vorstellungen nur von einem
zeitlos zusammenfassenden Wissen, dem die einzelnen Vorstellungen gleichzeitig gegeben sind, in einer Momentanerfassung
konstituiert werden. Für die Vertreter der zweiten Theorie (Meinong und Stern) wird die Vorstellungsfolge durch ein ,,Bewußt-
seinsband'' in einem dauernden Auffassungsakt konstituiert. Die
erste Theorie entspräche offensichtlich den Auffassungen der
statischen Phänomenologie. Wir wissen aber nicht mehr, wie
Husserl diese Theorie im ursprünglichen Text von 1905 beurteilt
hat, weil die darauffolgenden Blätter verloren gegangen sind. In
den von E. Stein zusammengestellten und bearbeiteten ,,Vorle-
sungen'' folgt zunächst ein kurzer Text (S. 22, Zeilen 1–21), der
von E. Stein selbst möglicherweise redigiert worden ist, und wo
einerseits Brentano ,,Mangel an notwendigen Unterscheidungen''
vorgeworfen[33] und andererseits die Frage nach der Konstitution
der ,,objektiven Zeit,'' und darüber hinaus der ,,Zeit selbst''
aufgeworfen wird. Darauf folgt ein Text, der auf den Seiten ,,52''
und ,,53'' des Originalmanuskripts von 1905 fußt, wo die Distan-
zierung gegenüber Brentanos Theorie der zeitlosen Auffassung
einer Vorstellungsabfolge hervorgehoben wird: ,,Es ist ja evident,
daß die Wahrnehmung eines zeitlichen Objektes selbst Zeitlichkeit hat, daß Wahrnehmung der Dauer selbst Dauer der Wahrnehmung voraussetzt, daß die Wahrnehmung einer beliebigen
Zeitgestalt selbst ihre Zeitgestalt hat'' (HUS. X, S. 22). Die Auseinandersetzung mit Meinongs und Sterns Theorie finden wir in
dem ,,ergänzenden Text'' Nr. 29 (HUS. X, S. 216–228). Husserl
referiert, daß Meinong vom Unterschied zwischen ,,distribuier-
ten'' (oder ,,zeitverteilten'') Gegenständen und ,,indistribuierten''
Gegenständen ausgeht, d.i. zwischen solchen, die nur ausgedehnt
in der Zeit sein können (eine Melodie), und jenen, denen die Zeit-

der Zeit spezifisch zugehörigen Auffassungsinhalte und Aktcharaktere herausstellen,
zu welchen die apriorischen Zeitgesetze essentiell gehören'' (HUS. X, S. 10).
    [33] Was diese fehlenden Unterscheidungen sind, hatten wir schon erfahren: ,,Bren-
tano scheidet nicht zwischen Akt, Auffassungsinhalt und aufgefaßtem Gegenstand.
Wir müssen uns aber klar werden, auf wessen Rechnung das Zeitmoment zu setzen
ist'' (S. 17).

extension unwesentlich ist, da sie schon in einem Zeitpunkt sein
können (ein Ton, z.B.). Für Husserl läuft dieser Unterschied
darauf, zwischen Unveränderungen und Veränderungen zu unterscheiden, d.h. zwischen Gegenständen, ,,die ihre Zeit mit ständig
identischer Materie erfüllen'' und Zeitgegenständen, ,,die sie mit
wechselnder Materie erfüllen'' (S. 221). Für Meinong kommt es
(gemäß Husserl) auf die Frage an, ob die Vorstellung von distri-
buierten Gegenständen, denen die Zeitbestimmung wesentlich ist,
auch eine ,,distribuierte Tatsache'' sei. Die Frage ist nicht bloß,
bemerkt Husserl, ob die Zeit erforderlich ist, – denn natürlich ist
sie erforderlich –, sondern, ob die Vorstellung eines zeitlich Aus-
gedehnten den Charakter einer Veränderung selbst hat. Diese
Frage bezieht sich auf den immanenten Inhalt der Wahrnehmung: die Momente einer wahrgenommenen Sukzession sind
durch ,,Präsentanten'' in der Wahrnehmung vorgestellt. Die
Frage ist für Husserl zunächst, ob diese ,,Präsentanten'' nacheinander oder (wie z.B. Brentano vermutete) gleichzeitig in der
Vorstellung sind.

Die Deskription zeigt nun, daß die Zeit einer Veränderung
(z.B. die Bewegung einer Kugel) paralell zu laufen scheint mit der
Wahrnehmung. Es liegt aber nicht auf der Hand, wie die *Bewegung* der Kugel als solche (d.h. nicht die einzelnen ,,Punkte''
– oder Phasen – dieser Bewegung) wahrgenommen wird. Das
kann entweder im kontinuierlichen Vorgang des Wahrnehmens
erfolgen, – und die Zeit der Wahrnehmung deckt sich dann mit
der Zeit der Bewegung –, oder in einem ,,Momentanbewußtsein,''
in welchem die Bewegung zum ersten Male bewußt wird. ,,Dann
ist ,Wahrnehmung der Bewegung' die *Endgrenze* der Wahrnehmung im vorigen Sinn. Sie ist zeitlich unausgedehnt, sie repräsentiert einen Zeitpunkt'' (S. 225). Meinong will nun zeigen: da jede
Momentanwahrnehmung nur ihr Jetzt abgibt (d.h. nur einen
Punkt der Bewegung und nicht die ganze Bewegung), ,,so muß
ein Akt vorliegen, der über das Jetzt hinaus das ganze Zeitobjekt
umfaßt. Das Objekt ist für die Wahrnehmung vollendet im End-
punkt: also da muß dieser Akt statthaben und muß, das ganze
Objekt umspannend, die Wahrnehmung des Objekts ausmachen''
(S. 226).

Dagegen wendet Husserl ein: ,,Gewiß, das Bewußtsein muß
über das Jetzt hinausgreifen. Das muß es in jedem momentanen

Akt, aber dieser ist nicht die Wahrnehmung des Zeitobjektes, sondern ein Abstraktum. Damit Wahrnehmung des Zeitobjekts möglich sein können soll, muß nicht nur der Endakt, sondern jeder Momentanakt ein übergreifender sein; in der Verschmelzung dieser übergreifenden Akte besteht die Wahrnehmung dieser übergreifenden Akte, die selbst extendiert, distribuiert ist" (S. 226).

Wenn Meinong also behauptet, daß die Wahrnehmung eines Zeitobjekts nur an der Momentanwahrnehmung möglich ist, die am Ende des ganzen Prozesses liegt, weil die Momentanwahrnehmung als solche unfähig ist, das Ganze des Zeitobjekts, also die Zeitextension selbst zu erfassen, so liegt darin sicher ein Widerspruch, insofern die Endwahrnehmung selbst eine Momentanwahrnehmung ist. Darin liegt zugleich eine Deutung der Einheit der Zeitwahrnehmung: weil diese Einheit im Jetzt, in jedem momentanen Zeitpunkt nach Meinongs Ansicht nicht liegen kann, so nimmt er an, daß sie sozusagen über die durch sie vereinheitlichten Zeitpunkte hinaus liegt. Deshalb nennt er Melodien, Bewegungen usw. ,,Gegenstände höherer Ordnung," eine Definition, welche ebenso für Mengen, Totalitäten, Relationen, usw. zutrifft.[34] Das heißt (in Husserls Terminologie der LU): die Einheit der immanenten Zeitobjekte ist die einer *fundierten* Synthese. Dagegen vertritt Husserl die Meinung, daß diese Einheit die einer *schlichten* (durch ,,unmittelbare Verschmelzung der Partialintentionen" zustandegekommenen) Synthese ist. Wir können jetzt erkennen, in welche Hauptrichtung Husserls Zeitforschungen um 1905 tendieren: er versucht einfach die explikativen Kategorien der VI. Logischen Untersuchung auf den neuen Forschungsgegenstand zu übertragen. Dabei aber verdeckt er, wie wir sehen werden, wieder das, was er eben entdeckt hatte.

Die entscheidende Einsicht in der Auseinandersetzung mit Meinong und Stern ist also, daß jeder Momentanakt (jede Teilintention) ein Akt sein muß, der alle anderen Momentanakte übergreift. In den Analysen der sinnlichen Wahrnehmung in der VI.

---

[34] Daher die Rede von der Erfassung eines ,,Bewußtseinsbands" im dauernden Akte. Die Dauer wird nicht in den sukzessiven Momentanwahrnehmungen erfaßt, sondern in einem psychischen ,,Band," das die Momentanwahrnehmungen verknüpft (wie z.B. in der Wahrnehmung einer Zahlenreihe). Vgl. HUS. X, S. 21. Vgl. auch Husserls Begriff von ,,psychischem Band" in der Theorie der kategorialen Wahrnehmung.

Logischen Untersuchung blieb es noch offen, wie die unmittelbare Verschmelzung der sinnlichen Merkmale bzw. der Partialintentionen erfolgte; erst hier scheint es klar zu werden, daß es sich darin um eine *Verweisungsganzheit* handelt, die in jedem *Teil* vorhanden ist (mit dem Resultat, daß die Begriffe von Teil und Ganzem relativiert werden). So besteht die Verschmelzung nicht in einem unmittelbaren Übergehen von einem Element in ein anderes, sondern *in jedem Element* geschieht ein Übergehen auf das Ganze und somit auf die anderen Elemente. Die Kontinuität liegt, wenn man sich so ausdrücken kann, nicht *zwischen* den Elementen (sie ist nicht die Kontinuität einer über die Teilintentionen gelagerten Ganzintention), sondern sie liegt *in* den Elementen selbst. In der Ausdrucksweise Husserls (im Ergänzenden Text Nr. 33) gibt es eine *doppelte Kontinuität* im Wahrnehmungsverlauf: einmal die (gleichsam horizontale) Kontinuität der Wahrnehmungsphasen, die ein Kontinuum von Phasen konstituiert, dann die (gleichsam vertikale) Kontinuität innerhalb jeder Phase: ,,Die Wahrnehmung ist danach ein Kontinuum von Kontinuis. Verfolgen wir irgendeinen Auffassungsinhalt von der ersten Wahrnehmungsphase an, die notwendig den Charakter einer Jetztwahrnehmung hat, so geht er durch die Kontinuität der Querschnittkontinua hindurch, und zwar a) mindestens ein Stück dieser Kontinuität hindurch ist er ein beständiges Jetzt. Der Auffassungsinhalt ist ein beständiger Präsentant einer Jetztwahrnehmung: die Wahrnehmung hat soweit er als Präsentant in Frage ist, den Charakter einer Wahrnehmung von unverändert Dauerndem oder von Sichveränderndem. b.) Der Auffassungsinhalt nimmt den Charakter eines Phantasma an, jedenfalls eines nicht mehr als Empfindung zu Charakterisierenden'' (S. 233).

Es leuchtet ein, daß der sich verändernde Auffassungsinhalt keine Empfindung sein kann, soweit Empfindung als das urimpressionale Moment eines momentanen Jetztbewußtseins verstanden wird.[35] Daß der Auffassungsinhalt aber ,,den Charakter

---

[35] Die Rede von Impression wie von Retention und Protention wäre streng genommen bei diesem Stand der phänomenologischen Forschung noch ein Anachronismus. Diese Termini werden erst Jahre später eingeführt, wie wir für die Retention noch sehen werden. Soweit spricht Husserl nur von ,,Jetztwahrnehmung'' und ,,primärer Erinnerung,'' die der Impression und Retention entsprechen, (aber keineswegs dasselbe sind!). Die protentionale Intentionalität kommt überhaupt nicht in Frage, auch nicht in der Gestalt der Erwartung.

eines Phantasmas" einnehmen soll, das ist eine Idee, die Husserl
später im Text selbst der Vorlesungen von 1905 zurückweisen
muß.[36] Die Phantasmen sind Phantasievorstellungen, und darum
können sie nur Jetztbewußtsein oder ,,primäre Erinnerungen"
von Phantasmen sein. ,,Wer einen wesentlichen Unterschied
zwischen Empfindung und Phantasmen annimmt, darf natürlich
die Auffassungsinhalte für die eben vergangenen Zeitphasen (nämlich: der Wahrnehmung – Anm. des Vf.) nicht als Phantasmen
ansprechen, denn diese gehen ja kontinuierlich in die Auffassungsinhalte des Jetztmoments über" (HUS. X, 47). Es ist aber
verständlich, daß Husserl zunächst von ,,Empfindungsphantas-
men" gesprochen hat, wenn man seine Konzeption der Zeitfülle
als die Konzeption reeller Auffassungs*inhalte* in Betracht zieht.
Wenn wir in der Zeitwahrnehmung zwischen Auffassung und
Inhalt unterscheiden müssen, so entspricht die Idee des sich
verändernden Inhaltes der geläufigen Konzeption der Erinnerung
als Verbleiben eines ,,Bildes," das den Phantasie-,,Bildern" ähnlich (und allein im Hinblick auf derer Motivation verschieden)
sein soll.

Fassen wir das Ergebnis der Auseinandersetzung Husserls mit
Meinong und Stern zusammen: die Frage, die beantwortet werden
soll, lautet: Wie kann eine Zeitstrecke wahrgenommen werden,
wenn das Bewußtsein diese Zeitstrecke entlang gehend in Jetzt-
momenten lebt? Nach der Theorie von Meinong und Stern geschieht das in einem fundierten Akt, der alle Jetzt-Momente
sozusagen von oben her umspannt. Diese Lösung lehnt Husserl
ab. Nach Husserl gehört schon das Übergreifen zu jedem der
jeweiligen Jetztmomente: jedes aktuelle Jetztbewußtsein schließt
in sich alle anderen (verflossenen) Bewußtseinsmomente. Dieses
Geschehen erklärt Husserl durch die Hypothese, daß jeder ver-
flossene Inhalt dem jeweiligen Jetztbewußtsein als Inhalt der
primären Erinnerung angeschlossen wird. (So übrigens versteht
man im allgemeinen immer noch die Theorie der Retention, die
aber wesentlich anderes aussagt.) Wenn die Zeitwahrnehmung
durch das Verbleiben von reellen Inhalten erklärt wird, die ,,ein-
mal in der Weise des Jetzt, und zugleich in der Weise des Primär-
vergangen aufgefaßt" (S. 319) werden, so kann das nur bedeuten,

---

[36] Vgl. HUS. X, § 19, S. 45 ff.: Der Text dieses Paragraphen fußt auf dem des
Vorlesungsms. von 1905.

daß diese reellen Inhalte, die eben die Zeitsukzession repräsentieren sollen, *zusammen* sein müssen. Die Theorie besagt demnach in Wirklichkeit, daß die an sich sukzessiven Inhalte T_0, T_1, T_2, T_3 ... doch *zugleich* intendiert werden müssen, damit ihre *Sukzession* konstituiert wird; also beim Jetztmoment T_2 müssen auch T_1 und T_0 als Inhalte der primären Erinnerung, bei T_3 auch T_2, T_1 und T_0 usw. intendiert werden. Worin liegt nun das Wesen der Zeitauffassung, wenn sie nach diesem Modell erklärt werden soll? Der *Inhaltsunterschied* (Empfindung-Erinnerung) wird als *Repräsentant des Zeitunterschiedes* (Sukzession) aufgefaßt. Aber offensichtlich ist dieser Erklärungsversuch falsch; denn wie kann Sukzessives durch Simultanes repräsentiert werden? Hier wird sehr deutlich, was wir in der Einleitung erklärt haben: die Konstitution von Sinn (und jetzt geht es um die Konstitution des zeitlichen Sinnes der Empfindung an sich selbst) kann nicht im Modus der Auffassung erfolgen, weil jede Auffassung das Vorverständnis (d.h. die athematische Vorkonstitution) von Sinn voraussetzt. Damit nämlich der Inhaltsunterschied als Sukzession *gedeutet* werden kann, muß man schon wissen was Sukzession ist, da man dieses Wissen aus dem Repräsentanten an sich selbst unmöglich entnehmen kann (denn er kommt im Bewußtsein als Simultaner vor).

Husserl selbst erkannte die Schwierigkeit und sah sich deshalb veranlaßt, die Repräsentationstheorie und das Auffassungsmodell aufzugeben. In einem Blatt, das zwischen 1907 und 1909 geschrieben wurde,[37] fragt er: ,,Kann da ein aktuell gegenwärtiges Rot sich forterhalten und als ,Repräsentant' fungieren? Kann man mit der Repräsentationstheorie auskommen? Wäre noch ein Rot da, wirklich erlebt, im selben Sinn wie das frühere Rot, so würde ja das Rot einfach dauern, höchstens abklingen, an Fülle, Intensität abnehmen u.dgl. ... Jedenfalls liegen hier Einwände gegen meine ursprüngliche Ansicht, meine Repräsentationstheorie, die mit erlebten ,Inhalten' (z.B. sinnlichen Inhalten) operierte und sie je nachdem als so oder so aufgefaßt ansah. Alles bloß Unterschiede der Auffassung, die sich an den übrigens erlebten und im Bewußtsein seienden Inhalt nur anschließe, ihn ,beseelend.' Aber eine solche Interpretation dürfte ganz unhaltbar

---

[37] HUS. X, Ergänzender Text Nr. 48, S. 318 f.

sein, und es ist die besondere Aufgabe, hier völlig Klarheit zu schaffen."[38]

In dem Ergänzenden Text Nr. 49 (aus derselben Periode wie der oben zitierte Text) geht Husserl auf diese Bedenken ausführlich ein. Er stellt das, was er früher für selbstverständlich hielt, in Frage: „Kann wirklich prinzipiell derselbe Inhalt in zeitlich verschiedenen Weisen aufgefaßt werden" (S. 319). Im Grunde führt er zwei Argumente an: „Zunächst ist zu bemerken, daß *dieselben primären Inhalte Verschiedenes darstellen,* durch verschiedene Dingauffassung verschiedene Dinge zur Erscheinung bringen können. Von der Kontinuität der *Zeit-‚Auffassung'* gilt das nicht. Ganz im Gegenteil: die primären Inhalte, die im Jetzt sich ausbreiten, *können ihre Zeitfunktion nicht vertauschen,* das Jetzt kann nicht als Nicht-Jetzt, das Nicht-Jetzt als Jetzt dastehen" (S. 322). Damit wird eine der Voraussetzungen der Repräsentationstheorie, nämlich die relative Unabhängigkeit von Darstellungsinhalt und Darstellungsfunktion, als nicht erfüllt erwiesen. Danach greift Husserl die Frage der Repräsentation einer Sukzession aufgrund ko-existenter primärer Inhalte auf: „Kann aber eine Serie von *ko-existenten* primären Inhalten jemals eine *Sukzession* zur Anschauung bringen? eine Serie gleichzeitiger Rot-Inhalte eine Dauer eines Rot, eines Tones c u.dgl.?" Husserl argumentiert gegen diese Auffassung folgendermaßen: „Wären nun diese simultanen Inhalte zugleich auch als *sukzessive* auffaßbar, so wären also aufgrund identischer Inhalte sowohl Anschauung von *Koexistenz* als von *Sukzession* möglich, und evidenterweise auch möglich, daß dieselben Inhalte, die da simultan koexistierten (und das sollten sie hier überall im Bewußtsein des Jetzt), zugleich auch sukzessiv wären, und *das ist absurd*" (S. 323). Dieses Argument richtet sich nicht gegen die Idee der „doppelten Kontinuität" als den Grund der Zeitwahrnehmung, sondern gegen die Auffassung dieser Kontinuität als eines Kontinuums von reellen *Inhalten.* „In Wahrheit zeigt keine Analyse, die sich an die Phänomene selbst hält, daß in einem Jetztpunkt des Bewußtseins vom Gegenstand eine solche Kontinuität der Erscheinung mit ihren primären Inhalten und Auffassungscharakteren vorliegt, die es zu sagen gestattete, es sei *reell* in diesem

[38] HUS. X, S. 318–323.

Jetzt eine Kontinuität der *Erscheinung gegeben,* und dies so verstanden, daß die dem Jetztpunkt des Gegenstandes entsprechende Erscheinung (Wahrnehmungserscheinung in einem engsten Sinn) eine Ausbreitung in Form der Simultaneität hätte" (S. 323).

Der Grundfehler der Theorie der „Zeitauffassung" steckt demnach darin, daß der konstituierende Fluß selbst als eine objektive immanente Zeit vorgestellt wird, als ob jene doppelte Kontinuität, die Husserl als das Wesen des Zeitbewußtseins herausstellte, eine Kontinuität von reellen *Inhalten* wäre. „Liegt eine Absurdität darin, daß der Zeitfluß wie eine *objektive Bewegung* angesehen wird? *Ja!* Andererseits ist doch Erinnerung etwas, das selbst *sein Jetzt* hat, und dasselbe Jetzt etwa wie ein Ton. *Nein.* Da steckt der Grundfehler. *Der Fluß der Bewußtseinsmodi ist kein Vorgang, das Jetzt-Bewußtsein ist nicht selbst jetzt.* Das mit dem Jetzt-Bewußtsein ‚zusammen' Seiende der Retention ist nicht ‚jetzt,' ist *nicht gleichzeitig* mit dem Jetzt, was vielmehr keinen Sinn gibt."[39]

Von jetzt an muß eine doppelte Intentionalität im zeitlichen Fluß unterschieden werden.[40] Nach der einen sind wir auf die immanenten Einheiten im Fluß gerichtet. Vermöge ihrer „konstituiert sich die immanente Zeit, eine objektive Zeit, eine echte, in der es Dauer und Veränderung von Dauerndem gibt" (S. 83). In der anderen sind wir auf den Fluß selbst gerichtet, der dem Bewußtsein so „erscheint," daß er nicht wie immanent-objektive Dauereinheiten, objektive Zeitgestalten, konstituiert zu werden braucht. Sollte der Fluß in diesem Sinn konstituiert werden, so müßten wir einen anderen Fluß voraussetzen (vgl. ebd.), in dem er konstituiert sein würde. Dies würde aber einen unendlichen Regreß verursachen, wie übrigens jeder Versuch, der – wie wir es schon erklärt haben – alle Formen der Bewußtseinsintentionalität als objektivierende Auffassungen erklären will. Deshalb spricht Husserl von diesem Fluß als einer „Präphänomenale(n), Präimmanente(n) Zeitlichkeit" und von einer „Selbsterscheinung" des Flusses (ebd.), womit gesagt wird, daß der Fluß nicht wie die immanent konstituierten Einheiten *aufgrund gegebener*

---

[39] HUS. X, aus dem Ergänzenden Text Nr. 50, der Ende 1908 oder 1909 redigiert wurde), S. 333. Wir erleben hier das bei Husserl erstmalige Aufleuchten der neuen Theorie der Zeitkonstitution (in Hinblick auf die Retention).

[40] Vgl. HUS. X, § 39, S. 80 ff. und Ergänzenden Text Nr. 54, 368 ff. (Ende 1911 oder später).

Inhalte ,,erscheint,'' und sich nicht vermöge der Auffassungsfunktionen ,,darstellt.''

In dieser Urintentionalität des Flusses ist nun jene ,,doppelte Kontinuität'' anzusetzen, die Husserl schon 1905 aufgedeckt, aber sogleich durch eine falsche Interpretation verdeckt hatte. Sie wird jetzt als eine ,,Quer-'' und ,,Längsintentionalität'' bezeichnet.[41] Diese doppelte Ausrichtung des Flusses besagt, daß das Bewußtsein bei jedem aktuellen Moment auf alle anderen Momente kraft dieses aktuellen Moments selbst ausgerichtet ist. Aber dies wird nicht mehr durch das Auffassen von verharrenden Erinnerungsinhalten, die sich an das jeweilige momentane Bewußtsein anschließen, sondern durch die ,,Stetigkeit der retentionalen Abwandlungen'' (S. 80) erklärt. Was kann aber ,,*Retention*'' bedeuten? Zunächst kennzeichnet Husserl die Retention in negativer Weise als nichts Reell-inhaltliches, nichts Immanentkonstituiertes. ,,Der Fehler wird schon gemacht, wenn man die Retention in bezug auf die früheren Bewußtseinsphasen als *Erinnerung* bezeichnet. Erinnerung ist ein Ausdruck, der immer nur Beziehung hat auf ein konstituiertes Zeitobjekt; *Retention* aber ein Ausdruck, der verwendbar ist, um die intentionale Beziehung (eine grundverschiedene) von Bewußtseinsphase auf Bewußtseinsphase zu bezeichnen, wobei Bewußtseinsphasen und Bewußtseinskontinuitäten nicht selbst wieder angesehen werden dürfen als Zeitobjekte'' (S. 333).

Diese intentionale Beziehung, die sich in der Retention konstituiert, ist die Verweisungsganzheit, die jeder Phase eigenwesentlich ist, und die die Einheit der Phasen ermöglicht, und zwar als eine ,,kontinuierliche,'' d.h. nicht als die Einheit ,,diskreter'' Elemente, die erst durch einen fundierten Akt gestiftet werden kann. Es geht bei der Konzeption des Begriffes der Retention um die Erklärung, wie das Übergreifen aller anderen Phasen in der jeweiligen aktuellen Phase möglich ist. Dies ist nur möglich, wenn jede Phase eine *Ganzheitsstruktur* hat, wenn das Ich im ursprünglichen Bewußtseinsfluß bei jedem Moment nicht auf faktische elementare Gegebenheiten, sondern sozusagen im vorhinein *aufs Ganze* geht. Husserl hatte die Frage nach dem Zeitbewußtsein in folgende lapidare Formel gefaßt: wie ist ein *Bewußtsein der Folge*

---

[41] A.a.O., S. 82. Vgl. auch HUS. XI, S. 316 f.

möglich, wenn dieses Bewußtsein selbst eine *Aufeinanderfolge*
(von Vorstellungen) ist? Diese Frage ist nur zu beantworten,
wenn die Aufeinanderfolge selbst die Bedingungen des Bewußtseins der Folge erfüllt (S. 332). Aber eine Aufeinanderfolge kann
die Bedingungen des Bewußtseins der Folge erst erfüllen, wenn
diese Aufeinanderfolge selbst nicht eine Folge von Inhalten ist
(was einen unendlichen Regreß verursachen würde, wie oben
dargestellt), sondern wenn diese ,,Aufeinanderfolge,'' dieser
,,Fluß,'' die *Form*[42] des Aufeinanderfolgens und des Fließens hat,
selbst aber nicht fließend ist! ,,Aber ist nicht der Fluß ein Nacheinander, hat er nicht doch ein Jetzt, eine aktuelle Phase und
eine Kontinuität von Vergangenheiten, in Retentionen jetzt bewußt? Wir können nicht anders sagen als: Dieser Fluß ist etwas,
das wir nach dem *Konstituierten* so nennen, aber es ist nichts
zeitlich ,,Objektives.'' Es ist die *absolute Subjektivität* und hat
die absoluten Eigenschaften eines *im Bilde* des ,,Fluß'' zu Be-
zeichnenden, in einem Aktualitätspunkt, Urquellpunkt, ,Jetzt'
Entspringendem usw. Im Aktualitätserlebnis haben wir den Urquellpunkt und eine Kontinuität von Nachhallmomenten. Für
all das fehlen uns die Namen'' (S. 75).

Später wird Husserl sagen, daß dieses Ursprüngliche, Anonyme
und Unsagbare (insofern die Sprache und somit jede Benennung
sich nach dem objektiv Konstituierten richtet) die Struktur des
Horizontes hat. Dies wird aber erst möglich, wenn eine andere
Dimension des Flusses, die Protention, in Blick gekommen ist.
In HUS. X kam Husserl darauf erst im Zusammenhang mit dem
Begriff der Protention von ,,Horizont'' zu sprechen.[43] Verständ-
licherweise hat Husserl den Horizontbegriff zunächst vermieden,
und dann erst für die Protention gebraucht. Die neue Lehre der
Rentention entstand zwischen 1907 und 1909, also 4–6 Jahre vor
der Veröffentlichung von *Ideen I* (1913). Sollte der Begriff von
Horizont schon so früh konzipiert worden sein, so dürfte er wahrscheinlich die Bedeutung haben, die in *Ideen I* dann festgelegt
wurde: die Bedeutung einer *gegenständlichen* Wahrnehmungsum-
gebung als eines inhaltlich besetzten Feldes.[44] Sekundär bedeutet

---

[42] ,,Diese phänomenale, präimmanente Zeit konstituiert sich intentional als Form
des zeitkonstituierenden Bewußtseins'' (HUS. X, S. 83).
[43] Vgl. HUS. X, § 24, S. 53. Der Text dieses Paragraphen fußt auf einem Ms. von
1917!
[44] Zum Begriff des Horizontes in *Ideen I*, vgl. z.B. S. 58 und 100.

der Terminus ein Feld von Potentialitäten, insofern diese inhaltlichen Momente der Umgebung nicht aktuell intendiert werden.
Daher gewinnt er die Bedeutung eines offenen Spielraumes von
gegenständlichen Bestimmbarkeiten. Darüber hinaus dehnt sich
der Gebrauch des Terminus auf die protentionale Struktur der
Wahrnehmung aus; Husserl spricht von Erwartungs- oder *Zu-
kunftshorizont*, und zugleich auch von *Vergangenheitshorizont*,
insofern die Vergangenheit der Wiedererinnerung zugänglich ist,
also insofern das Vergangene auch gewissermaßen in der Wiedererinnerung antizipiert werden kann. Die Rede von retentionalem
Horizont wird relativ sehr spät gebraucht.[45] Sie bezeichnet dann,
wie auch die Rede von protentionalem Horizont im eigentlichen
Sinn, die prinzipiell ungegenständliche Bedingung der Möglichkeit des Gegebenseins überhaupt, eben die *Ganzheitsstruktur* jeder
aktuellen Intention. Diese Bedeutung des Terminus ,,Horizont''
erscheint mit der Entfaltung der genetischen Phänomenologie,
die als erste die transzendentalen, ungegenständlichen Bedingungen des Gegebenseins von Gegenständlichem untersucht hat. In
diesem Sinn hat L. Landgrebe den Horizontcharakter des Zeitbewußtseins immer in seinen Aufsätzen stark hervorgehoben:
,,Was nun das Zeitbewußtsein darin leistet, das ist nach dem
klaren Wortlaut jener Untersuchungen nicht bloß Bildung von
innerzeitlichen immanenten Einheiten der Dauer, sondern in der
Struktur der Urimpression, Retention und Protention die konstitutive Bildung der Möglichkeit von Dauern und Vergehen
überhaupt, die Möglichkeit einer Auffassung von etwas als
Dauerndem oder Werdendem oder Verharrendem. Es ist nichts
anderes als die Bildung des Zeithorizontes selbst, die in diesen
Strukturen zum Thema wird, und nicht bloß die Auffassung eines
Zeitinhaltes oder zeitlicher Verhältnisse.''[46]
    Die oben nachvollzogenen Zeitanalysen sind in dem Maße un-

---

[45] Vgl. z.B. HUS. XI, S. 376 (aus 1922/23). Daß dabei die Rede ist von einem echten
retentionalen Horizont und nicht von einer Antizipationsstruktur in der Wiedererinnerung, wird klar, wenn wir die Kennzeichnung dieses Horizontes als eines ,,unter-
schiedslosen'' und ,,leeren'' beachten. Retention und retentionaler Horizont werden
hier als eine ,,Leergestalt'' d.h. als Form behandelt. Vgl. zum Begriff der Leere:
,,genetisch gehen aller Art Anschauung, aller wahrnehmungsmäßig Konstitution von
Gegenständlichkeiten in allen Erscheinungsmodis Leergestalten vorher. Nichts kann
zur Anschauung kommen, was nicht vorher leer vorstellig war und was in der Anschauung zur Erfüllung kommt'' (HUS. XI, S. 326).
[46] L. Landgrebe, ,,Welt als phänomenologisches Problem,'' in *Der Weg der Phänomenologie*, S. 59.

vollständig, als die protentionale Dimension der zeitkonstituierenden Intentionalität außer acht bleiben mußte. Sie reichen
aber schon aus, um den Aufweis zu ermöglichen, daß es bei der
Empfindung nicht, wie Husserl zunächst angenommen, um bloß
„Elementares" geht, sondern um eine Ganzheitsstruktur, m.a.W.
daß das Bewußtsein beim Empfinden schon in einer ursprünglichen Weise „aufs Ganze geht," wobei dieses Ganze das Ganze
eines intentionalen Phänomens ist.

Der retentionale und der protentionale Horizont sind die
beiden Dimensionen oder Strukturen des empfindenden Bewußtseins. Der Horizont ermöglicht das Erscheinen von intentionalen
Gegenständen. So gesehen erweist sich, daß die Empfindung in
ihrer zeitlichen Struktur als von Hause aus eine Beziehung zu
dem hat, was im konstituierten Erlebnisstrom erscheint. Dabei
löst sich nun die Frage der „Eignung" der Empfindungsdaten
zur Darstellung eines intentionalen Gegenstandes. Sie konnte nur
gestellt werden, weil die Empfindungsdaten als sinn- und form-
lose Einheiten angesetzt worden waren. In den zeitkonstitutiven
Forschungen Husserls wird aufgewiesen, daß die Empfindungsdaten urtümlichste intentionale Sinngebilde sind. Ging nun
Husserl in seinem Ansatz von einer radikalen Unterscheidung
von sinnlicher Affektion und intentionaler Funktion aus, so muß
jetzt diese Unterscheidung relativiert werden.

§ 14. Die neue phänomenologische Lehre der Affektion

Man kann natürlich nicht die Empfindung, soweit sie als
impressionales Moment des konstituierenden Zeitflusses in Frage
kommt – was wir eher „Empfinden" nennen sollten –, mit der
Empfindung als dem empfundenen „Inhalt" in der konstituierten
immanenten Zeit schlechthin identifizieren. „Also *Empfindung*,
wenn damit das Bewußtsein verstanden wird (nicht das immanente dauernde Rot, Ton etc., also das Empfundene), ebenso
Retention, Wiedererinnerung, Wahrnehmung etc. ist *unzeitlich*,
nämlich *nichts in der immanenten Zeit*" (HUS. X, S. 33 f.). Aber
nicht nur das fließende Empfinden, der impressionale Moment
mit seinem retentionalen und protentionalen Horizont bildet
einen *intentionalen, spontanen* Prozeß,[47] – (den intentionalen

---

[47] Für die Kennzeichnung der Impression als einer erzeugenden Spontaneität und
der Rentention als einer bloß empfangenden, nichts „Neues" schaffenden Spontaneität vgl. Beilage I zu HUS. X, S. 100.

Prozeß übrigens, der alle weiteren Intentionalitäten fundiert und der mit der ,,absoluten Subjektivität'' identisch ist (S. 75)) – sondern auch das in diesem Prozeß durch ,,genesis spontanea'' (S. 100) Erzeugte muß als ein *intentionales* Gebilde bezeichnet werden. Als Konstituiertes können wir es eben nicht mehr als einen bloßen Inhalt, als Stoffliches, ansehen. Die Theorie der Zeitkonstitution muß auf diese Weise zu einer durchgehenden und radikalen Umwandlung des Affektionsbegriffes in allen seinen Aspekten führen. Diese radikale Umwandlung verlangt zuerst die Überwindung der traditionellen Unterscheidung und Gegenüberstellung von Affektion und Funktion. In einem Manuskript aus den zwanziger Jahren notiert Husserl: ,,Die alte Rede von Affektion im Gegensatz zu Funktion (Kant). Nicht Funktion in meinem Sinne des Reize übenden Gegenständlichen, z.B. sinnlich gegebenen Dinges, (sondern) was als Empfindungsdatum im Bewußtsein liegt, was ,Sache' der Auffassung ist.''[48]

Das in der ,,objektiv'' immanenten Zeit konstituierte Empfundene ist, wie Husserl es in HUS. X und EU[48] kennzeichnet, ein Feld von bestimmter qualitativer Intensität, das eine affektive Kraft besitzt. Soll das Empfundene als solches einen intentionalen Charakter haben, so muß dieser sich im Bezug des Empfundenen zum Bewußtsein bekunden, also in der Affektion. Diesen Begriff der Affektion bezeichnet Husserl als einen *Reiz*, der das Ich zur Zuwendung bestimmt. ,,Reiz'' bedeutet in dieser Auffassung nicht den physiologischen Prozeß, den man gewöhnlich mit diesem Wort assoziiert, sondern einen durchaus intentionalen Prozeß. Nicht die Affektion eines Sinnesorgans (diese wird unter dem Titel ,,lokalisierte Empfindung'' oder ,,Empfindnis'' in *Ideen II* behandelt), sondern der ,,bewußtseinsmäßige Reiz'' (HUS. XI, S. 148) ist gemeint. Dem intentionalen Charakter der Affektion wird terminologisch dadurch Rechnung getragen, daß sie als eine ,,*Tendenz*'' auf das Ich (ein ,,Tendieren,'' das eine Form des Intendierens ist) bezeichnet wird. ,,Tendenz'' ist zwar eine allgemeine Bezeichnung für alle Formen des Intentionalen, sowohl für das Intendieren im strengen Sinne, (die ,,ichliche'' (HUS. XI, S. 84) Tendenz, die die Form des cogito hat, und die einen Gegenstand intendiert), als auch die Tendenz ,,vor dem

---

[48] Nach I. Kern, *Husserl und Kant*, S. 270.

cogito." Diese Tendenzen stellen wir uns als eine „affektive Kraft" vor, die ein Gegebenes (das sinnliche Feld) hat und die es uns spüren läßt. Somit erscheint das Gegebene im Besitz einer qualitativen Intensität. Die Affektion als solche ist eine Diskontinuität in der qualitativen Intensität der sinnlichen Felder, nämlich die Heraushebung eines sinnlichen Merkmals gegen einen mehr oder minder unterschiedslosen Hintergrund. Die Affektion koinzidiert auf diese Weise mit dem Phänomen des Aufdrängens oder des Auffallens einer Gegebenheit im Felde. Worin liegt nun das Intentionale des Auffallens? Es liegt darin, daß das Auffallen (die Affektion) das Phänomen selbst ist, das das Gegebene konstituiert. Das sinnliche Feld ist das voll und rein impressionale Moment des konstituierten immanenten Flusses,[49] welches aber nur im rententionalen und protentionalen Horizont möglich ist. Dies bedeutet, daß das impressional gegebene sinnliche Feld eine Rolle im intentionalen Prozeß spielt, eben die Rolle der *Erfüllung* des intentionalen Meinens im Modus der Protention. Wenn der Sachverhalt sich so zeigt, kann man nicht so tun, als ob ein sinnliches Feld zunächst für sich steht und dann erst uns etwas im Felde auffiele (affizierte) und uns zur Zuwendung reizte. Das Gegenteilige trifft zu: nehmen wir das impressionale Feld wiederum in den intentionalen Fluß, so erweist sich das Auffallen als konstitutiv für das Feld selbst: im Auffallen konstituiert sich sowohl das sich durch besondere Intensität Heraushebende, wie der Hintergrund selbst, und zwar insofern alles ein Intendiertes ist. Der Eindruck, daß die Affektion und das Affizierende vor der Intentionalität liegen sollte, erwächst aus dem abstraktiven Abtrennen der rententionalen und protentionalen Kontinuität des gegebenen Feldes.

Wenn wir also die Frage der Konstitution der Empfindung selbst als ein intentionales, sinnhaftes Gebilde weiterführen wollen, müssen wir diese abstraktive Einstellung aufgeben, und das empfindungsmäßig, impressional Gegebene im Modus der intentionalen Fülle im konkreten Erkenntnisakt betrachten.

---

[49] „Wir, in unserer Betrachtung unterster genetischer Stufe, stellen das Problem in der für eine systematische Genesis notwendiger Abstraktion: Wir tun so, als ob die Welt des Ich nur die impressionale Gegenwart wäre" (S. 150). (HUS. XI, S. 150).

§ 15. Anmerkung zur Lokalisation der Empfindungen im Leibe

Gemäß unserer Orientierung am Problem der Auffassungssynthesen haben wir Husserls Empfindungstheorie ausschließlich auf ihre Bedeutung für die konstitutive Problematik hin betrachtet. Deswegen konnte die Empfindung für uns nur als der intentionale Prozeß des Empfindens bzw. als das intentional Empfundene in Frage kommen. Husserl hat aber die Empfindungsfrage in *Ideen II* von einem anderen Standpunkt aus als die Frage nach der Affektion von Sinnesorganen behandelt. Um der Vollständigkeit willen und um möglichen Verwechslungen vorzubeugen, erörtern wir jetzt kurz, wie Husserl diese Frage von diesem Standpunkt aus faßt.

Wir haben gesehen, daß Husserl das Empfundene als einen reellen Inhalt im Bewußtseinsstrom denken wollte. Dabei aber bleibt unverständlich, wie *im* Bewußtseinsstrom ein „nicht-ichliches" Bestandstück zu finden ist. Die Frage löste sich, wie wir sahen, indem das Empfundene als intentional-noematisches Gebilde erwiesen wurde. Die Wörter „Nicht-ichliches" und „reeller Inhalt im Bewußtsein" drücken aber eigentlich mehr aus als das, was unter dem Begriff des intentional Empfundenen verstanden wird. Das Ich verhält sich nämlich im Empfinden nicht bloß als ein reines, bloß konstituierendes Bewußtsein, sondern auch als ein konstituiertes leibliches Wesen, das von den „fremden" Gegenständen in seinem „eigenen" Leib angegangen werden kann. „Im Leibe," sagt Husserl, „finde ich freilich die Empfindungsschicht lokalisiert, darunter sinnliche Lust, sinnlicher Schmerz; aber damit ist nur gezeigt, daß sie nicht in den Bereich des eigentlich Ichlichen hineingehört" (*Ideen II*, S. 212).

In welchem Sinne ist hier von Empfindung die Rede? Welches ist dies „Nicht-ichliche" der Empfindung? – Es kann nicht das konstituierende Empfinden als intentionaler Prozeß sein, denn dieser kann nicht als nicht-ichlich bezeichnet werden. Es kann auch nicht das intentional Empfundene sein, denn dies ist nicht leiblich. Es handelt sich also um Empfindung in einem anderen Sinn, der nichts mit der Konstitution von gegebenen Gegenständen zu tun hat, sondern mit der Konstitution des eigenen Leibes. Um diese neue Bedeutung terminologisch zu fixieren, nennt Husserl die Empfindungen als im Leibe lokalisiert *Empfindnis-*

se.[50] Diese entsprechen wohl dem traditionellen Begriff von
,,Sinneseindrücken," aber im Gegensatz zur traditionellen Empfindungstheorie faßt Husserl sie nicht (wie wir unten belegen
wollen) als elementare, punktuelle Reizwirkungen auf die Sinnesorgane.

Die Behandlung der Frage der Empfindnisse ist ein wichtiges
Stück der phänomenologischen Reflexion, weil sich ein Motivationszusammenhang zwischen dem Empfundenen als solchem
(den Sinnesfeldern nach ihren Intensitätsunterschieden, die von
Perspektivierung, Ferne und Nähe abhängig sind) und dem
kinästhetischen Bewußtsein ergibt. Den Empfindnissen entspricht auch ein Analogon in bezug auf den Ganzheitscharakter
des empfindenden Bewußtseins, nämlich die Tatsache, daß der
Leib nur ,,unter bestimmten Umständen reizbar ist," so daß ,,alle
Reizwirkungen ihr System haben, und daß dem System der ihm
erscheinenden Dingkörper Ortsunterschiede entsprechen" (*Ideen
II*, § 40, S. 153 f.). Ist das erscheinende Sinnesfeld ein räumlich
gegliedertes Ganzes, so bilden auch die Empfindnisse im Organ
ein geordnetes System. Dank dieses Systems sind ,,die Reizwirkungen nicht als etwas Fremdes und nur Bewirktes, sondern als
zu dem erscheinenden Leibskörper und der extensiven Ordnung
Zugehöriges" (ebd.). Die Parallelität des ,,Empfindnissystems"
mit den Sinnesfeldern setzt sich auch darin fort, daß diese vollständig erfüllte Felder sind, deren ,,Orte" alle besetzt sind und
eine intensive Größe haben; korrelativ sind ,,die in Frage kommenden Empfindungsfelder immer vollständig ausgefüllt," und
zwar so, daß ,,jede neue Reizung nicht allererst Empfindung,
sondern im Empfindungsfeld eine entsprechende Empfindungs-
änderung hervorruft" (a.a.O., S. 155 f.). Dies bedeutet, daß der
Leib bzw. die Sinnesorgane nur *als ein Ganzes* (ein ,,erfülltes"
System) reagieren können, und daß das Verhalten des empfindenden Leibes nicht durch mechanisch-kausale Modelle erklärt
werden kann.

---

[50] Vgl. *Ideen II*, § 36, S. 144 ff.

ZWEITES KAPITEL

FAKTIZITÄT UND SINNHAFTIGKEIT
DER SINNLICHEN FÜLLE

§ 16. Die doppelte Problematik der Sinnkonstitution

Wir befassen uns in diesem Kapitel mit der Frage der Sinnhaftigkeit der Empfindungsdaten als einer faktischen Fülle im konkreten Erkenntnisakt. Wir haben bisher in einer recht massiven Weise von Sinn und Gegenstand gesprochen; ein differenzierter Gebrauch dieser Begriffe wäre überflüssig und verfrüht gewesen, solange wir – Husserls Ansatz nachvollziehend – mit vermeintlich sinnlosen Inhalten umgingen. Jetzt aber, da es um die Herausstellung einer nicht bloß verliehenen, sondern eigenwüchsigen Sinnhaftigkeit dieser Inhalte geht, müssen wir die Rede von Sinn und gegenständlichem Sinn näher präzisieren.

Es sei vor allem anderen darauf hingewiesen, daß der Sinnbegriff sich aus dem Unterschied zwischen der Weise, wie ein Gegenstand intendiert wird, und dem Gegenstand selbst ergibt.[1] Ein gegenständlicher Sinn ist demnach nicht der Gegenstand der Intention selbst, obwohl er das ist, was vom Gegenstand selbst erkannt wird. Der Sinn ist für Husserl das, ,,von dem wir sagen, daß sich in ihm oder durch ihn das Bewußtsein auf ein Gegenständliches als das ‚seine' bezieht'' (*Ideen I*, S. 316). Was ist aber der Gegenstand? Um den Gegenstandbegriff zu bestimmen, geht Husserl in *Ideen I* von einem ,,logischen'' Standpunkt aus. ,,,Gegenstand' in dem notwendigen weiten Sinne der formalen Logik ... (ist) jedes Subjekt möglicher Prädikationen'' (*Ideen I*, S. 15). Mit dieser Definition wird eine doppelte Präzisierung des Begriffes erzielt: einmal wird der logische Gegenstandsbegriff gegen die umgangssprachliche, naive Auffassung des Gegenstandes als eines erscheinenden materiellen Dinges abgehoben, dann

---

[1] Vgl. LU II, S. 400.

aber wird dieser Gegenstandsbegriff auf die thematischen Korrelate der erkennenden Intentionalität eingeengt, und so gegen den
weiteren Gebrauch dieses Begriffes auch für die „Objekte" der
praktischen, wertenden usw. Intentionalität abgehoben.

Der Gegenstand als Substrat von Prädikationen kann natürlich
selber in früheren Prädikationen entstanden sein, wie alle Gegenstände, die aus Verallgemeinerungen oder irgendwelchen „kolli-
gierenden" Akten erwachsen, z.B. allgemeine Typen, Mengen,
Reihen, Zahlen usw. Da aber diese Akte auf die Erfassung von
einzelnen Gegenständen hin fundiert sind, bilden diese letzten
Gegenstände die „Urgegenstände" oder letzte Substrate der erkennenden Intentionalität. Husserl nennt sie der Etymologie des
Wortes zufolge „Individuen," weil diese Gegenstände nicht mehr
in andere zerfallen oder zerteilt werden können. „Das Individuum
ist der rein logisch geforderte Urgegenstand, das rein logisch
Absolute, auf das alle logischen ‚Ableitungen' zurückweisen"
(*Ideen I*, S. 36). Diese These will in *Ideen I* in „*statischer*" *Hinsicht* verstanden werden. Die Priorität der „Individuen" vor den
allgemeinen Gegenständlichkeiten hat nämlich einen *logischen*,
und nicht einen zeitlich-faktischen Sinn, insofern das „Individuum" als kein bloßes τόδε τι vor jeder prädikativen Bestimmung
vorgestellt wird, sondern schon als eine *wesenhafte* Einheit. Das
„Individuum" ist, sagt Husserl, „ein Dies-da, dessen sachhaltiges
Wesen ein Konkretum ist" (*Ideen I*, S. 36). Was „Konkret"
heißen mag, braucht hier nicht bestimmt zu werden;[2] wichtig ist,
daß das so definierte Individuum noch als ein logischer Gegenstandsbegriff verstanden ist, d.h. als *wesenhaftes* Individuum ist
es ein Gegenstand, der durch bestimmte Prädikationen, die sein
Wesen betreffen, oder die darauf gegründet sind, bestimmt werden *kann*. Das Individuum ist somit immer etwas, was in Prädikationen eintreten kann: das Tragen von Prädikaten gehört zu
seinem Möglichkeitsgrund, zu seinem Wesen.[3]

---

[2] Ein Wesen ist als „konkret" zu bezeichnen, wenn es „selbständig" ist; das Wesen
aller Allgemeinheiten ist notwendig ein Abstraktum, weil in den Wesenheiten der
Individuen fundiert, und somit unselbständig ist.

[3] Das Individuum ist immer etwas, was in Prädikationen eintreten kann; das
Prädikativ-bestimmt-werden-können (nicht das faktische Bestimmt-worden-sein) gehört zur Möglichkeit selbst, also zum Wesen eines Individuums. „Ein individueller
Gegenstand ist nicht bloß überhaupt ein individueller, ein Dies da!, ein einmaliger,
er hat als ‚*in sich selbst*' so und so beschaffener seine *Eigenart*, seinen Bestand an
wesentlichen Prädikabilien, die ihm zukommen müssen (als ‚Seiendem' wie er in sich

In „genetischer" Hinsicht aber rückt dieser Gegenstandsbegriff in die Nähe des gewöhnlichen Begriffes des Gegenstandes als eines erscheinenden Dinges. Denn in dieser Hinsicht sind die letzten Gegenstände, worüber eventuell ausgesagt wird, nicht die Individuen, insofern sie in möglichen Prädizierungen stehen, sondern die Individuen als einzelne Gegebenheiten in einem vor-logischen Sinn, nämlich die Erscheinungen der sinnlichen Wahrnehmung. Ob aber noch immer von Gegenstand in einem legitimen Sinn gesprochen werden kann, ist fraglich.

Gegenstand (als Substrat) nennt Husserl auch den „Gegenstand-worüber" eines Urteils, d.h. das im Urteil *Beurteilte* im Gegensatz zum *Geurteilten* als solchem (*Ideen I*, S. 324), welches den eigentlichen intentionalen Inhalt der urteilenden Intention ausmacht, und woraus sich der Sinnbegriff jetzt präziser angeben läßt. „Diese ‚Gegenstände-worüber,' insbesondere die Subjektgegenstände, sind die beurteilten. Das aus ihnen geformte Ganze, *das gesamte geurteilte Was* und zudem genau so genommen, mit der *Charakterisierung*, in der *Gegebenheitsweise*, in der es im Erlebnis ‚Bewußtes' ist, bildet das *volle noematische Korrelat*, den (*weitest* verstandenen) ‚Sinn' des Urteilerlebnisses. Prägnanter gesprochen, ist es der ‚Sinn im Wie seiner Gegebenheitsweise,' soweit diese an ihm als Charakter vorfindlich ist" (*Ideen I*, S. 233 f.).

Der gegenständliche Sinn kann aber auch (im Gegenteil zu seiner Auffassung als „volles noematisches Korrelat") als der „zentrale noematische Kern" (*Ideen I*, S. 227) aufgefaßt werden. Was dieser Begriff bedeutet, kann folgendermaßen erläutert werden: Während die noematischen Charaktere „wesentlich verschieden für Wahrnehmung, Phantasie, bildliche Vergegenwärtigung, Erinnerung usw." sind, indem ein Gegenstand einmal als „leibhafte Wirklichkeit," das andere Mal als „Fiktum" usw. (ebd.) intendiert wird, wird in all diesen verschiedenen Weisen immer auf denselben Gegenstand Bezug genommen. Man kann daher den gegenständlichen Sinn von einem anderen Standpunkt aus verstehen, nämlich nicht als das *bestimmte* Wie seines Intendiertseins, sondern als das, was, innerhalb jedes so bestimmten Sinnes die Beziehung auf einen *identischen* Gegenstand herstellt.

---

selbst ist'), damit ihm andere, sekundäre, zufällige Bestimmungen zukommen können" (*Ideen I*, S. 12 f.).

„Wir merken hierdurch, daß wir innerhalb des *vollen* Noema ... *wesentlich verschiedene Schichten* sondern müssen, die sich um einen *zentralen ‚Kern"* um den puren ‚gegenständlichen Sinn' gruppieren" (ebd.).

Es geht aus diesen beiden Begriffen hervor, daß in zweierlei Hinsichten von Gegenstandsbezogenheit und von Sinn gesprochen werden kann, je nachdem der Gegenstand als das *vorgegebene und zugrundeliegende Substrat* einer Urteilsintention oder als der gedachte *identische Gegenstand* von verschiedenen Urteilsintentionen verstanden wird. Im ersten Fall ist der gegenständliche Sinn die Weise, wie das Substrat bestimmt wird, also der volle noematische Bestand, der den Substrat-Gegenstand als diesen bestimmten Gegenstand darstellt. Im zweiten Fall ist der gegenständliche Sinn die gegenständliche Form des Substrat-Gegenstandes selbst, welche er erst in der Bestimmung erhält. Daraus erwachsen zwei verschiedene Problemkreise, die mit der Sinneskonstitution in diesen zwei Bedeutungen von Sinn zu tun haben.

Um diese zwei Problemkreise auseinander zu halten, ist es wichtig, den „identischen Gegenstand" als solchen nicht mit dem „Gegenstand-worüber" zu verwechseln. Der „identische Gegenstand" ist selber nämlich ein noematisches Moment, und zwar das zentrale noematische Moment: auf ihn nimmt man in der Intention Bezug; er ist deshalb kein vorgegebenes Substrat, sondern vielmehr die Bedingung der Möglichkeit, ein Vorgegebenes als Gegenstand aufzufassen, d.h. als das Korrelat einer Erkenntnisintention, das man so oder so bestimmen und in anderen Erkenntnisintentionen auch in anderer Weise bestimmen kann, aber doch so, daß immer derselbe Gegenstand gemeint wird. Dieses Identische der Erkenntnisintention erweist sich somit als die *Form* der Gegenständlichkeit und gehört deshalb dem möglicherweise wandelnden noematischen Bestand als dessen „Einheit" im Wandel zu.[4]

Dabei kann die scharfe Trennung von gegenständlichem Sinn und Gegenstand nicht mehr durchgehalten werden, sondern muß

---

[4] „In unserer Beispielssphäre erwächst zunächst die allgemeine Evidenz, daß Wahrnehmung nicht ein leeres Gegenwärtighaben des Gegenstandes ist, sondern daß es (‚a priori') zum eigenen Wesen der Wahrnehmung gehört, ‚ihren' Gegenstand zu haben und ihn als Einheit eines *gewissen* noematischen Bestandes zu haben, der für andere Wahrnehmungen vom ‚selben' Gegenstande immer wieder ein anderer, aber immer ein wesensmäßig vorgezeichneter ist" (*Ideen I*, S. 245).

relativiert werden. Der „identische Gegenstand," der als Gegenstand dem „vollen noematischen Sinn" gegenübergestellt wird, erweist sich als „purer gegenständlicher Sinn," wenn er mit dem vorgegebenen Substrat-Gegenstand konfrontiert wird. Der Gegenstand, worauf ein Gegebenes bezogen wird, wenn wir ihn nicht als das vorgegebene Substrat auffassen, ist der „Sinn" der Gegenständlichkeit als solcher, die objektive Einheitsform des noematischen Sinnes; er ist also kein Vorgegebenes, sondern ein Gedachtes: das Geurteilte im vorzüglichsten Sinne. Dennoch ist dieser „Sinn" nicht bloßer Sinn. Er wird zwar von einem Substrat prädiziert; in dieser Prädikation hat er aber die eigentümliche Rolle, dem Substrat nicht eine äußerliche Form, sondern die Form des Substrates selbst zu geben. Das Substrat ohne den Gedanken dieses gegenständlichen Sinnes ist eine bloße Komplexion von faktischen Gegebenheiten, die als Gegebenheiten allein kein Substrat ausmachen, sondern eher im Gegenteil *Bestimmungen* des puren gegenständlichen Sinnes sind, insofern dieser als identischer Gegenstand gedacht wird. Wie man sieht, liegt darin eine wesentliche „Zweideutigkeit," die keine bloße Äquivokation ist: einmal ist der identische Gegenstand als Form des Gegenständlichseins vom vorgegebenen Substrat prädiziert, das andere Mal ist das Vorgegebene auf einen identischen Gegenstand als dessen Bestimmung bezogen.[5]

Dieses notwendig zweideutige Fungieren des Gedankens der objektiven Einheit als einer zentral-noematischen *Bestimmung* und als *Substrat* in der Beziehung auf Gegenständliches wird im folgenden Satz Husserls klar ausgedrückt: „Es ist nicht der eben bezeichnete Kern (im gegenständlichen Sinn) selbst, sondern etwas, das sozusagen den notwendigen Zentralpunkt des Kerns ausmacht und als ‚Träger' für ihm speziell zugehörige noematische Eingenheiten fungiert" (*Ideen I*, S. 318). „Träger" ist offenkundig nur eine Umschreibung für „Substrat"; der „Zentralpunkt" des vollen noematischen Sinnes ist die gedachte Einheit dieser noematischen Bestimmungen; diese Einheit „trägt" nun diese Bestimmungen, denn diese haben die Seinsweise des „Seinin," was sich im Urteil als „Prädiziert-sein-von" ausdrückt. „Die

---

[5] Zur Unterscheidung der Beziehung auf Gegenständliches als Beziehung auf das volle Noema (den Gegenstand im Wie seiner Gegebenheiten) und auf den noematischen Kern (den Gegenstand als Identischen) vgl. *Ideen I*, S. 317 f.

Prädikate sind aber Prädikate von ‚etwas,' und dieses ‚etwas' gehört auch mit, und offenbar unabtrennbar, zu dem fraglichen Kern: es ist der zentrale Einheitspunkt, von dem wir oben gesprochen haben. Es ist der Verknüpfungspunkt oder ‚Träger' der Prädikate" (*Ideen I*, S. 320). Dieser Gegenstandsbegriff steht in offensichtlicher Verwandtschaft mit dem Kantschen Begriff des „transzendentalen Objektes = X,"[6] das prinzipiell verschieden von den faktischen Sinnbestimmungen ist und deshalb nie in der Erfahrung gegeben sein kann, sondern notwendigerweise ein leerer Gedanke ist, aber mit kategorialer Verbindlichkeit für das erfahrungsmäßig Gegebene. Wie Kant betont auch Husserl die radikale Verschiedenheit dieses zentralen gegenständlichen „Sinnes" von den noematischen Sinnbestimmungen. „Es ist der Verknüpfungspunkt oder ‚Träger' der Prädikate, aber keineswegs Einheit derselben in dem Sinne, in dem irgendein Komplex, irgendwelche Verbindung der Prädikate Einheit zu nennen wäre. Es ist von ihnen notwendig zu unterscheiden, obschon nicht neben sie zu stellen und von ihnen zu trennen, so wie umgekehrt sie selbst *seine* Prädikate sind: ohne ihn undenkbar und doch von ihm unterscheidbar" (*Ideen I*, S. 320). Darüber hinaus bezeichnet Husserl, wie auch Kant, diesen „Träger" als ein „pures X," d.h. als ein Unbekanntes, insofern das Bekanntsein sich in den jeweiligen Sinnbestimmungen konstituiert. „Es scheidet sich *als zentrales noematisches Moment* aus: der ‚Gegenstand,' das ‚Objekt,' das ‚Identische,' das ‚bestimmbare Subjekt seiner möglichen Prädikate – *das pure X in Abstraktion von allen* Prädikaten – und es scheidet sich ab von diesen Prädikaten, oder genauer, von den Prädikatnoemen" (*Ideen I*, S. 321).

Um die Unterscheidung von Sinn und Gegenstand durchzuführen, unterscheidet Husserl den noematischen „Gegenstand schlechthin" (ebd.) und er fügt hinzu: „Der ‚*Sinn*,' von dem wir wiederholt sprachen, ist dieser noematische ‚*Gegenstand im Wie*' (*Ideen I*, S. 322).[7] Diese Unterscheidung beruht aber auf einer

---

[6] Vgl. *Kritik der reinen Vernunft*, A. 104 f. Die Ausdrücke, die Kant tatsächlich gebraucht, sind: „etwas überhaupt = X" (A. 104), „Gegenstand = X" (A 105) „transzendentaler Gegenstand = X" (A 109), und „transzendentales Objekt" (A 250).
[7] Dieser Begriff des Sinnes als des „Gegenstandes im Wie" kann dahingehend eingeengt werden, daß nur die *erfüllten* Bestimmungen in Betracht gezogen werden, wie Husserl in *Ideen I*, § 132 (S. 323) zeigt. Der Sinn ist dann der Gegenstand *im Wie* nicht nur seiner Bestimmtheiten überhaupt, sondern seiner *Gegebenheitsweise*.

bloßen begriffsterminologischen Regelung, denn der „Gegenstand schlechthin" kann, wie wir sahen, auch als Sinn angesprochen werden, insofern der „Sinnesträger" zum Sinn selbst gehört. Das wird noch einmal von Husserl im folgenden Satz wiederholt: „Durch den zum Sinn gehörigen Sinnesträger (als leeres X) und die im Wesen der Sinne gründende *Möglichkeit einstimmiger Verbindung zu Sinneseinheiten beliebiger Stufe* hat nicht nur jeder Sinn ‚seinen' Gegenstand, sondern verschiedene Sinne beziehen sich auf *denselben* Gegenstand" (S. 322).

Natürlich muß dann zwischen zwei Arten von Sinn unterschieden werden. Aber der Hinweis darauf, daß es bei diesem „identischen Gegenstand" immer um Sinn geht, bleibt wichtig, damit wir ermessen können, wie eine konstitutive Problematik bezüglich dieses „identischen Gegenstandes" entworfen werden soll. Insofern sie sich auf Sinn bezieht, muß sie eine wesentlich anders geartete Problematik als diejenige sein, die auf die Konstitution vom Gegenstand im gewöhnlichen Sinn geht, d.h. auf die Konstitution als Apperzipieren eines Gegebenen durch einen (vorausgesetzten) Sinn. Diese Problematik wollen wir später aufgrund der Analysen von FTL erörtern.

Die zweite Problematik, die wir bezüglich des Begriffes von Sinn und Gegenstandsbezogenheit ausarbeiten wollen, betrifft den Begriff des Gegenstandes als eines vorgegebenen und zugrundeliegenden Substrates, eben das, was wir im obigen Absatz als das durch einen Sinn (gleich ob durch den „puren gegenständlichen" oder den vollen noematischen Sinn) Apperzipierte bezeichneten.

Husserl geht davon aus, daß der Sinn das ist, was dem Gegebenen seine Gegenstandsbezogenheit verleiht. Dies kann bedeuten, wie oben, Bezogenheit auf den „Gegenstand schlechthin," d.h. auf das „identische X" der als Bestimmungen aufgefaßten Gegebenheiten. Dieser Gegenstand erwies sich aber als Sinn. Es fragt sich daher, welches der Gegenstand sein kann, auf den wir in der Sinnbestimmung Bezug nehmen. Für die naive Auffassung ist es der „Gegenstand-worüber," das vorliegende Substrat, das so oder so bestimmt wird. Dieses Substrat können wir nicht mehr vom logischen Standpunkt aus als den idealen Bezugspol der Bestimmungen verstehen, denn dieser ist eine Einheitsform des noematischen Sinnes und somit selber Sinn: als Sinn trägt er in einer

wesentlichen und grundlegenden Weise zur Bestimmung des vorliegenden Gegenstandes-worüber bei. Das Vorliegende ist aber
das Gegebene. Dieses Gegebene faßte Husserl zunächst als einen
form- und sinnlosen Stoff auf, um die Sinnsbestimmung des
Gegebenen verständlich zu machen. Wir haben aber gesehen, daß
das Gegebene eben als *Bestimmung* des „Gegenstandes schlechthin" fungiert. Somit sehen wir jetzt, daß der Gegenstand nur als
Gegenstand im Wie, also als Sinn im Erkenntnisakt auftritt, und
nie als bloßes Substrat. Man kann jedoch in einer Prädikation
zwischen dem bestimmenden Prädikat und dem bestimmten
Subjekt unterscheiden, so z.B. im Urteil: das Dach ist grün. Das
Subjekt aber ist selber ein Gegenstand, der in bestimmter Weise
erscheinen muß. Wir haben im vorigen Kapitel dargestellt, wie
Husserl eine abbauende, abstrahierende Analyse entwirft, die bis
zu einem letzten formlosen Stoff zurückführen soll, und wie dieses
theoretische Vorhaben scheitert und scheitern muß. In dieser
Hinsicht erweist sich, daß der Unterschied zwischen Sinn und
Gegenstand sowohl in der oberen Grenze der Sinnhaftigkeit als
auch in deren untersten Grenze nicht mehr durchzuhalten ist.
Sei es als das „transzendentale Objekt = X," sei es als Gegenstand-worüber, gibt es den Gegenstand streng genommen nur
als *Sinn*; man könnte daher sagen, alles (Gegenständliches) ist
Bestimmung und insofern Leistung eines (transzendentalen) Bewußtseins.

§ 17. *Der Begriff der Sinnhaftigkeit des gegebenen Inhaltes in Husserls Ansatz*

Diese Einsicht ist aber nicht der Ansatz der phänomenologischen Reflexion, sondern ihr Kulminierungspunkt, und sie konnte offenbar nicht erreicht werden, solange Husserl sich ausschließlich am Auffassungsmodell orientierte. So ist in LU die Rede von
Sinn in einer sehr engen Bedeutung als der „Auffassungsmaterie"
eines Erkenntnisaktes. In der VI. LU wird der Sinn als „Auffassungsmaterie" vom aufgefaßten Inhalt unterschieden. Die „Auffassungsmaterie" entscheidet, „ob der Gegenstand in diesem oder
jenem ‚Sinne' vorgestellt ist, z.B. signifikativ durch verschiedene,
diesen selben Gegenstand vorstellenden, aber ihn verschieden
bestimmende Bedeutungen" (LU III, S. 94). Die „Auffassungsmaterie" ist das „‚als was' der Auffassung" (LU III, S. 91); sie

kann auch als ,,Auffassungssinn'' bezeichnet werden,[8] ,,da die
Materie sozusagen den Sinn angibt, nach dem der repräsentie-
rende Inhalt aufgefaßt wird'' (LU III, S. 91).

Wie Husserl in der V. Untersuchung sagt, ist die ,,Materie''
oder Sinn nicht nur das, was einem Akt seine Gegenstandsbezogenheit verleiht, sondern auch die *Weise*, wie dieser Gegenstand
aufgefaßt sein soll (LU II, S. 414 f.). Die Bezogenheit *auf den
selben Gegenstand* ist noch nicht der ganze Sinn, hinzu muß noch
die *Weise* der Bezogenheit kommen. Das wird klar, wenn man
zwei verschiedene Intentionen berücksichtigt (Husserls Beispiel:
das gleichseitige und *das gleichwinklige Dreieck*), die nach Setzungsqualität und gemeintem Gegenstand identisch sind, aber
in Hinsicht auf die *Weise* der Auffassung verschieden sind. ,,Die
Materie ... ist die im phänomenologischen Inhalt des Aktes lie-
gende Eigenheit desselben, die es nicht nur bestimmt, daß der
Akt die jeweilige Gegenständlichkeit auffaßt, sondern auch als
was er sie auffaßt, welche Merkmale, Beziehungen, kategorialen
Formen er in sich selbst ihr zumißt. An der Materie des Aktes
liegt es, daß der Gegenstand dem Akte als dieser und kein anderer
gilt, sie ist gewissermaßen der die Qualität fundierende (aber
gegen deren Unterschiede gleichgültige) *Sinn der gegenständlichen
Auffassung* (oder kurzweg der *Auffassungssinn*)'' (LU II, S.
415 f.).

Husserl spricht von ,,Materie'' und nicht nur von Sinn, damit
ihre Entgegensetzung zur ,,Auffassungsform'' (auch ,,Form der
Repräsentation'' genannt) hervortritt. Diese bezeichnet ,,die
phänomenologische Einheit zwischen Materie und Repräsentanten'' (LU III, S. 91) und entscheidet, ,,ob der Gegenstand bloß
signitiv, oder intuitiv, oder in gemischter Weise vorstellig ist.
Hierher gehören auch die Unterschiede zwischen Wahrnehmungsvorstellung, Phantasievorstellung usw.'' (LU III, S. 94). Warum
Husserl diesen neuen Begriff einführen zu müssen glaubte, erklärt sich aus seiner Annahme, daß derselbe Gegenstand bei glei-

---

[8] Für Tugendhat ist die noetische Deutung von ,,Sinn'' ,,als das ideale Wesen des
Aktes'' fragwürdig (*Wahrheitsbegriff*, S. 95). ,,Man kann nicht zugleich die ‚Materie'
des intentionalen Aktes mit dem gegenständlichen Sinn identifizieren und den Sinn
als das volle Korrelat einer Intentionalität bestimmen, denn die Materie gehört der
Signifikation, der Sinn aber der Fülle.'' Wir weisen dagegen darauf hin, daß für
Husserl nicht nur dem signitiven, sondern auch dem erfüllenden Akt eine ,,Materie''
zukommt, und daß die Gleichheit der ,,Materie'' vom meinenden und vom erfüllenden
Akt es ist, das die Identifikation beider in der Adäquation ermöglicht (LU III, S. 88).

cher „Materie," d.h. Sinn, und *bei gleichem Darstellungsinhalt* in zwei verschiedenen Akten intendiert werden kann.[9] Da aber die Hypothese der Gleichheit des darstellenden Inhaltes bei Identität der Auffassungsmaterie (z.B. in einer Phantasievorstellung und in einer Wahrnehmung desselben Gegenstandes) nicht standhalten kann,[10] wurde dieser besondere Unterschied zwischen „Materie" und Form nicht beibehalten.

Die Auffassungsform soll übrigens auch nicht mit der Setzungsqualität vermengt werden. In *Ideen I* bezeichnet Husserl die Einheit von Sinn und „thetischem Charakter" als „noematischen Satz."[11] Wenn Husserl in LU die Einheit der Aktmaterie mit der Qualität (zusammen) denkt, so entsteht für ihn der Begriff des „intentionalen Wesens."[12] Wenn die Fülle als Konkretisierung des intentionalen Wesens eines meinenden Aktes hinzugedacht wird, so erwächst daraus der Begriff des „erkenntnismäßigen Wesens" (LU III, § 28, S. 95).

Husserl wirft in *Ideen I* (§ 94, S. 234) seiner eigenen Begrifflichkeit in LU vor, sie habe nur die *noetischen* Aspekte fixiert, nicht aber die *noematischen*. In *Ideen I* dagegen werden die noematischen Aspekte hervorgehoben: so wird das Wesen nicht mehr als Wesen *von Akten* verstanden, sondern in erster Linie noematisch als eine gegenständliche Struktur. Der Sinn wird auch nicht mehr als Aktmaterie gedacht, – also als der Sinn, den eine Noesis in sich trägt – sondern eben als der gegenständliche Sinn in der Grundbedeutung des Noemas.

Vergleichen wir jetzt den Gebrauch des Begriffes von Wesen in *LU* und in *Ideen I*. Der Begriff des Wesens läßt sich in den LU natürlich nur aus der Intentionalität her verstehen. Wenn nun

---

[9] „Derselbe Inhalt (kann) im Sinne derselben Materie einmal in der Weise des intuitiven, das andere Mal in der eines signitiven Repräsentanten aufgefaßt werden" (LU III, S. 93).

[10] Konkret bedeutet diese Hypothese, daß derselbe Bestand an Empfindungsdaten einmal als Anhalt für die Wahrnehmung, ein anderes Mal für die Phantasie, die Erinnerung, das Bildbewußtsein usw. dienen kann.

[11] In *Ideen I* bezeichnet Husserl die Einheit von Sinn und „thetischem Charakter" als den „noematischen Satz". (Dabei soll das Wort „Satz" nicht im Bedeutungszusammenhang von Urteil, propositio verstanden werden, sondern in Zusammenhang mit Setzung, positio.)

[12] Vgl. auch LU II, S. 417. Husserl unterscheidet hier noch das „bedeutungsmäßige Wesen," das ein Speziellfall des „intentionalen Wesens" ist, nämlich das Wesen des bedeutungsverleihenden Aktes im Ausdruck. Insofern im „intentionalen Wesen" von der Fülle abgesehen wird, hat sie einen (im weitesten Sinne) „bedeutungsmäßigen," signitiven, d.h. leer meinenden Charakter.

die Intentionalität selbst vom Standpunkt der bloß meinenden, signitiv intendierenden Ausrichtung aus auf den Gegenstand hin betrachtet wird, so haben wir den Begriff des ,,intentionalen Wesens." Wir haben oben erklärt, daß das ,,intentionale Wesen" die Materie (den Sinn) und die Setzungsqualität umfaßt. Wenn nun die Intentionalität vom Standpunkt der Erflülung aus betrachtet wird, so kommt zu diesen Charakteren die intuitive Fülle hinzu, nicht in ihrer Faktizität, sondern eben als Fülle eines bestimmten, so und so spezifizierten Aktes. Daher wird der Begriff des ,,erkenntnismäßigen Wesens" bestimmt als das Ganze von Aktmaterie, Aktqualität und intuitiver Fülle. Im ersten Kapitel von *Ideen I* wird das Wesen als das spezies- oder gattungsmäßige ,,eidos" im Gegensatz zum individuellen Faktum bestimmt. Wesen wird also von Anfang an vom noematischen Standpunkt aus gesehen, und mehr noch, als etwas für sich selbst Gegenständliches. Gegenständliches soll aber hier nicht im gewöhnlichen Wortsinn verstanden werden (als das unmittelbar Erscheinende in der schlichten sinnlichen Wahrnehmung), sondern im oben besprochenen logischen Sinn des Wortes, d.h. als Subjekt möglicher Prädikationen. Das Wesen ist aber nicht ein *vorgegebenes* Subjekt; es ist seinem eigenen Verständnis nach ein Prädikat von individuellen Tatsachen. Wesen bezeichnet für Husserl *,,zunächst . . .* das im selbsteigenen Sein eines Individuum als sein *Was* Vorfindliche" (*Ideen I*, S. 13). Erst nachträglich kann es durch die Methode der ,,Ideation" vergegenständlicht werden. *,,Erfahrende* oder *individuelle Anschauung* kann in *Wesensschauung (Ideation)* umgewandelt werden . . . Das Erschaute ist dann das entsprechende reine Wesen oder Eidos" (ebd.) Erst also in der Ideation wird das Wesen zu einem ,,Gegenstand," d.h. zu einem ,,Substrat möglicher Prädikationen": als solches ist es aber ein Abstraktum, d.h. ein ,,Unselbständiges" (*Ideen I*, S. 36). Als das konkrete Wesen eines Individuums, als das prädizierbare ,,Was" einer individuellen Tatsache ist es ein noematischer Sinnbestand, der dem ,,als was" der Auffassung, also der Aktmaterie entspricht. So gesehen erweist sich die Rede von Wesen in LU und *Ideen I* im Grunde als übereinstimmend.

Es ist bezeichnend für den Sinnbegriff in den LU, daß Husserl den Sinn auch als ,,Aktspezies" aufgefaßt hat. Tugendhat hat deswegen von einer ,,Subjektivierung" des Sinnes in den LU geredet.[13] Dagegen möchten wir darauf hinweisen, daß die LU zumindest potentiell eine korrelative objektivierende Auffassung des Sinnes erlauben. So ist zu überlegen, was ,,Aktspezies" bedeutet. Der Sinn ist die Spezies eines Aktes, das bedeutet: er ist der Sinn (oder die Materie), der einen Akt als einen bestimmten Akt qualifiziert; das aber vermag der Sinn nur, indem er den Akt *auf einen bestimmten Gegenstand* (in Hinsicht auf einen seiner Aspekte) richtet. Die Spezifizierung eines Aktes geschieht durch den Sinn, der Sinn ist es aber, der in einer bestimmten Weise Gegenstandsbezogenheit verleiht; in dieser bestimmten Bezogenheit bestimmt sich der Akt selbst.[14] Der Begriff der ,,Aktspezies" soll deshalb auch als ein *intentionaler* Begriff verstanden werden.

Die Auffassung von Sinn sowohl als ,,Aktmaterie" als auch als ,,Gegenstandsbezogenheit" bleibt aber in Hinsicht auf das volle ,,erkenntnismäßige Wesen" eines intentionalen Aktes unzulänglich, solange man die Verhältnisse zwischen Sinn und Fülle nicht geklärt hat. Das wollen wir jetzt in den nächsten Paragraphen erörtern.

§ 18. Der Sinn im Verhältnis der adäquaten Erfüllung

Wenn einerseits der Sinn als Aktmaterie, d.h. als die Spezifizierung eines subjektiven Aktes durch seine Bezogenheit auf einen bestimmten Gegenstand gedacht wird, wenn andererseits der Sinn vom darstellenden Auffassungsinhalt unterschieden wird, so liegt darin die ,,Gefahr," daß der Sinn als ein im Bewußtsein irgendwie schon vorhandener Bestand gedacht wird. Die Phänomenologie würde sich dann nicht mehr wesentlich von jenen rationalistischen Erkenntnistheorien unterscheiden, die den Dualismus von Sinnlichkeit und Verstand voraussetzen, und

---

[13] E. Tugendhat, *Wahrheitsbegriff*, S. 38.

[14] Vgl. dazu LU III, § 25: ,,Die Materie galt uns als dasjenige Moment des objektivierenden Aktes, welches macht, daß der Akt gerade *diesen* Gegenstand und gerade *in dieser Weise* d.h. gerade in diesen Gliederungen und Formen, mit besonderer Beziehung gerade auf diese Bestimmtheiten oder Verhältnisse vorstellt. Vorstellungen übereinstimmender Materie stellen nicht nur überhaupt denselben Gegenstand vor, sondern sie meinen ihn ganz und gar *als denselben*, nämlich als völlig gleich bestimmten" (S. 86). Aber der Gegenstand bestimmt nur die weitesten Grenzen der Auffassungen, nicht die spezielle Weise der Auffassung: die Auffassung eines Dreiecks als gleichseitig oder gleichwinklig hängt nicht nur vom Gegenstand selbst, sondern auch von der subjektiven Einstellung zu ihm ab. Insofern ist es wichtig, den Sinn nicht nur in Bezug auf den Gegenstand, sondern auch in Bezug auf den Akt, auf die subjektive Weise des Intendierens, zu verstehen.

für die der aktuelle Erkenntnisvollzug nur in der empirischen und zufälligen Illustration einer vorgegebenen „Idee" oder eines vorgegebenen Urteils (als eines apriorisch einsichtigen Verhältnisses zwischen den „Ideen" oder „Begriffen", die das Urteil ausmachen), besteht. Der Logizismus mit seiner Lehre der „Wahrheiten an sich" im ersten Band der LU, die aus dem antipsychologistischen Eifer der Prolegomena verständlich wird, sowie die Trennung von Wesen und Faktum und die Auffassung der Fakten als kontigente *Beispiele* der Wesenserkenntnis im ersten Kapitel von *Ideen I* legen vielleicht eine solche rationalistische Interpretation der Phänomenologie nahe.

Eine rationalistische Interpretation der Phänomenologie müßte auf folgenden Voraussetzungen beruhen: erstens, der in Frage stehende Akt, der „mittels" des Sinnes auf einen bestimmten Gegenstand hin spezifiziert wird, wird als eine bloß signitive, leer meinende Intention gedacht; zweitens, der darstellende Inhalt ist nicht mehr als ein faktischer Bestand an Empfindungsdaten. Dies sind gerade die Voraussetzungen, die die Form-Inhalt-Hypothese ausmachen. Insofern Husserl tatsächlich dieses Auffassungsschema anwendet, gibt er zweifellos Anlaß zu einer rationalistischen Interpretation. Wir wollen dagegen zeigen, daß sich ein anderer Sinnbegriff dann bestimmen läßt, wenn es sich nicht mehr um die statische Gegenüberstellung von Sinn und Inhalt, sondern um die Erklärung des aktuellen Erkenntnisvollzuges als einer adäquaten Erfüllung handelt; wenn es um das Wahrheitsverhältnis zwischen meinender Intention und faktisch Gegebenem in der Aktualität des Erkennens geht. Daß sich hier ein neues Verhältnis zeigt gegenüber den rationalistischen Erkenntnistheorien, ersieht man schon daraus, daß für den „Rationalismus" der Sinn vor oder unabhängig vom Wahrheitsverhältnis besteht.[15] Dieses Verhältnis trägt nichts Wesentliches zum gedachten Sinn bei, sondern veranschaulicht ihn bloß an einem empirischen Beispiel.

Wir wollen dagegen zeigen, daß für die Phänomenologie Husserls der Sinn aus der adäquaten Erfüllung als solcher erwächst, und zwar so, daß er weder aus dem einen, noch aus dem anderen Moment der Erfüllung (für sich allein genommen) ent-

---

[15] Daran ändert sich nichts, wenn man dieses „vor" als eine bloß logische Priorität deutet; auch in diesem Fall trägt die Bewahrheitung nichts zum apriorischen Sinn bei.

springt, sondern vielmehr aus einer „Mitte," in der das Denken und das Anschauen – kantisch gesprochen – ihre „gemeinsame Wurzel" haben. Wir wollen zeigen, erstens, daß der Sinn für Husserl nicht das bloß Antizipierte in der leeren Meinung ist; zweitens, daß der Sinn trotzdem nicht auf das faktisch Gegebene reduziert werden kann. Der Sinn erwächst aus einem Gegebenen, das er jedoch in dessen Faktizität übersteigt. Diese Paradoxie wollen wir aufweisen.

Um zu zeigen, daß der Sinn nicht ausschließlich und auch nicht an erster Stelle eine Struktur der *signitiven* Akte ist, beginnen wir mit folgender Argumentation: wäre die leer meinende Intention die eigentliche Stätte der Sinnhaftigkeit eines Erkenntnisaktes, so könnte man streng genommen nicht mehr von Sinn in Bezug auf einen Akt, wo jede leer meinende Intention fehlt, sprechen. Das ist nun der Fall der „rein intuitiven Wahrnehmung," wie Husserl sie in den LU nennt. Denn diese „reine Anschauung" – entweder als Ideal einer vollkommen adäquaten Wahrnehmung, wie sie in der Beilage zur VI. Logischen Untersuchung definiert wird, oder als der echt anschauliche Kern einer Wahrnehmung, wie er in § 23 (ebenfalls in der VI. Logischen Untersuchung) beschrieben wird,[16] ist eben im Gegensatz zu den signitiven Akten als jene Wahrnehmung definiert, die kein signitives Moment mehr in sich enthält. Könnten wir aber zeigen, daß die voll intuitive Wahrnehmung immer noch Sinn „hat," so hätten wir damit gezeigt, daß der Sinn eine Struktur der intuitiven Fülle selbst ist.

In der Beilage zur VI. Logischen Untersuchung bezeichnet Husserl diese rein intuitive Wahrnehmung als eine „immanente" Wahrnehmung.[17] Das bedeutet, daß die durch die „reelle Gegenwart des Gegenstandes" im Darstellungsinhalt gekennzeichnet ist, d.h. durch die Selbigkeit des angeschauten Inhalts und des wahrgenommenen Gegenstandes, wobei der angeschaute Inhalt auf nichts anderes als sich selbst verweist. Deshalb kann sie als

---

[16] Husserl sagt in LU „rein intuitiver Gehalt" oder „reine Anschauung" (LU III, S. 80–81). Er kennzeichnet die „reine Anschauung" folgendermaßen: „Alles an ihr ist Fülle; kein Teil, keine Seite, keine Bestimmtheit ihres Gegenstandes, die nicht intuitiv dargestellt, keine, die bloß indirekt mitgemeint wäre. Nicht nur ist alles, was dargestellt ist, gemeint (was ein analytischer Satz ist), sondern es ist auch alles Gemeinte dargestellt" (S. 81).

[17] Vgl. LU III, S. 237 ff.

eine „adäquate" Wahrnehmung charakterisiert werden, in der eine so vollkommene Adäquation zwischen dem Gemeinten und dem tatsächlich Gegebenen herrscht, daß keine Meinung ohne Erfüllung bleibt. Die „inadäquate," „transzendente" Wahrnehmung dagegen ist durch ihre Präsumptivität gekennzeichnet; sie findet vollständige Erfüllung im gegenwärtigen Inhalt, aber sie konstituiert trotzdem mittels ihres anschaulichen Kerns einen leibhaft gegebenen Gegenstand, freilich als einen „transzendenten," weil in diesem Fall Gegenstand und darstellender Inhalt nicht mehr dasselbe sind, sondern zwischen ihnen ein Verhältnis der Analogie oder bloßen Ähnlichkeit besteht.[18]

Was bedeutet nun die Identifizierung des „immanenten" Gegenstandes mit den Darstellungsinhalten? Die Antwort auf diese Frage hängt von der phänomenologischen Definition des Darstellungsinhaltes und des Gegenstandes ab. Was als „Gegenstand" in Frage kommt, kann nicht jenes „Identische X" oder jener ideale Bezugspol der intentionalen Akte sein, wovon erst in den *Ideen I* und dann in den späteren Werken die Rede ist, weil es da, wie wir sahen, sich um einen Sinn handelt, der prinzipiell von den noematischen Bestimmungen, die auf den Darstellungsinhalten gründen, verschieden ist, und der deshalb an ihnen keine Erfüllung finden kann. Es muß sich also um den Gegenstand als ein vorgegebenes Substrat handeln, das in der Wahrnehmung oder eventuell in prädikativen Synthesen zur expliziten Bestimmung kommt. Was nun den Darstellungsinhalt betrifft, so können wir ihn definitorisch als jenen faktischen Bestand an Erleb-

---

[18] Vgl. S. 239, wo Husserl „auf den Gegensatz" hinweist „zwischen adäquater Wahrnehmung (oder Anschauung im engsten Sinne), deren wahrnehmende Intention ausschließlich auf einen ihr wirklich präsenten Inhalt gerichtet ist, und der bloß vermeintlichen, inadäquaten Wahrnehmung, deren Intention nicht im präsenten Inhalt ihre Erfüllung findet, vielmehr durch ihn hindurch die leibhafte Gegebenheit eines Transzendenten als immerfort einseitige und präsumptive konstituiert. Im ersten Fall ist der empfundene *Inhalt* zugleich der *Gegenstand* der Wahrnehmung. Der Inhalt bedeutet nichts anderes, er steht für sich selbst. Im zweiten Fall treten Inhalt und Gegenstand auseinander. Der Inhalt repräsentiert, was in ihm aber sich ,darstellt' und ihm also (wenn wir uns an das unmittelbar Anschauliche halten) im gewissen Sinne analog ist, so wie etwa die Empfindungsfarbe die Körperfarbe" (239). Im zweiten Fall ist der intentionale Gegenstand „dem erscheinenden Akt nicht immanent; die Intention ist da, aber nicht in eins mit ihr der Gegenstand selbst, der sie letztlich zu erfüllen bestimmt ist" (S. 240), weshalb sie nicht vollkommen evident sein kann. Dagegen bleibt in den „rein immanenten Wahrnehmungen" „kein Rest von Intention übrig ..., der erst nach Erfüllung langen müßte. Alle Intention, oder die Intention nach allen ihren signitiven Momenten ist erfüllt" (S. 240). Darum ist sie eine evidente Wahrnehmung, die man nicht bezweifeln kann.

nissen des Bewußtseinsstroms auffassen, in denen sich der Gegenstand repräsentiert und somit leibhaft erfaßt wird. In der schlichten Synthese des unmittelbaren Sehens, Hörens, usw. (darum geht es in diesem Kapitel ausschließlich) übernehmen die Empfindungsdaten diese Rolle der Darstellung. Husserls Meinung hat sich, wie wir schon wissen, in Hinsicht auf diese Daten gewandelt. Nehmen wir zunächst die erste Theorie Husserls in bezug auf die Empfindungsdaten, die er sowohl in den LU als auch in den *Ideen I* vertreten hat: Die Empfindungsdaten sind als subjektive, elementare Einheiten im Erlebnisstrom gedacht, die erst durch die objektivierende Auffassung einen intentionalen Charakter zuerteilt bekommen, was impliziert, daß sie an sich selbst keine intentionale Erlebnisse sind. Wenn nun der Darstellungsinhalt mit dem *intentionalen* Gegenstand identifiziert wird, so kann er mit dem bloß empfundenen Inhalt nicht mehr gleichgesetzt werden. Die schon zitierte Behauptung Husserls: ,,Im ersten Fall'' (nämlich der adäquaten Wahrnehmung) ,,ist der empfundene *Inhalt* zugleich der *Gegenstand* der Wahrnehmung'' bedeutet also streng genommen eine grobe Verzerrung seiner eigenen Einsichten. Aber vielleicht läßt sich sogar dieser so unvorsichtig formulierte Satz in einer akzeptableren Weise interpretieren, wenn wir ihn vom Standpunkt der Bedingungen der Adäquation der Wahrnehmung aus lesen.

In der ,,Adäquation'' sieht Husserl – wie die philosophische Tradition – das Wesen des Wahrheitsverhältnisses. Die Rede von der adaequatio rei et intellectus wird freilich von Husserl in einem wesentlich anderen Sinn verstanden:[19] es handelt sich für ihn nicht mehr um die Angleichung des Intellekts (genauer gesagt: von etwas, was selbst in den Intellekt ,,fällt,'' nämlich das Urteil) mit etwas anderem außerhalb des Intellekts, (dem ,,Ding''). Soll der Intellekt seinen Bezug auf das Ding selbst einsehen können, soll also der Wahrheitsbezug selbst nicht nur als faktisch bestehend, sondern auch als für den Intellekt verstanden sein, so muß auch das ,,Ding'' in den Intellekt ,,fallen.'' Die alte Wahrheitsformel bedeutet nun für Husserl die Übereinstimmung des Intellekts, oder sagen wir nunmehr lieber: des Bewußtseins

---

[19] A. de Waelhens war, soweit ich weiß, der erste (in seinem Buch *Phénoménologie et Vérité*), der den neuen Sinn, den die traditionelle Wahrheitsformel in Husserls Phänomenologie erhält, erörtert hat. Dazu vgl. auch Tugendhat, op. cit., S. 6 f.

(weil das Bewußt-sein des Wahrheitsbezuges im phänomenologischen Verstande für die Wahrheit selbst konstitutiv ist), *als eines Meinenden* mit dem Gegenstand der Meinung *als einem im Bewußtsein Gegebenen.* Die Wahrheit wird somit nicht mehr als eine äußerliche Beziehung zwischen einander fremden Wesenheiten verstanden, sondern sie wird als ein *Erfüllungsverhältnis,* das im Bewußtsein selbst stattfindet, gedacht. Dieser Gedanke der Erfüllung erlaubt, den Wahrheitsbezug sowohl in subjektiver als auch in objektiver Hinsicht zu denken, je nachdem die Meinung, welche mit dem gegebenen Gegenstand im Fall der Wahrheit übereinstimmen soll, als Bewußtsein im prägnanten Sinn, d.h. als Bewußtseinsakt des *Meinens,* oder als das *Gemeinte* als solches, also als Noema (in der Terminologie von *Ideen I*) verstanden wird. Was ist nun der Gegenstand angesichts des Meinens bzw. des noematisch Gemeinten als Gemeinten? Die Bestimmung des Wesens des Gegenstandes erfolgt auch in Beziehung auf das Bewußtsein: der Gegenstand ist das Gegebene eines gegebenen Bewußtseins. Dies aber heißt: er ist das, was in der Intention auf Erkenntnis zur Gegebenheit kommt als ein Inhalt, der als das Gemeinte identifiziert wird (im Falle der Wahrheit). Gegenstand ist das, wovon man meinen kann: er ist dasselbe, das ich gemeint habe.

Wenn Husserl sagt, der gegebene (empfundene) Inhalt sei zugleich der Gegenstand, so kann er nur damit bezeichnen wollen, daß der gegebene Inhalt die meinenden Intentionen auf einen Gegenstand so erfüllt, daß eine vollkommene Adäquation zwischen beiden besteht. Nur als Erfüllung einer Meinung kann das Empfundene zugleich als das Adäquate eines intentionalen Gegenstands in Frage kommen; mit anderen Worten, mit ihm identifiziert, gleichgesetzt werden.

Die Weiterentwicklung des Gedankens der Adäquation zwischen empfundenem Inhalt und intentionalem Gegenstand als eines Erfüllungsverhältnisses hängt jetzt von der Bestimmung des Inhaltes *als Fülle* ab. Es wird sich erstens erweisen, daß die Fülle selbst eine „*Aktmaterie,*" also einen Sinn hat, und zweitens, daß sie selbst ein *Wesenscharakter,* also kein bloß faktisches Korrelat des meinenden Aktes ist.

Die Gleichheit der Materie, sagt Husserl in der VI. Logischen Untersuchung, ist es, die die Identifizierung der Gegenstände von zwei verschiedenen Akten als denselben Gegenstand ermöglicht (LU III, S. 64). Das gilt nun für jede Identifizierung, also nicht nur für die besondere Identifizierung, die in der Erfüllung liegt, sondern auch für die Identifizierung aufgrund bloß signitiver Akte (z.B., wenn wir merken, daß die Ausdrücke: „das gleichwinklige Dreieck" und „das gleichseitige Dreieck," oder „der Sieger von Jena" und „der Besiegte von Waterloo" denselben Gegenstand bezeichnen). Uns interessiert besonders das Erfüllungsverhältnis, in dem ein Gegenstand als das Selbe eines meinenden Aktes mit dem faktischen Darstellungsakt identifiziert wird. Wenn in der Identifizierung beide Momente, beide Akte, dieselbe Materie haben müssen, *so muß im Fall der Erfüllung auch der Darstellungsinhalt* (korrelativ der Akt der sinnlichen Repräsentation, die Selbstgebung) *eine Aktmaterie haben*, die derjenigen des meinenden Aktes gleich ist.

Der Darstellungsinhalt muß eine Materie (einen Sinn) haben, damit wir wissen, daß gerade an ihr sich der gemeinte Gegenstand darstellt. Derselbe Gegenstand kann zwar aufgrund *verschiedener* Darstellungsinhalte selbstgegeben werden, nicht aber aufgrund *beliebiger* Darstellungsinhalte.[20] Wie könnten wir sonst wissen, daß dieser Darstellungsinhalt geeignet ist, den gemeinten Gegenstand des signitiven Aktes zur vollen Gegebenheit zu bringen, auch wenn er keine Materie, keinen Sinn hätte, durch den die Bezogenheit auf *diesen* Gegenstand gestiftet wird?[21] Wir haben schon gesehen, daß es die Materie ist, die den Akt spezifiziert, indem sie die Bezogenheit auf einen bestimmten Gegenstand in einer bestimmten Weise gründet.[22] Ist der Darstellungsinhalt Darstellung *dieses* Gegenstandes, so muß er bei aller Zufälligkeit seiner Beschaffenheit gegenstandsbezogen sein, was nun erst der Sinn, die Materie, gewährleistet. „Wie immer die Fülle einer Vorstellung innerhalb ihrer möglichen Erfüllungsreihen variiert,

---

[20] Vgl. oben im ersten Kapitel (S. 59 ff.) unsere Erörterung der Frage der Eignung als eine Frage nach dem Motivationszusammenhang zwischen hyletischen Daten und noematischem Bestand.

[21] Ein sinnliches Datum kann als Darstellungsinhalt verschiedener Dinge aufgefaßt werden. Dasselbe Ding kann aufgrund verschiedener Darstellungsinhalte erfaßt werden. Diese beiderseitige Variation ist aber nicht eine beliebige, schrankenlose. Einerseits können nicht alle Dinge aufgrund desselben sinnlichen Inhaltes aufgefaßt werden, andererseits kann auch ein Ding nicht aufgrund jedes möglichen Darstellungsinhaltes erfaßbar sein.

[22] Vgl. oben, S. 114 und LU III, § 25, S. 86.

ihr intentionaler Gegenstand, welcher und so wie er intendiert
wird, bleibt derselbe; mit anderen Worten, seine Materie bleibt
dieselbe. Andererseits sind aber Materie und Fülle nicht bezie-
hungslos, und wo wir einem rein signitiven, einem ihm Fülle
zuführenden Akt der Anschauung an die Seiten stellen, da unterscheidet sich dieser von jenem nicht etwa dadurch, daß sich der
gemeinsamen Qualität und Materie noch die Fülle als ein drittes,
von diesen beiden gesondertes Moment angegliedert hat. So zumindesten nicht, wenn wir unter Fülle den intuitiven Inhalt der
Anschauung verstehen. Denn der intuitive Inhalt befaßt selbst
schon eine ganze Materie, nämlich hinsichtlich des auf eine reine
Anschauung *reduzierten* Aktes. Ist der vorgegebene Anschauungsakt von vornherein ein Akt reiner Anschauung, so ist seine Materie zugleich ein Bestandstück seines intuitiven Inhalts" (LU III,
S. 88).

Die Einschränkung, ,,zumindesten wenn wir unter Fülle den
intuitiven Inhalt der Anschauung verstehen," drückt, was wir
schon hervorgehoben haben, aus, daß der Auffassungsinhalt nicht
nur als ein faktischer Bestand an Empfindungsdaten, sondern als
Moment einer Anschauung, also des Meinens eines Gegenstandes
im Modus der Erfüllung gedacht werden muß. Erst dann können
wir beginnen, die ursprüngliche Sinnhaftigkeit der Fülle zu verstehen.

Der intuitive Akt unterscheidet sich vom signitiven, wie wir im
zitierten Text gelesen haben, nicht nur dadurch, daß ihm über die
gemeinsamen Charaktere der Qualität und der Materie hinaus
noch die Fülle zukommt. Was bedeutet es, daß die Fülle nicht
ein gesondertes Moment neben zwei anderen ist? Wie wir sahen,
nennt Husserl die Einheit von Materie und Qualität das *intentionale Wesen* eines meinenden Aktes. Die Einheit von Materie,
Qualität und Fülle nennt er nun das *erkenntnismäßige Wesen*
einer Intention. Materie, Qualität und Fülle bilden also eine
Wesenseinheit, d.h. sie sind kein zufällig zusammengefügtes, sondern die organische und notwendige Einheit des Aktes, in dem
das Erkennen sich aktuell vollzieht. Die Fülle erweist sich dann
als ein Wesensmoment, sie ist keine ,,Tatsache," kein bloß zufälliges Moment an einem Dies-da, sondern schon von Hause her
Wesenhaftes, Sinnhaftes.

*§ 19. Die Konstitution der Sinnhaftigkeit der sinnlichen Fülle in
einem Möglichkeitsbewußtsein*

Die Wesenhaftigkeit oder Sinnhaftigkeit der sinnlichen Fülle
bedeutet, daß sie kein bloß faktischer, zeitlich vereinzelter Vorgang ist, sondern etwas, was über die faktische Wirklichkeit (das
faktische Bestehen von „Empfindungsdaten") hinaus geht, und
insofern das Korrelat eines „Möglichkeitsbewußtseins" ist. Erklären wir diesen Sachverhalt an einem Beispiel. Beim wahrnehmungsmäßigen Intendieren einer Kugel als gleichmäßig rot
schauen wir auf sie von allen Seiten her und bestätigen dabei, daß
sie tatsächlich wie gemeint gleichmäßig rot ist. Die Wahrheit
dieser Wahrnehmung – also das Adäquationsverhältnis zwischen
den meinenden und den erfüllenden Intentionen – betrifft nicht
nur den faktischen Meinensvollzug und die faktische Erfüllungs-
intention. Die Wahrheit hat nämlich nicht den Charakter von
zeitlich vereinzelten und vergänglichen Akten als solchen; hätten
sie ihn, so wäre sie nicht mehr als eine subjektive Angelegenheit
und darüber hinaus – innerhalb jedes einzelnen Subjektes – auch
eine jeweils andere. So wäre in unserem Beispiel die Wahrnehmung der Kugel als gleichmäßig rot nur momentan „wahr," und
deren „Wahrheit" würde alsdann verloren gehen, sobald die faktischen Intentionen vergangen wären. Die Wahrheit betrifft dagegen das *Wesen* dieser faktischen Akte der leeren Meinung und der
erfüllenden Intention. Die Wahrheit ist „*das ideale Verhältnis . . .
zwischen den erkenntnismäßigen Wesen der sich deckenden Akte.*" [23]
Die Fülle tritt also im Wahrheitsverhältnis nicht als ein vereinzelter, faktischer Vorgang auf, sondern als ein Wesensmoment.
Praktisch bedeutet das, daß derselbe Gegenstand in demselben
Modus der Fülle in *anderen* faktischen Akten intendiert werden
kann. Man kann daher sagen, daß das Wesen sich beim faktischen
Meinen und Geben *im Bewußtsein des Anderssein-könnens* konstituiert. Diese Einsicht kann auch in folgender Formel ausgedrückt werden: Die sinnliche Fülle ist nicht das Korrelat eines
„faktischen Wirklichkeitsbewußtseins," sondern eines „idealen
Möglichkeitsbewußtseins."

---

[23] LU III, S. 123. Korrelativ ist sie „die volle Übereinstimmung zwischen Gemeintem und Gegebenem als solchem" (a.a.O., S. 122). Diese sind die zwei ersten Wahrheitsbegriffe, die Husserl in LU definiert. Die anderen Wahrheitsbegriffe werden uns
später beschäftigen.

Diese Einsicht ist – so allgemein ausgedrückt – nichts Neues.[24]
Man hat sie aber bisher dahingehend verstanden (bzw. mißverstanden), daß derselbe Gegenstand aufgrund verschiedener faktisch empfundener Inhalte anders *gegeben* sein könnte. Dabei wird
aber sogleich die Einsicht in die ursprüngliche Sinnhaftigkeit der
sinnliche Fülle wieder aus der Hand gegeben. Wenn man sich an
der Möglichkeit des anders-*gegeben*-sein-könnens orientiert, da
setzt man wiederum den funktionalen Unterschied zwischen dem
Inhalt als einem faktisch empfundenen und dem Inhalt in seiner
Rolle als Fülle voraus, mit anderen Worten: den hypothetischen
Unterschied zwischen dem Inhalt in der Darstellungsfunktion
und demselben Inhalt außerhalb dieser Funktion. Somit bleibt
man der Hypothese verhaftet, daß die Sinnhaftigkeit dem Gegebenen als solchem nicht eigenwesentlich ist, sondern ihm nur
zuerteilt wird.

Es ist bezeichnend für diese Auffassung der Sinnhaftigkeit der
sinnlichen Fülle aus der Möglichkeit des Andersgegeben-sein-
könnens her, daß man, um sie zu begründen, auf die (speziell im
Husserlschen Sinne) ,,transzendente'' Wahrnehmung zurückgreift, d.h. diejenige, die noch leere signitive Momente in sich
enthält, und die somit die Möglichkeit impliziert, daß der gemeinte Gegenstand beim Erfüllen der noch leeren Meinungen anders
erscheint. Das geschieht um so argloser, als die äußere Wahrnehmung – die Husserl vorzüglich behandelt hat – nicht nur in dem
Sinn ,,transzendent'' ist, daß sie mit transzendenten Gegenständen im Raume zu tun hat, sondern auch ,,transzendent'' in dem
speziellen Sinn, wonach der Gegenstand der Wahrnehmung nicht
ganz intuitiv gegeben, sondern noch Gegenstand von leeren Meinungen ist, und somit das Gegebene ,,übersteigt,'' ,,transzen-
diert.'' Dabei aber wird die innere Wahrnehmung außer acht
gelassen, in welcher das Bewußtsein auf seine eigenen Intentionen
reflektiert,[25] wie auch die Wahrnehmung, in welcher die konstitutiven Regeln der ,,äußeren'' Wahrnehmung (so z.B. die ,,Idee''
des Dinges) thematisiert wird.[26] Diese Wahrnehmungsarten sind
eben Beispiele von adäquaten Wahrnehmungen, für welche kein
Anders-gegeben-sein denkbar ist, deren ,,esse'' also in gewissem

---

[24] Vgl. E. Tugendhat, op. cit. S. 92.
[25] Vgl. *Ideen I*, § 38, S. 84 ff.
[26] Vgl. *Ideen I*, § 143, S. 350 ff.

Sinn mit deren „percipi" zusammenfällt.[27] Woher sollte man nun die Sinn- oder Wesenhaftigkeit ihrer Gegebenheiten ableiten? Auch bezüglich des voll anschaulichen Kerns einer „äußeren" Wahrnehmung könnte man dieselbe Frage aufstellen: der noch unvollkommen präsentierte Gegenstand einer Wahrnehmung kann zwar anders gegeben sein, nicht aber die schon gegebenen und festgestellten Bestimmungen. Man könnte also fragen, ob das Gegebene als solches sinnlos sein sollte. Weiterhin ist zu fragen: sollte diese ideale vollkommene Wahrnehmung auch etwas Sinnloses sein (insofern die adäquate *Gegebenheit* des Gegenstandes der „äußeren" Wahrnehmung denkbar ist)? Die Antwort auf all diese Fragen müßte affirmativ sein, wenn man die Sinnhaftigkeit im Gegenzug zum Gegebensein definiert. Wir versuchen deshalb zu zeigen, daß auch bei Nicht-veränderung der sinnlichen Fülle (sei es in einer ideal konstruierten adäquaten Wahrnehmung, sei es im voll anschaulichen Kern einer beliebigen Wahrnehmung) die Rede vom „Anders-sein-können" noch sinnvoll bleibt.

Wir gehen wiederum vom Begriff der Adäquation aus. In der Adäquation konstituiert sich der Gegenstand (oder korrelativ der Erkenntnisakt) als wahr. Der wahre Gegenstand ist das, was in der Erkenntnisintention zur Gegebenheit kommt als ein Inhalt, der als derselbe, wie er gemeint wurde, identifiziert wird. Man sieht nun aus dieser Bestimmung, daß das Bewußtsein eines Gegenstands für Husserl notwendig den Charakter einer Anschauung und zugleich einer Synthese haben muß. Es muß den Charakter einer Anschauung haben, weil das, was zur Gegebenheit kommt, einen Überschuß über das bloß Gemeinte, das bloß „Gedachte" darstellt; das Bewußtsein muß sich einen Inhalt geben, welchen die Spontaneität seines Meinens aus sich selbst nicht hervorbringen kann. Es muß den Charakter einer Synthesis haben, weil das, was gegeben wird, als das Selbe der Meinung, d.h. als das Gegebene in der Weise der Meinung (des Gemeinten) aufgefaßt wird. Die Anschauung ist Synthesis, indem sie Auffassung von etwas *als* etwas ist. Darin liegt nun nicht nur eine Umformulierung der traditionellen Auffassung des Wahrheitsbezugs selbst, sondern auch eine seiner wichtigen Implikationen,

---

[27] Vgl. HUS XI, S. 17 f.

nämlich der Voraussetzung der Transzendenz des Dinges in Bezug auf den Intellekt.

Wenn wir fragen, worin für Husserl die Transzendenz des Gegenstandes in Bezug auf das meinende und auf das gebende Bewußtsein liegt, so müssen wir antworten, daß weder das eine, noch das andere für sich allein die Transzendenz des Gegenstandes begründen kann; dies kann erst im Zusammenwirken der beiden geschehen, und zwar in jenem identifizierenden Akt, in dem die Anschauung Synthesis ist. Aus diesem Akt entsteht der Gegenstand als ein *wahrer*, d.h. als das *Identische* der Meinung und der Anschauung. In dieser Selbigkeit des Gegenstandes gründet seine Transzendenz, und zwar sowohl in Hinsicht auf die Meinung, als auch in Hinsicht auf das Gegebene. In Hinsicht auf die Meinung ist der tatsächlich gegebene Gegenstand das Transzendente (als ein Überschuß über die Meinung, als das, was zur leeren Intention dazu kommt); in Hinsicht auf das Gegebene mehr als dieses, weil nicht alles, was gemeint wird, zur Gegebenheit kommt. Dies bedeutet: im Identifizieren eines Gegenstandes als denselben, der gemeint und gegeben wird, liegt das Bewußtsein beschlossen, daß das Gemeinte anders gegeben, *wie auch korrelativ das Bewußtsein, daß das Gegebene anders gemeint werden könnte.* Im ersten Fall wird der Gegenstand, oder genauer: was der Gegenstand in Wahrheit ist, sozusagen am Richtmaß der Meinung gemessen. Im zweiten Fall aber wird die Meinung am Richtmaß des Gegebenen gemessen, denn das Gegebene öffnet andere Möglichkeiten des Meinens, indem es mehr als das tatsächlich Gemeinte zum Bewußtsein bringt. Es gibt also nicht nur eine Faktizität des Gegebenseins, angesichts derer das Meinen als das Wesentliche gilt, sondern auch eine Faktizität des Meinens, dem gegenüber die ursprüngliche Selbstgebung als das Wesentliche gilt.[28]

Die Wahrheit eines Bewußtseins oder eines Gegenstandes gründet also weder im aktuellen und faktischen Gegebensein, noch im aktuellen und faktischen Meinen, sondern in der Übereinstim-

---

[28] In einer adäquaten kategorialen Wahrnehmung, wie diejenige, die die ideale Regel der „äußeren" Dingwahrnehmung herausstellt, kann die Faktizität ausschließlich auf Seite des Meinens (das jeweils in demselben Subjekt und in den verschiedenen Subjekten je ein anderes ist) liegen, und in es fällt die Möglichkeit des Anders-sein-könnens; das Gegebene dagegen ist immer dasselbe und insofern fungiert es als das Wesentliche für das Meinen.

mung des Gegebenseins mit dem meinenden Akt (oder korrelativ mit dem faktisch Gemeinten). Der meinende Akt ist einerseits der Träger eines Sinnes und insofern hat er ein (intentionales) Wesen: das faktisch Gegebene ist also das Korrelat des intentionalen Wesens der Meinung. Darin liegt: nicht das faktisch Gegebensein konstituiert die Wahrheit, sondern das immer in gleicher Weise Gegeben-sein-*können* in meinenden Akten derselben *Spezies*.[29] Andererseits müssen wir auch korrelativ sagen können: es ist der erfüllende Akt (bzw. das Gegebene), der einen Sinn trägt, und angesichts des faktischen Meinens das Wesen darstellt; dann ist das faktisch Gemeinte das Korrelat des erkenntnismäßigen Wesens der Fülle. Darin liegt: nicht das faktisch so oder so Gemeintsein konstituiert die Wahrheit, sondern das immer Gemeintsein-können in derselben Weise, wie der Gegenstand in Gebungsakten der bestimmten Art und Spezies intendiert wird. Praktisch bedeutet das alles: es gibt Wahrheit, Bewußtsein einer Wahrheit erst, wenn ich weiß, daß das jetzt faktisch Gegebene (Gemeinte) auch in anderen Akten gegeben (gemeint) sein kann, die das Gegebene (Gemeinte) genauso meinen (geben), wie es jetzt gemeint (gegeben) wird.

Die so bestimmte Transzendenz und Wahrheit des Gegenstandes im Wechselspiel der gebenden und meinenden Akte läßt sich nun mit der „Immanenz" des Gegenstandes in eben diesen Akten selbst vereinbaren,[30] insofern die „Immanenz" als die reine Intuitivität des Gegenstandes verstanden wird, d.h. als die Fülle in der Adäquationssynthese. Wenn die Adäquation nicht als eine statische Gleichheit, sondern als das gegenseitige Transzendieren (in der dargestellten Weise) von Gemeintem und Gegebenem verstanden wird, so können wir sagen, daß erst recht der „immanente" Gegenstand der vollkommen adäquaten Wahrnehmung das am meisten „Transzendente" (und am wenigsten „Subjektive") ist.

In diesem Wechselspiel innerhalb der Adäquationssynthese konstituiert sich nun der wahre Gegenstand als ein sinnhaftes Gebilde; korrelativ haben auch die meinenden und die gebenden

---

[29] Vgl. den Begriff der Aktspezies oben, S. 84 f.

[30] In der Aufweisung der Sinnhaftigkeit des Wahrheitsbezuges liegt die Lösung der Frage der „Immanenz in der Transzendenz," welche für Husserl *die* Frage der Phänomenologie ist.

Akte (mit ihren Noemen) erst Sinn in ihrer Wechselbeziehung aufeinander. So läßt sich möglicherweise die Rede von „Sinn der Wahrheit" (als Wahrheit sowohl des Gegenstandes als auch des Erkennens) rechtfertigen. Damit wird gesagt, daß es Wahrheit nicht nur als einen faktischen, wirklichen Bezug gibt, also daß die Bewahrheitung nicht bloß eine *Feststellung* einer tatsächlichen Adäquation ist, sondern auch, daß dieser Bezug (als etwas Sinnhaftes) Korrelat eines *Verstehens* ist. Verstehen heißt den faktischen Bezug auf seine wesensmäßige Möglichkeit hin erfassen. Es muß ein apriorisches Verständnis von Wahrheit geben, damit es faktische Wahrheit geben kann. Dieses apriorische Verständnis von Wahrheit liegt darin, daß a priori auf ein Gegebenes als die Verwirklichung einer eidetischen Möglichkeit intendiert wird. Diese Verwirklichung besteht keineswegs in der bloßen Illustration eines Vorgemeinten durch ein empirisches Exempel. Denn in der Verwirklichung eines Sinnes – worin die Bewahrheitung besteht – „klärt" sich erst die Möglichkeit dieses Sinnes.[31]

Es erweist sich, daß der wahre Gegenstand einer adäquaten Wahrnehmung das Korrelat eines Möglichkeitsbewußtseins ist. Möglichkeit besagt aber nicht bloße „Denkbarkeit"; sie ist ja nicht nur Sache des (vor)meinenden Aktes, sondern auch des gebenden Aktes. Die Authentizität des Sinnes, sagt Husserl, beruht in der Evidenz der *klaren Möglichkeit* des Sinnes im gebenden Akt.[32]

Wenn wir sagen: „es kann anders gegeben sein," so stellt sich der meinende Akt heraus als das, was den Sinn als einen Spielraum für verschiedene Gegebenheitsweisen entwirft. Wenn wir dagegen sagen: „es kann anders gemeint sein," so tritt der gebende Akt hervor als das, was den Sinn als einen Spielraum für verschiedene Meinungen entwirft. Der Sinn gehört deshalb sowohl zum meinenden, als auch zum gebenden Akt (korrelativ: sowohl zum Gemeintsein, als auch zum Gegebensein). Deshalb spricht Husserl von der Gleichheit der Aktmaterie des meinenden Aktes *und* der sinnlichen Fülle,[33] und weiterhin von der Übereinstimmung der erkenntnismäßigen Wesen des meinenden *und* des

---

[31] Vgl. FTL, Einleitung, S. 8.
[32] Ebd.
[33] Vgl. LU III, S. 88.

gebenden Aktes,[34] und nicht nur von der Übereinstimmung des intentionalen Wesens des meinenden Aktes mit der hinzutretenden faktischen Fülle.

Erst jetzt können wir verstehen, was die Rede von „Sinngebung" eigentlich bedeutet: Dem schon Gegebenen und bloß Hingenommenen wird nicht nachträglich ein Sinn gegeben, sondern es wird sich erst etwas geben lassen, indem man sich auf es im voraus richtet. Dieses „Sich-im-voraus-richten" heißt in der Phänomenologie Husserls „Intendieren," „Meinen." Dieses Intendieren, das das Gegebene im voraus meint, ist nur möglich, weil das Bewußtsein schon „Sinn" für das Gegebene hat. Der Sinn ist also nicht etwas, was dem Gegebenen hinzugefügt, appliziert wird, sondern ist das apriorische Verhalten des Bewußtseins zu einem Gegebenen als einem Möglichen, das sich erst in seiner faktischen Verwirklichung „klärt" und seine Möglichkeit aufweist. (Natürlich bleibt in diesem Verhalten zum Gegebenen der Sinn selbst als Möglichkeitsgrund des Gegebenen athematisch, denn durch ihn wird der gegebene Gegenstand intendiert; das Interesse des intendierenden Bewußtseins gilt also nicht ihm, sondern dem Gegenstand selbst. Erst in einem zweiten Akt kann der Sinn „beachtet" und so vergegenständlicht werden. Diese Einsicht wird uns im darauffolgenden Kapitel noch nützlich sein.)

§ 20. Sinnhaftigkeit und Faktizität der sinnlichen Fülle

Wir haben gezeigt, daß für die Phänomenologie Husserls die Sinnhaftigkeit nicht erst aus dem signitiven Akt entsteht, sondern gleichursprünglich aus der sinnlichen Fülle. Wir konnten das tun, weil wir Husserls Gedanken nachvollziehend die Funktion des Sinnes (der Aktmaterie) in der Adäquation des Gemeinten und des Gegebenen, korrelativ des Meinungsaktes und des Aktes der Selbstgebung bloßlegten. Die Gleichheit der Aktmaterie war die Voraussetzung für jene Identifizierung, die in der erfüllenden Adäquation liegt. Bei aller Gleichheit der Aktmaterie des erfüllenden und des signitiven Aktes hat die Erfüllung nicht bloß die Funktion der empirischen Bestätigung des gemeinten Sinnes. Wenn wir den Unterschied zwischen beiden Akten zu fassen versuchen, so können wir sagen, daß die Aktmaterie für

---

[34] Vgl. LU III, S. 123 (2. Wahrheitsbegriff).

beide die Bezogenheit auf einen Gegenstand stiftet, daß aber im signitiven Akt diese Bezogenheit nur *gedacht,* im erfüllenden aber *angeschaut* wird. Während im signitiven Akt diese Gegenstandsbezogenheit eine bloße Möglichkeit des Denkens ist, wird sie dagegen im erfüllenden Akt tatsächlich verwirklicht. Husserl sieht in der Erfüllungssynthese eine ,,Ungleichwertigkeit der verknüpften Glieder ... derart, daß der erfüllende Akt einen Vorzug herbeibringt, welcher der bloßen Intention mangelt, nämlich daß er ihr die Fülle des ,selbst' erteilt, sie mindestens *direkter* an die Sache selbst heranführt. Und die Relativität dieses *direkt* und *selbst* deutet wieder darauf hin, daß die Erfüllungsrelation etwas vom Charakter einer Steigerungsrelation an sich hat'' (LU III, S. 65 f.).

Wir fragen jetzt, warum *durch die Fülle* der Gegenstand *direkt* und als er *selbst* intendiert wird. Genauer formuliert lautet die Frage: ,,Durch welche ,,Komponente'' der Fülle wird der Gegenstand *direkt* und als er *selbst* intendiert?'' Die Aktmaterie vermag es nicht, denn sie ist bei den signitiven und den intuitiven Akten in der Erfüllungssynthese gleich. Wenn nun die Charaktere des ,,Direkt'' und des ,,Selbst'' nicht in der Aktmaterie liegen können, so müssen sie in der anderen ,,Komponente'' der Fülle liegen, nämlich im darstellenden Inhalt als einem *empfundenen.* Ist es aber wirklich so, daß die leibhafte Repräsentation eines Gegenstandes im *empfundenen* Inhalt ungeachtet seiner Aktmaterie gründet?

Diese Fragen konnten nur aufgestellt werden, weil wir stillschweigend wiederum von der Form-Inhalt-Hypothese ausgingen wonach die Empfindungen an sich selbst genommen keine darstellende Funktion haben; weil wir also wiederum angenommen haben, daß den Empfindungen erst Gegenstandsbezogenheit verliehen und daß deren ,,Eignung,'' einen bestimmten Gegenstand zu präsentieren, erst begründet wird, wenn sie in ihrer Funktion als Fülle in der adäquaten Wahrnehmung genommen werden. Wenn wir immer noch in solche Überlegungen geraten, so zeigt dies, daß wir nur scheinbar den Dualismus von Sinn und Inhalt überwunden haben: zwar schreiben wir den Sinn nicht mehr ausschließlich dem signitiven Akt zu; aber es kann wohl sein, daß wir den Dualismus von Sinn und Inhalt (als den Dualismus der Aktmaterie und der Empfindung) nur ins Innere der Fülle selbst

hineinverlegt haben. Denn sollen die Charakteren der „Direkt-
heit" und der „leibhaften Selbstheit" der Fülle nur als einem
empfundenen Inhalt zugehörend angesehen werden, so müssen
wir die Aktmaterie der Fülle und die darauf begründete Gegenstandsbezogenheit wiederum als ein bloß „Gedachtes" im Gegenzug zum „leibhaft Empfundenen" ansetzen.

Wir können dagegen wiederum das Argument der „Eignung"
vorbringen. Wir haben gezeigt, daß die bestimmte Gegenstandsbezogenheit einer faktischen Fülle nicht nur aus der Aktmaterie
des signitiven Aktes herrühren konnte. Denn ist der empfundene
Inhalt von Hause her nicht gegenstandsbezogen, so bedeutet dies,
daß er frei als Darstellung für jeden beliebigen Gegenstand gebraucht werden könnte, was aber offensichtlich nicht der Fall ist.
Dieselbe Argumentation gilt für die Unterscheidung zwischen
Aktmaterie und empfundenem Inhalt sowohl außerhalb, als auch
innerhalb der Fülle.

Dennoch hat es einen guten Sinn, von einer Faktizität der
Fülle zu sprechen. Wie kann man sich angesichts dieser Faktizität
gegen die Unterscheidung zwischen einem wesentlichen Sinn der
Fülle und derer faktischen Verwirklichung wehren? Meine jetzige
Wahrnehmung des Papiers, worauf ich schreibe, beruht zweifellos
auf dem faktischen Empfinden von bestimmten sinnlichen Merkmalen, welche einen (erfüllten)Sinn anzeigen und leibhaft darstellen. Dies ist unbestreitbar, und trotzdem sagen wir, in Anlehnung an die Ergebnisse des vorhergehenden Kapitels: die Faktizität der Fülle gehört nicht den Daten als solchen (dem Inhalt),
sondern dem impressionalen Akt des Empfindens zu, der ein
zeitlich vereinzelter und für jedes Subjekt je ein anderer ist. Die
Sinnhaftigkeit der Fülle erwächst nun aus den Daten selbst,
insofern diese als Erfüllung im intentionalen Prozeß auftreten.
Das will sagen: die Daten haben ihre objektive Form nicht aus
einer darüber gelagerten Auffassung, sondern aus dem zeitlichen
Prozeß selbst, in dem sie konstituiert werden. *Die Zeit*, genauer:
die zeitliche Identifikation, die in passiver Weise ständig im
retentional-impressional-protentionalen Fließen vonstatten geht,
ist die Form des Objekts selbst. Wenn man also von Faktizität *und*
Sinnhaftigkeit der Fülle sprechen muß, so kann dies nicht bedeuten, daß zwischen einer faktischen und einer sinnhaften *Komponente* innerhalb der Fülle unterschieden werden muß. Die Fakti-

zität gehört der Fülle auf dieselbe Weise an wie die Sinnhaftigkeit, nämlich aufgrund ihrer zeitlichen Konstitution. Als zeitlich verlaufende Erfüllung (also als *Akt*, nicht als Inhalt!) ist sie jeweils ein faktisches, zufälliges Vorkommnis im Bewußtsein und zugleich die Konstitution einer sinnhaften Fülle als Fülle *des* Gegenstandes.

DRITTES KAPITEL

DIE SINNHAFTIGKEIT DER
KATEGORIALEN FORMEN

§ 21. Die doppelte Weise der Gegenstandsbestimmung

Wir haben im vorhergehenden Kapitel gezeigt, daß der Sinn weder ausschließlich eine Sache der meinenden, noch der gebenden Intention ist, sondern aus dem Wechselspiel zwischen beiden im Wahrheits- oder Erfüllungsverhältnis entspringt. Gleichwohl kann die eine oder die andere Struktur stärker hervorgehoben werden. An sich sind beide in diesem Wechselspiel gleichursprünglich und gleichwertig; aber es hängt von unserer Erkenntnisintention (im weitesten Sinne des Wortes), d.h. von der das Erkennen motivierenden „Absicht" oder vom „Interesse"[1] ab, welche dieser Strukturen zum Vorschein kommt. Erkenntnis ist kein passives Wissen oder Gewußthaben (kein Wissen im Modus der Vollendung), sondern ein zielgerichtetes Streben nach Wissen. Der „Gegenstand" dieses Mehr-wissen-wollens kann in doppeltem Sinn verstanden werden.[2] Jeder dieser in Frage kommenden Sinne hängt vom jeweiligen Erkenntnisinteresse ab. Als „Gegenstand" kann zunächst das vorgegebene Substrat der schlichten Wahrnehmung fungieren; das Wissenwollen entfaltet sich dann in einer explikativen Wahrnehmung" des Vorgegebenen,[3] die zur expliziten Bestimmung bringt, was in der unmittelbaren schlichten Wahrnehmung nur undifferenziert und sozusagen im großen ganzen *gegeben* war. So wird die Struktur der Fülle hervorgehoben, und der intendierte Sinn des erscheinenden Gegenstandes klärt sich im aktuell Gegebensein seiner mannigfachen Bestimmtheiten. „Gegenstand" kann aber auch, wie wir sahen, in einem

---

[1] Zum Begriff von „Interesse" vgl. EU, S. 87 und S. 91 f.

[2] Vgl. oben § 1 des zweiten Kapitels.

[3] Der Begriff der explikativen Wahrnehmung als von der schlichten Wahrnehmung verschieden wird in EU ausführlich behandelt. Vgl. insbesondere § 24, S. 124 ff.

anderen Sinn verstanden werden, und zwar nicht mehr als das
,,vorgegebene," sondern als das ,,ideale" Substrat von Bestimmungen überhaupt, d.h. als das Subjekt möglicher Prädikationen,
welches die Prädikate ,,trägt" und gleichzeitig von ihnen verschieden ist. Das Vorgegebene wird in diesem Fall nicht mehr als ein
letztes Vorliegendes genommen, das in seinen Bestimmtheiten
auseinandergelegt werden muß, sondern erscheint nunmehr eher
als Bestimmung selbst, d.h. als eine Komplexion von Bestimmungen (wie es die englischen Empiristen zum ersten Mal gesehen
haben), deren Einheit nach Regeln in einem idealen Substrat
gesucht wird (wie Kant es zum ersten Mal gesehen hat). In dieser
Einstellung wird nicht eine Erweiterung des Erkenntnisses durch
steigernde Klärung des Vorgegebenen, sondern die Erweiterung
des Erkenntnisses durch Bestimmung der objektiven Einheit der
Vorgegebenheiten angestrebt. Um dies an Beispielen einsichtlich
zu machen, vergleichen wir die explikative Wahrnehmung der
Erscheinung ,,Haus" in seinen Momenten mit der Prädikation:
,,das Haus hat ein grünes Dach." Die Erscheinung ,,Haus," die
in einer schlichten Wahrnehmung gegeben wird,[4] und die das
Substrat darstellt, ist nicht etwas Verschiedenes von den Gegebenheiten, in denen es in der Explikation zerlegt wird (etwa der
rauchende Kamin, das grüne Dach, die kleinen Mansardenfen-
ster, usw.); sondern die ganze Erscheinung ,,Haus" ist in jeder
einzelnen Intention als gegenwärtig intendiert. In der Prädikation aber, in welcher das durch die explikative Wahrnehmung
Herausgestellte auf das Substrat zurückbezogen wird, tritt das
Haus als die Einheitsform nach Regeln (in unserem Beispiel:
nach Regeln der Identität im Anders-werden, der Substanzialität
und der Inhärenz, und des besonderen sachhaltigen Wesens des
Hauses) der explizierten Teilmomente auf. Wir haben gesagt:
in der Prädikation wird das Explizierte auf das Substrat zurückbezogen. Das ist genauer zu fassen. Was ,,zurück"-liegt, ist das
vorgegebene Substrat der Wahrnehmung. Die Erkenntnisintention
setzt nun in der Absicht an, dieses vorgegebene Substrat näher
zu bestimmen: in diesem Sinne werden alle Prädikationen auf das

---

[4] Das ist natürlich nur eine Redensweise; nicht die Erscheinung, sondern das erscheinende Haus selbst wird wahrgenommen; die Erscheinung als solche ist entweder
die Seinsweise des Hauses in der Wahrnehmungssituation oder der Wahrnehmungs-
inhalte selbst.

Vorgegebene zurückbezogen. Aber in dieser Prädikation bleibt das Substrat nicht dasselbe (man *meint* nicht mehr dasselbe), und so kehren wir in der Prädikation auf ein andersgewordenes Substrat zurück. Dieses ist nicht mehr das in seinen Gegebenheitsweisen leibhaftig selbstdargestellte Erscheinende, sondern die ideale Einheitsform aller leibhaften Gegebenheitsweisen. Das bedeutet wiederum: es ist nicht mehr der individuelle Erfahrungsgegenstand, sondern die identische, substanzielle „eidetische Singularität": [5] „das Haus." Es besteht also zwischen dem „Erfahrungsgegenstand" und dem „Prädikationsgegenstand" ein wesentlicher Unterschied. Nur der zweite ist übrigens nach Husserls Meinung im vollen Sinn Gegenstand,[6] denn nur die Prädikation vermag, die objektive Einheit der Vorgegebenheiten der sinnlichen Wahrnehmung klar herauszustellen.[7]

Wir fassen das Dargestellte folgendermaßen zusammen. Die Erkenntnisintention als Wissenwollen wird von der Frage geleitet: Was ist der (vorgegebene) Gegenstand? Diese Frage wird zunächst (in der explikativen Wahrnehmung) dadurch beantwortet, daß man den Gegenstand als einen gegebenen expliziert. Sie wird also als eine Frage nach der Gegebenheitsweise des Gegenstandes verstanden. Sie kann aber auch als eine Frage nach dem *gemeinten* Sinn des Gegenstandes verstanden werden. Wir fragen dann etwa: was wird damit gemeint, wenn wir die Erscheinung „Haus" in ihren Teilmomenten: „grünes Dach," „rauchender Kamin" usw. zergliedern, und die Antwort wird lauten: „das Haus," d.h. die logische und substanzielle Einheit dieser Akzidenzien, die wir ihrem typischen, schematischen Aussehen nach „Haus" nennen.[8]

In diesem letzten Fall werden die Meinungsstruktur des Er-

---

[5] *Ideen I*, S. 36.

[6] Vgl. EU, 81 Anm. und 64. Vgl. auch FTL, § 62, S. 148 f.

[7] „Klar" ist kein überflüssiges Adjektiv. Es bedeutet: im Modus der Klarheit, des explizit thematischen Seins. Das setzt aber voraus, daß die objektive Einheit schon „unklar," implizit in der sinnlichen Wahrnehmung intendiert ist. Während dieses implizite Wissen erst in der prädikativen Synthesis artikuliert wird, wirkt es schon als „dynamis" in der sinnlichen Wahrnehmung. Vgl. EU, S. 24.

[8] Die Einführung der Adjektive „typisch," „schematisch" (nur das erste ist von Husserl in diesem Zusammenhang gebraucht), zeigt, daß in der Intention auf einen idealen Gegenstand mehr als bloß Ideales intendiert wird. Die „transzendentale Ästhetik," die Husserl in FTL als eine Vorstufe zur „transzendentalen Logik" entwirft, zeigt sich wie die logische Sinnhaftigkeit in den typischen Einheitsformen der Erfahrung begründet. Wie bei Kant setzt auch die transzendentale Logik bei Husserl eine „Schematismuslehre" voraus.

kenntnisaktes und, in noematischer Korrelation damit, Gegenstandssinne hervorgehoben, die in der Gegebenheitsweise des Gegenstandes in der sinnlichen Wahrnehmung *nicht* zur Klarheit gebracht werden können, sondern erst in wesentlich andersartigen Klärungssynthesen.

Diese vorangeschickten Überlegungen verfolgten eine doppelte Absicht: Erstens zeigten wir, daß die Frage nach dem Ursprung von Sinn nicht durch den Aufweis der ursprünglichen Sinnhaftigkeit der gegebenen Fülle erschöpft ist. Da der Sinn auch gleichursprünglich der Meinung als solcher zugehört, muß gefragt werden, wie Sinn in der Meinung intendiert wird. Diese Frage findet ihre Antwort in der Analyse derjenigen Synthesen, in denen die Meinung eine „archontische,"[9] dominante Stellung innehat, nämlich in den prädikativen, kategorialen Synthesen. *Zweitens*, wollten wir einem möglichen Mißverständnis vorbeugen. Husserl stellt nämlich die Frage der kategorialen Synthese als eine Frage nach der kategorialen „*Wahrnehmung*" und somit nach der „*Gegebenheitsweise*" des kategorialen Gegenstandes. Das soll aber als eine Frage nach der *Klärung* des *gemeinten* Sinnes, und nicht nach der Repräsentation des kategorialen Sinnes an den gegebenen Inhalten der sinnlichen Wahrnehmung verstanden werden. Auch wenn sich diese Gegebenheiten der sinnlichen Wahrnehmung als fundierend für die kategorialen Sinne erweisen sollen, müssen wir die Strukturen der Meinung als solcher und diejenigen der Gebung auseinanderhalten, und somit korrelativ die Strukturen des Sinnes der prädikativen Meinung von den Strukturen des Sinnes, insofern er leibhaftig dargestellt wird, unterscheiden. Wir werden jetzt zur Exposition von Husserls Theorie der kategorialen Wahrnehmung übergehen.

Zunächst wollen wir zeigen, wie Husserl die Eigenständigkeit der prädikativen Sinne darstellt.

§ 22. Unterscheidung zwischen kategorialer und sinnlicher Synthesis

Husserl geht in den LU bei der Darstellung der Problematik der nicht-sinnlichen Synthesen von der Analyse der Bedeutungen aus, die in Aussagen ausgedrückt werden (LU, III S. 128 f.). So bemerkt er, daß Aussagen heterogene Bedeutungsmomente ent-

---

[9] „Archontisch" bezeichnet für Husserl die Dominanz einer Thesis oder eines Themas. Vgl. *Ideen I*, 288.

halten, denn neben jenen, die auf eine sinnliche „Materie,"[10]
d.h. auf den in der sinnlichen Wahrnehmung unmittelbar erfahrenen Darstellungsinhalt mit seiner eigenen Sinnhaftigkeit hin-
deuten, treten andere Bedeutungsmomente auf, wie z.B. diese-
nigen, „welche die Satzform als solche ausmachten, und wozu
beispielsweise die Kopula gehört," oder, um nur unselbständige
Bedeutungen zu zitieren, diejenigen, „welche durch Formworte
wie *das, ein, einige, viele, wenige, zwei, ist, nicht, welches, und, oder*
usw. ausgedrückt werden; ferner durch die substantivische und
adjektivische, singulare und plurale Bildungsform der Worte
usw." (S. 129). Es fragt sich sofort, ob diesen Bedeutungen auch
eine intuitive Fülle entspricht, m.a.W. ob diese Bedeutungsmomente, die Husserl nunmehr „kategorialen Formen" nennt,[11]
einen eigenen Modus der intuitiven Erfüllung haben. Denn nur
wenn wir von einer *eigenen* Erfüllungsmodalität der kategorialen
Formen sprechen dürfen, werden wir auch rechtmäßig von einer
kategorialen Anschauung oder Wahrnehmung sprechen können.[12]

Es ist zu beachten, daß die Formulierung: „Erfüllung einer
kategorialen Form oder Bedeutung" zweideutig ist. Insofern ein
sinnlicher Darstellungsinhalt kategorial geformt wird – also vom
Standpunkt des Unterschiedes zwischen sinnlichem Inhalt und
kategorialer Form aus – können wir sagen, daß die kategoriale
Form seine Erfüllung im sinnlichen Inhalt findet. Husserl meint
aber die Erfüllung der kategorialen Form als einer leeren Bedeutung in einem eigenen Anschauungsakt, in dem sie zur vollen
Klarheit ihres Sinnes kommt. Was also in Frage steht, ist die
„Gegebenheitsweise" des klaren Sinnes einer kategorialen Bedeutung und nicht die Gegebenheitsweise (im prägnanten Sinne) der
Inhalte der fundierenden sinnlichen Synthesen. Die kategoriale
Bedeutung kann einmal nur leer und unklar gedacht werden, wie
z.B. in einem antizipierenden oder in einem nur „ungefähr"
erinnernden Denkakt, ein anderes Mal aber kann die Bedeutung

---

[10] „Materie" bedeutet hier offensichtlich den sinnlichen „Stoff" mit seinem Sinn
(„Aktmaterie" bzw. „Erfüllungsmaterie").

[11] Denn sie betreffen die objektive Bestimmung eines Gegebenen, welche in der
Aussage, im prädikativen Urteil erfolgt. Kategorein = aussagen.

[12] „Die wesentliche Gleichartigkeit der Erfüllungsfunktion und aller mit ihr gesetz-
lich zusammenhängenden idealen Beziehungen macht es eben unvermeidlich, jeden
in der Weise der bestätigenden Selbstdarstellung erfüllenden Akt als *Wahrnehmung*,
jeden erfüllenden Akt überhaupt als *Anschauung* und sein intentionales Korrelat als
Gegenstand zu bezeichnen" (LU III, S. 142).

so klar gedacht werden, daß wir ein volles Verstehen ihres Sinnes erreichen. Die Erfüllung einer kategorialen Bedeutung liegt also in der intuitiven Ausweisung der Möglichkeit ihres Sinnes. Für die LU erfolgt diese Erfüllung aufgrund eigener intuitiver Darstellungs*inhalte* des kategorialen Denkens. In der FTL wird dagegen die Thematik der Klärung der logischen Bedeutungen so weit geführt, daß sich am Ende der Grund der Möglichkeit eines kategorialen Sinnes als in den fundierenden sinnlichen Synthesen liegend erweist. Vordeutend sei darauf hingewiesen, daß die in FTL durchgeführten Analysen andere Strukturen als die in den LU zutage gefördert haben.

Die kategoriale Form stellt einen gewissen Bedeutungsüberschuß über das unmittelbar Gegebene der Sinnlichkeit dar,[13] und zwar so, daß sie ihre intuitive Erfüllung nicht an ihm finden kann. Um ein volles Verständnis des Wesens des Kategorialen zu erreichen, ist es daher notwendig, die kategorialen Akte in Abhebung gegen die sinnlichen Akte zu bestimmen. Husserl faßt den Unterschied zwischen beiden begriffsterminologisch als den Gegensatz zwischen dem *schlichten* und dem *fundierten* Akt auf.

,,Schlicht" bezeichnet die Weise, wie der Gegenstand der sinnlichen Wahrnehmung konstituiert ist (LU III, S. 145). Die ,,Schlichtheit" der sinnlichen Wahrnehmung besteht darin, daß ihr Gegenstand ,,unmittelbar" erfaßt wird. Das bedeutet, daß er ,,sich *nicht* in beziehenden, verknüpfenden und sonstwie gegliederten *Akten konstituiert, die in anderen, anderweitige Gegenstände zur Wahrnehmung bringenden Akten fundiert sind*" (a.a.O., S. 146). Der Charakter der ,,Schlichtheit" qualifiziert die besondere Weise des sinnlichen Wahrnehmungsvollzuges, die darin liegt, daß die sinnliche Wahrnehmung eine ,,homogene Einheit" bildet. Diese ,,homogene Einheit" kommt dadurch zustande, daß sich die Partialintentionen einer sinnlichen Wahrnehmung ,,unmittelbar verschmelzen": d.h. sie brauchen nicht durch einen höheren Akt verknüpft zu werden (a.a.O., S. 148). Das gilt nicht nur für den Fall, wo der Gegenstand ,,in einem Schlage, sowie unser Blick darauf fällt" (S. 147) erfaßt wird, sondern auch für die Wahrneh-

---

[13] ,,Die Intention des Wortes *Weißes* deckt sich nur partiell mit dem Farbenmoment des erscheinenden Gegenstandes, es bleibt ein Überschuß in der Bedeutung, eine Form, die in der Erscheinung selbst nichts findet, sich darin zu bestätigen. Weißes, d.h. weiß *seiendes* Papier" (LU III, S. 131).

mung, die sich in einem ,,kontinuierlichem Verlauf'' erstreckt (S. 148 f.).

Die entscheidende Einsicht ist hier, daß der Gegenstand schon in jeder einzelnen Teilintention der kontinuierlichen Wahrnehmung gegeben wird. ,,Jede einzelne Wahrnehmung dieses Verlaufs ist schon Wahrnehmung dieses Dinges'' (S. 149). Korrelativ ist das Ding schon in jedem seiner Aspekte präsent; wir brauchen nicht die einzelnen Aspekte durch einen neuen von den Teilintentionen, verschiedenen Akt zusammenzubringen, um das Ding (als das Ganze dieser einzelnen Aspekte) erscheinen zu lassen. ,,Ob ich dieses Buch hier von oben oder unten, von innen oder außen ansehe, immer sehe ich *dieses* Buch'' (S. 149). Natürlich könnte man auf jede Einzelheit für sich selbst achten, um sie alle in einem fundierten Akt unter den ganzen Gegenstand zu subsumieren. Die Identität des Gegenstandes würde dann für sich selbst herausgestellt und thematisiert werden, während der Gegenstand zwar als ein Identisches schon in der schlichten Synthese erfaßt wird, aber nicht so, daß seine Identität in den thematischen Vordergrund als *die Identität* dieses Gegenstandes gerückt wird. ,,Der in den verschiedenen Akten des kontinuierlichen Wahrnehmungsverlaufs gemeinte Gegenstand ist zwar immerfort derselbe und die Akte sind durch Deckung einig; aber was in diesem Verlauf wahrgenommen, was in ihm objektiv wird, ist ausschließlich der sinnliche Gegenstand, niemals seine Identität mit sich selbst'' (S. 150).

Für die ,,Charakteristik der kategorialen Akte als fundierter Akte'' (LU III, § 48, S. 152 f.) wählt Husserl als Beispiel das Verhältnis des Ganzen und der Teile. Das Wesen der fundierten Akte, die diese kategorialen Gegenständlichkeiten konstituieren, liegt darin, daß eine Einzelheit eines unmittelbar, schlicht gegebenen Gegenstandes nachträglich in einem neuen Akt ,,herausgehoben'' und mit dem Gegenstand als einem Ganzen in Beziehung gesetzt wird. Genauer beschrieben läuft die fundierte Synthese folgendermaßen ab: durch einen ersten schlichten Akt wird der Gegenstand A erfaßt, durch einen zweiten gleichfalls schlichten Akt wird dann ein Moment α dieses Gegenstandes herausgehoben. ,,Diese zwei Akte vollziehen sich aber nicht bloß zugleich oder nacheinander in der Weise ,zusammenhangsloser' Erlebnisse, vielmehr knüpfen sie sich zu einem einzigen Akt zusammen, in

dessen Synthesis das A erst als das α in sich habend gegeben ist''
(S. 153). Diese Verknüpfung der beiden fundierenden Akte erfolgt
natürlich nicht selbst durch unmittelbare Verschmelzung, sondern mittels eines höheren, fundierten Aktes, welches ihre Einheit erfaßt. (Ginge die Teilintention auf α unmittelbar in die
Gesamtintention auf A ein, so hätten wir eine schlichte Synthese.
Es muß also eine Diskontinuität oder Heterogenität zwischen
α und A erlebt werden. Da diese Diskontinuität nicht am Gegebenen vorhanden ist, so muß sie ins Gegebene sozusagen eingeführt werden, was eben die Funktion des fundierten Aktes ist.
Diese Überlegung zeigt, daß ,,Fundierung'' nicht ,,Ableitung''
bedeuten kann und daß ein Apriori notwendig ist.) Durch den
fundierten Akt werden die verknüpften fundierenden Akte zu
kategorialen Repräsentanten der neuen konstituierten Gegenständlichkeit.

Daß beide fundierende Akte verknüpft werden, bedeutet im
Grunde, daß sie sich ,,decken,'' d.h. daß das schlichte Gesamt-
wahrnehmen sich mit dem Sonderwahrnehmen deckt. Dies beschreibt Husserl folgendermaßen: ,,Der auf das α bezügliche
Repräsentant fungiert als identisch derselbe in doppelter Weise''
(d.h. einmal, wo die Intention durch ihn hindurch auf den
gesamten Gegenstand geht, und wieder einmal, wo die Intention,
die auf den gesamten Gegenstand schon aufgrund eines einzigen
Aspektes geht, bei dieser Einzelheit haltmacht, um sie für sich
selbst ins Auge zu fassen – d. Verf.) ,,und indem er es tut, vollzieht sich die Deckung als die eigentümliche Einheit der beiden
repräsentativen Funktionen'' (der beiden repräsentativen Funktionen, weil er einmal für den gesamten Gegenstand, das andere
Mal aber für sich selbst dasteht, – d. Verf.) ,,d.i. es decken sich
die beiden *Auffassungen*, deren Träger dieser Repräsentant ist.
Aber diese Einheit nimmt nun selbst die Funktion einer Repräsentation an; sie gilt dabei nicht für sich, als dieser erlebte
Verband der Akte; sie wird nicht selbst als Gegenstand konstituiert, sondern sie hilft einen anderen Gegenstand konstituieren;
sie repräsentiert, und in solcher Weise, daß nun A als das α in sich
habend erscheint, bzw. in umgekehrter Richtung: das α als in A
seiend'' (S. 154).

Diese Rede von Repräsentation bedeutet vor allem anderen,
daß die Verknüpfung der fundierenden Akte selbst einen *inten-*

tionalen Charakter hat; es handelt sich nicht um die mechanische Verknüpfung oder um die Assoziation im Sinn des Psychologismus, also nicht um ein transitives Geschehen zwischen zwei fremden Wesen, sondern um die „Deckung" der beiden Akte, die ein immanentes Geschehen im Bewußtsein ist: das *Einsehen* in die partielle Identität des *Gegenstandes* der beiden Akte. Die Deckung ist also streng genommen keine subjektive Verbindung; subjektiv bleiben die zwei Akte vielmehr von einander getrennt; ihre Deckung geschieht nicht dadurch, daß einer unter die anderen geschoben wird, sondern dadurch, daß *durch einen höheren Akt* (die (partielle) Identität beider (bzw. derer Gegenstände) intuitiv erkannt wird. Eben deswegen werden die beiden Akte in ihrer „Verknüpfung" oder „Deckung" nicht für sich selbst thematisiert, sondern dienen nur als „Mittel" zur Auffassung der partiellen Identität von α und A, also von α als Teil von A. In ihrer vermittelnden Funktion werden sie nun von Husserl als Repräsentanten bezeichnet. Zwar hat Husserl die Theorie der kategorialen Repräsentation erst im darauffolgenden Kapitel ausgebaut, aber das Wesentliche steht schon in den angeführten Sätzen. In diesem (7.) Kapitel faßt Husserl die erlebte Einheit der fundierenden Akte als eine „psychische Verbindungsform" oder „psychisches Band"[14] auf. Es ist dieses „psychische Band," das als Repräsentant des fundierten, kategorialen Aktes fungiert. Um uns zu vergewissern, daß dieser Ausdruck kein Rückfall in psychologistische Auffassungen impliziert, brauchen wir nur zu überlegen, daß er das *Erlebnis einer intentionalen Einheit* und nicht die (psychische) *Einheit eines Erlebnisses* bedeutet, daß dieser Ausdruck also ein *intentionales* Erlebnis bezeichnet.

Später hat Husserl seine eigene Theorie der kategorialen Repräsentation scharf kritisiert. So heißt es im Vorwort zur 2. Auflage: „Es tut dem Gesagten keinen Eintrag, wenn ich hinzufüge, daß ich heute, nach zwanzigjähriger Fortarbeit, vieles so nicht mehr schreiben würde, daß ich manches, wie z.B. die Lehre von der kategorialen Repräsentation, nicht mehr billige" (LU III, S. V). Was nun mit dieser Lehre verworfen worden ist, kann natürlich nicht die Intuitivität des kategorialen Aktes sein, d.h. die Möglichkeit, für eine kategoriale Bedeutung zur konkreten

---

[14] Vgl. LU III, S. 172 f. Vgl. auch den Begriff vom „Bewußtseinsband" oben S. 60. Anm.

Aufweisung ihres Sinnes in ein aktuelles Bewußtsein gebracht zu werden; davon geben unzählige Stellen in den späteren Werken Zeugnis. Man kann in dieser Absicht z.B. das Vorwort in der FTL heranziehen, in dem dieselbe logische Problematik der LU hinsichtlich der kategorialen Bedeutungen wieder entworfen wird; oder die ausführlichen Analysen zur *Evidenz* der kategorialen Gegenständlichkeiten in demselben Werk. Die Lehre von der Wesensanschauung, die von *Ideen I* bis zu EU durchgehend vertreten worden ist und die sich nicht nur mit dem sachhaltigen Apriori des Typischen oder mit dem formalsynthetischen Apriori der Gegenstandsregionen, sondern auch mit dem formalanalytischen Apriori des kategorialen Gegenstandes befaßt, stellt denselben Versuch dar, die Intuitivität der Akte, die diese logischen Gegenständlichkeiten intendieren, zu begründen. Offensichtlich verworfen wird die Hypothese, daß diese fundierten Gegenständlichkeiten – wie die sinnlichen Gegenstände – sich aufgrund vorher aufgefaßter Inhalte darstellen lassen, d.h. die Hypothese, daß ein *nicht-sinnlich-Vorgegebenes* erfahren sein muß, um an ihm einen reinen Sinn zu erfassen. Die Lehre von der kategorialen Repräsentation stellte den Versuch dar, das Auffassungsmodell auf die nicht-sinnliche Wahrnehmung anzuwenden. Was bleibt nun von Husserls Analysen, wenn diese Lehre aufgegeben wird?

Zum oben zitierten Satz hatte Husserl noch hinzugefügt: ,,Dennoch glaube ich noch sagen zu dürfen, daß auch das Ungereifte und selbst das Verfehlte in diesem Werke eines genauen Nachdenkens wert ist. Denn er ist darin alles und jedes einer wirklich an die Sachen selbst herankommenden, rein nach ihrer intuitiven Selbstgegebenheit sich orientierenden Forschung geschöpft'' (a.a.O., S. V).

Die ,,positive'' Beschreibungsarbeit, durch die gezeigt wird, wie die kategoriale Anschauung sich auf zwei fundierenden schlichten Akten aufbaut, wird von Husserl also nicht mißbilligt, denn seine Selbstkritik gilt offenbar nur der *Interpretation* der phänomenologischen Befunde durch die Hypothese der Repräsentation. Tugendhat, der eine sehr einleuchtende Interpretation der kategorialen Wahrnehmung vorgeschlagen hat[15] (die wir aber als unzureichend erachten), vermutet, daß der Grund, warum

---

[15] E. Tugendhat, *Der Wahrheitsbegriff bei Husserl und Heidegger*, S. 119 ff.

Husserl die Lehre von der kategorialen Repräsentation später verworfen hat, darin liegt, ,,daß die sinnliche Grundlage als ‚Repräsentant' gedeutet ist.''[16]

Trotzdem hatte Tugendhat selbst schon darauf hingewiesen, daß das ,,psychische Band'' nicht der fundierte synthetische Aĸt, sondern der bestimmte Zusammenhang der fundierenden Akte – in diesem Fall ihre Deckungseinheit'' (a.a.O., S. 121) ist. Denselben Gedanken haben wir auch aus einer anderen Perspektive her formuliert, nämlich, daß das ,,psychische Band'' zwischen den fundierenden Akten nicht die mechanische Verknüpfung oder Assoziation zweier Akte ist, sondern daß es einen intentionalen Charakter hat, den es erst in der fundierten, kategorialen Auffassung erhält. Die Gefahr, die zwei verbundenen Fundierungsakte als Repräsentanten aufzufassen (also *sinnliche* Akte als Repräsentanten einer *kategorialen* Wahrnehmung), würde höchstens eine eindeutigere Hervorhebung des intentionalen Sinnes des ,,psychischen Bandes'' erfordern, etwa durch die Erklärung, daß nicht das faktische Zusammen der fundierenden Akte, sondern deren ideale Einheit die kategoriale Gegenständlichkeit darzustellen vermag.

Deswegen scheint uns Tugendhats Erklärung nicht zwingend zu sein. Wir schlagen dagegen eine viel radikalere Erklärung vor: Husserl ließ die Idee der Repräsentation nicht deshalb fallen, weil sie eine Vermengung des Sinnlichen und des Kategorialen veranlassen könnte, sondern umgekehrt, weil die Rolle des Sinnlichen in der Erfüllung der kategorialen Bedeutungen nicht genug hervorgehoben wird. Tugendhat nimmt an, daß die sinnlichen Akte bloß (äußerliche) Bedingungen des aktuellen Vollzuges des kategorialen Aktes sind.[17] Wir glauben aber, daß in der Sinnlichkeit (nicht an den sinnlichen Inhalten!) in einer noch zu beschreibenden Weise nicht nur die Bedingung der Erfüllung, sondern auch die Erfüllung der kategorialen Sinnhaftigkeit selbst liegt.

Was bleibt aber, wenn die Idee der Repräsentation fallen gelassen wird und wenn die von uns vermutete Rolle der Sinnlichkeit bei der Erfüllung des Sinnes noch nicht geklärt ist? Es bleibt allein das aktuelle Vollziehen des kategorialen Aktes mit seinem Gegenstand. Tugendhats Interpretation besteht in dem Versuch,

---

[16] A.a.O., S. 122.
[17] Ebd.

die Intuitivität des kategorialen Aktes aus der Vollzugsweise des Aktes selbst herzuleiten, und zwar aus der ,,(sinnlich bedingten) Aktualität des Vollzuges."[18] Der kategoriale Akt hat demnach eine operationale Bedeutung: nur wenn gewisse Akte in einer bestimmten Weise aktuell vollzogen werden, kann eine kategoriale Gegenständlichkeit entstehen: diese präexistiert nicht vor der kategorialen Wahrnehmung, sie entsteht erst mit dieser (was übrigens in einem anderen Sinn auch von der sinnlichen Wahrnehmung gesagt werden kann);[19] es gibt kein kategoriales Vorgegebenes (im Gegenzug zur kategorialen Wahrnehmung). Diese Einsicht hat Tugendhat auf eine prägnante Weise formuliert: ,,Man kann daher die Intuitivität des kategorialen Aktes nicht im Rekurs auf die Selbstgegebenheit seiner Gegenständlichkeit definieren, sondern nur umgekehrt, die Selbstgegebenheit der Gegenständlichkeit im Rekurs auf die Intuitivität des Aktes, da wir nur für diese im aktuellen Vollzug der jeweiligen Synthesis ein konkretes Kennzeichen haben" (a.a.O., S. 122).

Diese These drückt einerseits eine Selbstverständlichkeit des naiven Bewußtseins aus, nämlich daß wir eine kategoriale Gegenständlichkeit (z.B. einen mathematischen Lehrsatz) nur intuitiv verstehen können, wenn wir die entsprechenden kategorialen Akte selbst aktuell vollziehen – was das Prinzip jeder Lerntätigkeit ist –; andererseits ist sie eine Schlußfolgerung aus dem Verzicht auf kategoriale Repräsentanten. Denn gibt es derartiges nicht mehr, und ist der Gegenstand kein Vorgegebenes, so bleibt nur der Akt selbst übrig; müssen wir dann zwischen einer intuitiven und einer leeren Modalität dieses Aktes unterscheiden, so können diese Modalitäten nur in der Weise des Aktvollzuges selbst liegen. Dennoch enthält diese These eine wertvolle Einsicht, indem sie die Überwindung sichtbar macht in Husserl Denken einer bestimmten Konzeption der Intuitivität. Husserl geht, wie wir sahen, bei der Wahrnehmungsanalyse vom Form-Inhalt-Modell und von der Idee der ,,immanenten Wahrnehmung" aus, d.h. von der Konzeption der adäquaten Wahrnehmung als Immanenz des intendierten Gegenstandes in ,,rein intuitiven Gehalten," welche ,,reelle Inhalte" des Erlebnisstroms sind. Jetzt zeigt es sich, daß die Immanenz nicht mehr – zumin-

---

[18] A.a.O., S. 123.
[19] Vgl. FTL, S. 71.

dest bei der kategorialen Wahrnehmung – der Grund der Anschaulichkeit, sondern umgekehrt die Anschaulichkeit (= Aktualität des Vollzuges) der Grund der Immanenz (= Selbstgegebenheit) ist. Um Äquivokationen um willen der Bedeutung des
Begriffes von Immanenz zu vermeiden, ist zu beachten, daß dies
nur zutrifft, wenn Immanenz explizit als Selbstgegebenheit des
Gegenstandes und als reelles Beschlossensein im Bewußtseinsstrom verstanden wird. Unter Immanenz könnte aber auch das
aktuelle Vollziehen verstanden werden; dieses ist natürlich kein
Inhalt, immerhin aber ein Vorgang im Bewußtseinsstrom. In
diesem Sinne kann also behauptet werden, daß die Immanenz
(das aktuelle Vollziehen) der Grund der Anschaulichkeit ist. Zwei
Begriffe der Anschaulichkeit stehen zur Debatte: die Präsenz
eines Inhalts und das Vollziehen eines Aktes. In beiden Fällen ist
die Anschaulichkeit ein immanenter Charakter, aber in wesentlich verschiedener Bedeutung.

Der bloße Hinweis auf die Aktualität des Bewußtseinsvollzuges
reicht aber bei weitem noch nicht aus, um eine befriedigende
Interpretation der kategorialen Wahrnehmung zu geben. Viel
wichtiger ist in dieser Hinsicht die Frage nach der *Weise* des
Vollzuges. Daß die kategoriale Erfüllung ein aktueller Bewußtseinsvollzug ist, das erkennt schon das naive Bewußtsein; in
seiner notwendigen Selbstverlorenheit aber weiß es nichts über
die konkreten Weisen seines Fungierens; die Frage, *wie* sich die
kategoriale Wahrnehmung vollzieht, ist eine Frage, die nur in der
Reflexion beantwortet werden kann.

Daß der Aktvollzug ein ,,Wie des Vollziehens'' hat, bedeutet,
daß er sich an einem Sinn orientiert, der für ihn als Regel ver-
bindlich ist. Diese Regel kann nicht die intendierte kategoriale
Gegenständlichkeit selbst sein, da sie erst die Intention auf die
Gegenständlichkeit ermöglicht und da die kategoriale Gegen-
ständlichkeit erst mit dem Vollzug der Intention entsteht. Die
Regel muß also ein Apriori in Bezug auf die sich vollziehende
Intention sein. Wie es ein vorgängiges Wissen um die Regel des
Aktvollzuges geben kann, ist die Frage, die wir jetzt in Angriff
nehmen wollen.

§ 23. Die Voraussetzungen des kategorialen Aktvollzuges

Die kategoriale Wahrnehmung besteht, wie wir sahen, im

aktuellen Vollziehen von bestimmten Denkoperationen, deren Leistungen die kategorialen Gegenständlichkeiten (Identität, Ganzes und Teil, Relation, Menge, usw.) ausmachen. Diese aber sind nicht Gegenstände in demselben Sinn wie die vorgegebenen Gegenstände der sinnlichen Wahrnehmung. Versuchen wir nun den Unterschied zwischen beiden genau zu fassen, so genügt es nicht, darauf hinzuweisen, daß die kategorialen Gegenstände als Leistungen einer schöpferisch erzeugenden Synthese „erst nach" der Synthese für das Bewußtsein bestehen, während die sinnlichen Gegenstände, insofern sie Leistungen einer passiven Synthese sind, als vor-gegeben und schon da seiend erfahren werden. Beachten wir den einzigen für die phänomenologische Reflexion legitimen Sinn von Bestehen, Sein, als Bestehen oder Sein für das Bewußtsein,[20] so müssen wir sagen, daß nicht nur die sinnlichen Gegenstände *nicht* „vor" der Synthese, in der sie passiv konstituiert sind, existieren, sondern auch die kategorialen Gegenstände *nicht* „nach" der Synthese existieren. Beide existieren nämlich nur *in* der Synthese oder in deren Sedimentierung im Bewußtsein. Insofern die kategorialen Gegenstände habituelle Erwerbe des Bewußtseins geworden sind, können wir sagen, daß man über sie verfügen kann wie über die Dinge, die immer dastehen, auch wenn wir uns mit ihnen in keiner Weise beschäftigen. Von den kategorialen Gegenständen kann man jedoch nur in Analogie sagen, daß wir über sie wie über die Dinge verfügen. Es ist nicht nur unmöglich für einen Gegenstand „außerhalb" des Bewußtseinsbezuges zu sein, denn auch die Gegenstände der sinnlichen Erfahrung – die vorgegebenen, immer schon daseienden Dinge – existieren nicht „außerhalb," d.h. „vor" oder „nach" dem Bezug auf das Bewußtsein. Was die kategorialen Gegenstände betrifft, so existieren sie in keiner Weise wie die Erfahrungsgegenstände, auch wenn sie einmal schon erzeugt worden sind: sie sind wesentlich anders! Was ist aber das Wesen der kategorialen Gegenstände? Knüpfen wir an das zu Anfang Gesagte wieder an: die kategorialen Gegenstände seien Leistungen von aktuell vollzogenen Denkoperationen. Was enthalten diese Leistungen? Was enthält beispielsweise das kategoriale „Ganze"? Wir stellen diese Frage in

---

[20] Das gilt, freilich nur für die *Gegenstände*, und nicht für das Sein des transzendentalen Ich, oder für das Sein der Welt als eines transzendentalen Horizontes, das streng genommen kein Sein-für, sondern Sein in einem ursprünglichen Sinn ist.

genau dieser Weise, weil wir uns in der naiven Einstellung diese Gegenständlichkeiten vorstellen, als ob sie „Inhalte" wären, wie die sinnlichen Gegebenheiten, d.h. als ein sachhaltiges Was, das wir so oder so bestimmen können. Sollen wir aber das Was angeben, das Ganzes und Teil, Relation, usw. sind, so können wir es nicht direkt beschreiben, wie sinnliche Gegenstände, sondern müssen – wenn wir nicht mit Tautologien vorlieb nehmen wollen – die Denkoperationen definieren, in denen sie erzeugt worden sind. Wir sagen etwa in der naiven Einstellung: ein Ganzes ist, wenn wir alle Teile nehmen … Wollen wir die Tautologie vermeiden, die in der Anwendung vom Begriff von „Teile" und „alle" stecken (denn diese setzen den Begriff des Ganzen voraus, um selber definiert zu werden), so liegt die einzige wertvolle Information im Wort: „nehmen." Denn darin liegt implizite die Angabe einer Synthesis, die zur Konstruktion der Gegenständlichkeit „Ganzes" führen kann. Es erhellt daraus nicht für das naive, sondern für das phänomenologisch reflektierende Bewußtsein, daß die Gegenstände der kategorialen Wahrnehmung nichts mehr enthalten als eine Konstruktionsregel, die eine Regel für eine bestimmte Denkoperation ist. Das kategoriale Objekt entsteht eben durch die Vergegenständlichung dieser Regel *für Aktvollzüge*, die zur Konstruktion *eines Gegenstandes* dient. Wir haben hier eine Paradoxie vor uns: der kategoriale Gegenstand ist die Regel für seine eigene Konstruktion! Wie soll man das verstehen? Das Rätsel löst sich auf, wenn wir die objektivierte Regel von der Regel, die zur Objektivierung dient, zu unterscheiden versuchen.

Erinnern wir uns an Husserls Beschreibung des kategorialen Aktvollzuges. Beim Betrachten des schlicht gegebenen Gegenstandes A durchläuft der Blick eine Mannigfaltigkeit von sinnlichen Momenten, die sich unmittelbar miteinander verschmelzen. Wir wissen von Husserls Beschreibung der schlichten Synthese, daß die Einheit dieses mannigfaltig gegebenen Gegenstandes nicht durch einen „höheren" Akt erfaßt wird, der verschieden von den Teilintentionen wäre, die die einzelnen Merkmale des Gegenstandes erfassen. Jede Teilintention ist schon von sich aus Intention auf den gesamten Gegenstand, so daß alle Teilintentionen unmittelbar zur Gesamtintention zusammenwachsen.[21]

---

[21] D.h. „konkreszieren": die Teilintentionen und die Teilmomente können für sich selbst herausgehoben werden nur durch Abstraktion; nur die Gesamtintention und die Gesamtheit der gegenständlichen Momente sind „konkret."

Durch eine eigentümliche Reflexion[22] kann aber das Vollzugs-Ich wieder auf denselben Gegenstand zurückkommen, und jetzt so, daß der Blick sich nicht mehr auf den Gesamtgegenstand A richtet, sondern auf die einzelnen Merkmale, a, b, c usw. Dies aber bedeutet: während beim schlichten Wahrnehmen der Gegenstand als solcher (A) thematisch war (z.B. dieses Buch hier auf dem Tisch), blieben die einzelnen Merkmale als solche (z.B. der blaue Umschlag) unabgehoben, d.h. athematisch. Jetzt aber werden die Merkmale für sich herausgehoben, ohne daß aber vergessen wird, daß sie Merkmale von A sind, nur daß das A jetzt athematisch im Blick ist.[23] Soweit bleiben wir im Bereich der sinnlichen Wahrnehmung, nur sind wir von der schlichten zur explikativen Wahrnehmung übergegangen. Der eigentliche Übergang ins Kategoriale erfolgt, wenn bei der Explikation der ins athematische Bewußtsein abgeglittene Gesamtgegenstand ins explizite Bewußtsein zurückgenommen wird, also, wenn die beiden Intentionen (die schlichte Gesamtintention und die explikative Intention) zur Deckung kommen. Erst wenn das geschieht, entsteht das Bewußtsein der Zugehörigkeit von a, b, c, usw. zu A, was in den Aussagen ausgedrückt wird: a, b, c, usw. sind Teile von A, oder A hat (ist ein Ganzes von) a, b, c, usw.

In der Deckung der schlichten Gesamtintention mit der explikativen wird die ursprünglich athematische Regel des passiv explizierenden Durchlaufens des mannigfaltig Gegebenen (das uns ermöglicht, an jeder Einzelheit den gesamten Gegenstand zu fassen und so im kontinuierlichen Verlauf der Wahrnehmung von jeder zur nächstkommenden überzugehen) für sich selbst thematisiert. Die Objektivierung dieser Regel leistet etwas Neues und schafft einen neuen Sinneshorizont, *indem sie die Regel von ihrer sinnlichen Unterlage trennt*. So erklärt sich, warum die kategoriale Anschauung zwar von der sinnlichen unterschieden wird, dennoch in der sinnlichen fundiert betrachtet werden muß.

Dasselbe kann auch aus dem von Husserl durchgeführten Unterschied zwischen der ,,Einheit der Identifizierung'' und der ,,Einheit eines Aktes der Identifizierung''[24] abgelesen werden.

---

[22] Eine eigentümliche Reflexion, weil sie sich nicht auf den Akt zurückbeugt, sondern auf den Gegenstand; diese gegenständliche Reflexion ist eine Wiederaufnahme des Gegenstandes in das aktive Erfassen.

[23] Vgl. EU, S. 128 f.

[24] Vgl. LU III, § 47, S. 150.

Husserl bespricht an dieser Stelle das Wesen der Einheit eines *sinnlichen* Gegenstandes: dieser ist zwar als das Identische einer gegebenen Mannigfaltigkeit intendiert, aber was eigentlich intendiert wird, ist der identische Gegenstand, nicht seine Identität für sich selbst. ,,Der in den verschiedenen Akten des kontinuierlichen Wahrnehmungsverlaufs gemeinte Gegenstand ist zwar immerfort derselbe, und die Akte sind durch Deckung einig; aber was in diesem Verlauf wahrgenommen, was in ihm objektiv wird, ist ausschließlich der sinnliche Gegenstand, niemals seine Identität mit sich selbst" (LU III, S. 150). In der sinnlichen Synthese ist die (athematische) Gegenstandsidentität die Regel für die kontinuierliche Verschmelzung der jeweiligen Teilmomente; in der kategorialen Wahrnehmung dagegen wird die Gegenstandsidentität nicht mehr als eine Regel für die Konstitution eines Gegenstands genommen, sondern sie wird selber zum Thema, zum Gegenstand eines neuen Aktes. Daher erklärt sich der formale Charakter der kategorialen Gegenständlichkeiten; die kategoriale Vergegenständlichung der Regeln von sinnlichen Akten betrifft nicht die sachhaltigen Bestimmtheiten dieser Akte, die unter einer Regel stehen, sondern die Regeln selbst in Abstraktion von den untergeordneten Sachhaltigkeiten.

Die kategoriale Wahrnehmung ist also nicht mehr als die Thematisierung des in der sinnlichen Synthese anonym athematisch wirkenden Sinnes. Wir können jetzt konkret sehen, warum die Bestimmung der Intuitivität der kategorialen Wahrnehmung im Rekurs auf die Aktualität des Vollziehens dieser Wahrnehmung keine ausreichende Lösung dieses Problemkreises sein kann.

Natürlich kommt eine vorher leer gedachte kategoriale Bedeutung erst zur Erfüllung, wenn die Regel oder der Sinn der fundierenden Akte aktiv thematisiert wird. Zu dieser selbstverständlichen Erkenntnis kann jeder Lernende gelangen. Aber in der sich daran anknüpfenden Interpretation wird leicht übersehen, daß die Intuitivität des aktuellen Vollziehens sich auf etwas richten muß, das vom vollzogenen oder zu vollziehenden Akt zu unterscheiden ist, obwohl es kein Inhalt ist. Das aktive Vollziehen kann nämlich kein ,,Leerlaufen" des Verstandes sein. Die kategoriale Gegenständlichkeit selbst kann es nicht sein, weil sie eine Leistung des Aktes ist, und diesen darum nicht vorherbestimmen kann. Es muß ein Vorverständnis der Regel geben, und dies ist nur möglich, wenn diese Regel schon in den fundierenden Akten anzutreffen ist.

Fassen wir die Ergebnisse unserer Forschungen über die Theorie der kategorialen Wahrnehmung zusammen. Wie wir sahen, geht Husserl von der Annahme aus, daß in der kategorialen Wahrnehmung eine eigenartige Sinnhaftigkeit zur Erfüllung *in nicht-sinnlichen* Akten kommt. Husserl erkennt an, daß die *sinnlichen* Akte eine Rolle für die kategoriale Wahrnehmung spielen müssen, zwar nur als „fundierende" Akte, die allerdings unerläßlich, obwohl dem eigentlichen Vollzug des kategorialen Aktes äußerlich sind. Die sinnlichen Akte mit ihren Korrelaten sollten auf diese Weise nicht in die innere Struktur der kategorialen Wahrnehmung selbst eingehen. Husserl glaubt zunächst die Reinheit der kategorialen Akte dadurch zu sichern, daß er diesen eigene, nicht-sinnliche Repräsentanten, also Darstellungsinhalte zukommen läßt. Der spätere Verzicht auf die Hypothese der kategorialen Repräsentation ändert nichts daran, denn er bedeutet nicht, daß Husserl nunmehr die Intuitivität der kategorialen Akte in den Repräsentanten der sinnlichen Akte, also in den sinnlichen Inhalten sieht (als ob diese für die entschwundenen kategorialen Repräsentanten eingesprungen wären). Die Intuitivität liegt für ihn dagegen im aktuellen Vollzug des fundierten Aktes (freilich aufgrund der fundierenden). Es leuchtet sodann ein, daß dieser Vollzug das Vorverstehen einer ihn ermöglichenden „Regel" impliziert. Diese Regel entdecken wir als den Sinn des in den fundierenden Akten Gegebenen; die kategoriale Wahrnehmung erweist sich alsdann als die abstraktive Thematisierung dieses ursprünglichen Sinnes. So ist Husserls anfängliche Annahme, daß es eine eigenwesentliche kategoriale Erfüllung (und somit Selbstgegebenheit der logischen Gebilde im Modus der Evidenz) gibt, zwar im Grunde nicht widerlegt, aber auf jeden Fall modifiziert: die Erfüllung erfolgt nicht durch sinnliche *Inhalte*, sondern durch sinnliche *Regeln*.

Wir haben mit unserer Interpretation der Theorie der kategorialen Wahrnehmung folgende Einsicht gewonnen:

1. Die Erfüllung einer kategorialen Bedeutung findet statt, wenn der Sinn eines schlichten Aktes thematisiert und abstraktiv herausgestellt wird. So z.B. erfolgt die Erfüllung der kategorialen

Bedeutung „Ganzes und Teil" durch die Thematisierung der Regel der explikativen Synthesen.

2. Die philosophische Begründung von Sinn muß mit dem Aufweis des Fundierungsverhältnisses zwischen den Sinn thematisch intendierenden Akten und den Sinn athematisch entwerfenden Akten beginnen. Dies sind die fundierenden Akte der Sinnlichkeit.

Diese Ergebnisse sind von Husserl selbst in den LU nicht erreicht, oder genauer: nicht explizite formuliert. Sie konnten nicht erreicht werden, weil Husserls Interpretation bei der Form-Inhalt-Hypothese ansetzt. Solange er „darstellende Inhalte" suchen zu müssen glaubte, solange mußte er den operationalen Charakter der kategorialen Wahrnehmung (und der Wahrnehmung überhaupt, könnten wir hinzufügen) verkennen, deren intuitiver Grund die Vollzugsregel der sinnlichen Wahrnehmung selbst ist. Es ist deshalb verständlich, daß Husserl jede genetisch-konstitutive Problematik als von bloß psychologischem Belang in den LU zurückwies.[25] Das Fundierungsverhältnis zwischen der kategorialen und der sinnlichen Wahrnehmung mußte zwangsläufig als ein äußerliches Bedingungsverhältnis angesehen werden, weil Husserl sich in den LU, wie wir sahen, am Begriff des Sinnlichen als nicht-intentionalen, reellen Inhalten orientiert. Mit der Freilegung der zeitkonstitutiven und genetischen Problematik der passiven Synthesen eröffnet sich aber für Husserl die Möglichkeit, das Fundierungsverhältnis auf seine sinnkonstitutive Bedeutung für die kategorialen Akte hin zu befragen. Das geschieht aber erst in den späteren Werken, in erster Linie in FTL und EU. Fußte unsere Interpretation noch weit mehr auf einer Weiterführung der Gedanken Husserls in den LU als auf einer Beschreibung des von ihm explizit Gesagten, so werden wir jetzt unsere Interpretation aufgrund der Texte von FTL und EU besser begründen können.

---

[25] Die Zurückweisung des genetischen Standpunktes für die Behandlung der Problematik des Fundierungsverhältnisses zwischen der sinnlichen Erfahrung und den logischen Akten wird am deutlichsten in einem Passus aus *Ideen I* bekräftigt: „Es wird hier keine Geschichte erzählt. Weder an psychologisch-kausale, noch an entwicklungsgeschichtliche Genesis braucht und soll bei dieser Rede von Ursprünglichkeit gedacht werden. Welcher sonstige Sinn gemeint ist, das wird erst später zu reflektiver und wissenschaftlicher Klarheit kommen. Von vornherein fühlt aber jeder, daß das Frühersein der empirisch konkreten Tatsachenerkenntnis vor jeder anderen, z.B. jeder mathematisch-idealen Erkenntnis keinen objektiven zeitlichen Sinn haben müsse und in unzeitlichem verständlich ist" (*Ideen I*, S. 10 Anm.).

VIERTES KAPITEL

DIE IDEALITÄT DER LOGISCHEN GEGENSTÄNDLICHKEITEN

§ 24. Die „idealisierenden Voraussetzungen" der Logik

Die fundierenden Akte der kategorialen Wahrnehmung sind, wie wir sahen, diejenigen der sinnlichen Anschauung; unter ihnen kommt der sinnlichen Wahrnehmung eine Sonderstellung zu, denn sie ist der Grundmodus der sinnlichen Anschauung,[1] worauf alle anderen verweisen, und woraus sie ihren eigenen Sinn schöpfen. Es scheint also, daß wir bei der logischen Untersuchung der logischen Sinnhaftigkeit auf das Problem der sinnlichen Sinnhaftigkeit zurückgeworfen sind. In der Tat bildet für Husserl die konstitutive Theorie der sinnlichen Wahrnehmung die unentbehrliche Vorstufe für jede logische Problematik.

Die Rückkehr zum Problemkreis der sinnlichen Wahrnehmung wäre aber aus zwei Gründen noch voreilig. Erstens: Die Evidenz der sinnlichen Regeln ist möglicherweise nicht dieselbe wie die der sinnlichen Inhalte und läßt sich deshalb nicht wie die Evidenz

---

[1] Der Unterschied zwischen Anschauung und Wahrnehmung wird in *Ideen I* folgendermaßen festgelegt: „Empirische Anschauung, speziell Erfahrung, ist Bewußtsein von einem individuellen Gegenstand und als anschauendes, bringt sie ihn zur Gegebenheit,' als Wahrnehmung zu originärer Gegebenheit" (S. 15). Was also die Wahrnehmung auszeichnet, ist das ursprüngliche Gegebensein der Sache *selbst* im Modus der *leibhaften Gegenwart.* Damit unterscheidet sich die Wahrnehmung von der Wiedererinnerung, der Erwartung, der Phantasie, usw. Für diese Akte kann man aber zwischen der bloß oder leer meinen Intention (z.B. eine vage Wiedererinnerung, die leere Antezipation von einem unbestimmten Etwas) und einer erfüllten Intention (z.B. eine klare Wiedererinnerung, die antizipierende Ausmalung eines künftigen Ereignisses, usw.) unterscheiden. Da sie *erfüllte* Intentionen sind, die die Gegenstände zur Gegebenheit bringen, nennt Husserl sie Anschauungen. Aber die Gegenstände „selbst" kommen nicht zur Gegebenheit in leibhafter Präsenz, sondern sozusagen nur im Bilde: sie werden nicht „*gegenwärtig,*" sondern „*vergegenwärtigt.*" Die Priorität der „gegenwärtigenden" oder selbstgebenden Wahrnehmung über die anderen Anschauungen wird in einem „Satz" der „Phänomenologie der universalen Bewußtseinsgenesis" ausgedrückt, wonach „Bewußtsein vom Modus der Selbstgebung für jede Art von Gegenständlichkeiten allen anderen auf sie bezogenen Bewußtseinsweisen als genetisch sekundären vorangeht" (FTL, S. 185 f.)

der sinnlichen Fülle beschreiben. Zweitens: Obwohl eigentlich die sinnliche Regel in der kategorialen Synthese abstraktiv thematisiert ist, besteht zwischen ihr und dem kategorialen Gebilde eine Grundverschiedenheit: dieses letztere hat nämlich den Charakter der idealen Transzendenz, indem es die aktuelle Evidenz, in der es konstituiert wird, überschreitet; es ist in der Tat als etwas gedacht, was „an sich" ist; das bedeutet: in seiner Unabhängigkeit von jeder faktischen Evidenz ist es in der Wiederholung der Evidenz als wieder dasselbe zu identifizieren; in diesem Sinne besteht es nicht nur „für das Subjekt" in der jeweiligen Evidenz, sondern „an sich," und übersteigt somit die Relativität der Evidenz.

Mit der Herausstellung der sinnlichen Regel in der kategorialen Wahrnehmung wird, wie wir oben sagten, ein neuer Sinneshorizont erschlossen. In der sinnlichen Wahrnehmung sind wir nämlich auf einen identischen Gegenstand gerichtet und der Gegenstand erscheint in seiner Identität gegenüber verschiedener Meinungsakten als transzendent; da wir aber auf das Gegebene als solches gerichtet sind, ist diese Transzendenz die einer faktischen Gegebenheit, d.h. eines zeitlich vereinzelten Erfahrungsdinges, eines Dies-da. Betonen wir aber in der „Reflexion" auf den Gegenstandssinn die Identität des Gegenstandes, so ist diese jetzt nicht nur das Selbstsein eines faktischen Erfahrungsgegenstandes, sondern eine „ideale Identität"; d.h. der Gegenstand ist nicht mehr bloß das Selbstgegebene von verschiedenen *Meinungsakten*, sondern das gemeinte Selbst von verschiedenen *Gegebenheitsweisen*.

Das soll folgendermaßen verstanden werden. Wir haben im vorigen Kapitel erklärt, daß die Gegenstandsbezogenheit in zweierlei Weise verstanden werden kann, sc. entweder als Bezogenheit auf ein zu bestimmendes *vorgegebenes* Substrat oder als Bezogenheit auf ein „Identisches = X," das im Bestimmungsverhältnis nur gedacht werden kann. Dies „Identisches = X" wird zunächst als Sinnbestimmung des vorgegebenen Substrats gedacht: richten wir uns auf Gegebenes, so ist es die Form der Gegenständlichkeit oder der Identität dieses Gegebenen. Das *gegebene Substrat* erscheint demnach als das *Selbst von verschiedenen Meinungsweisen*: d.h. das Gegebene ist dasselbe, was so und so in den verschiedenen Sinnbestimmungen und sp. in der Sinnbestimmung als eines identischen Gegenstandes gemeint wird.

Das „Identische = X" tritt aber dann nicht mehr als Sinn-bestimmung auf, sondern als der Gegenstand schlechthin. Denn die Bestimmung eines vorgegebenen Substrats als objektiv, ge-genständlich im strengen Sinn kann erst dadurch erfolgen, daß das Vorgegebene auf einen „identischen Gegenstand = X" bezo-gen wird. D.h. das Vorgegebene, ein sinnliches Dies-da, das so oder so „aussieht," wird selber als eine Komplexion von sinn-lichen Merkmalen genommen und in dieser Weise als Bestimmung von einem transzendenten Träger dieser Bestimmungen prädi-ziert. Als Bestimmung gelten jetzt die *gegebenen* Eigenschaften des sinnlichen Substrats, und der Gegenstand ist das *gedachte* oder bloß *gemeinte* Identische dieser Gegebenheiten.

Diese Vertauschung der Substrats- und Bestimmungsrollen geschieht in der Prädikation. Insofern die Prädikation sich auf die Erfahrung, also auf die Selbstgegebenheit aufbaut, so wird das vorgegebene Erfahrungssubstrat die Stelle des Prädikats ein-nehmen. Für das naive Bewußtsein bleibt es immer so. Die philo-sophische Reflexion aber entdeckt, daß nicht das Subjekt, son-dern eigentlich das Prädikat das Substrat oder den Gegenstand im strengen Sinne ausdrückt. (Wir richten uns natürlich nur nach den elementarsten kategorialen Urteilen (den Erfahrungsurtei-len), deren Subjekt ein sinnliches Dies-da ausdrückt. Indem alle anderen Urteile auf solchen Erfahrungsurteilen fundiert sind, gilt die obige Behauptung grundsätzlich von allen Urteilen. Nehmen wir z.B. das Urteil: „das Blatt ist grün." Das Subjekt „Blatt," das den Gegenstand angibt, enthält in sich das Resultat von früheren Prädikationen, die „das Blatt" als eine Komplexion von sinnliche Bestimmungen eines „Dies-da" definieren, und die im Urteil: „dies ist ein Blatt" zusammengefaßt sind.)

In der Sphäre der Erfahrung, auf welche das naive Bewußtsein sich immer richtet, wenn es prädizierend seine Erfahrung artiku-liert, ist die Intentionalität durch die Ausrichtung auf Gegebenes beherrscht. Um das besser zu verstehen, wollen wir jetzt wieder auf das vorige Kapitel und zwar auf die Interpretation der Wahr-heitsbegriffe in § 19 zurückgreifen. Wir haben da aufgezeigt, wie sich die Wahrheit und die Transzendenz des Gegenstandes in einem „Wechselspiel" gebender und meinender Akte konstituiert. Das Gegebene ist nie das bloß faktisch Gegebene eines faktisch

gewahrenden Aktes, noch ist das Gemeinte das jetzt faktisch
Gedachte. Vielmehr soll das Gegebene oder das Gemeinte einen
wahren, d.h. an sich seienden Gegenstand ausmachen, so muß
einerseits das Gegebene ein Korrelat meinender Akte und andererseits muß das Gemeinte ein Korrelat gebender Akte sein. Das
bedeutet nun: um einen wahren Gegenstand darzustellen, muß
das Gegebene derart intendiert werden, daß das Bewußtsein impliziert ist, es könnte als es selbst *in anderen Akten gemeint*
werden. Korrelativ: um auf einen wahren Gegenstand hinzuweisen, muß die Meinung das Bewußtsein implizieren, dasselbe Gemeinte könnte in *verschiedenen Gegebenheitsweisen* als es selbst
intendiert werden.

Je nachdem wir im Interesse für Selbstgegebenheit oder im
Interesse der begrifflichen, kategorialen Bestimmung leben, wird
die eine oder die andere Struktur vorherrschend sein. Im vorhergehenden Kapitel zeigten wir, wie sich ein *Selbstgegebenes* in der
evidenten Erfahrung (Wahrnehmung) konstituiert. Dabei war
es unsere Absicht, zu zeigen, daß das Gegebene als das Erfüllende
in der adäquaten Wahrnehmung vom Hause her *sinnhaft* ist.
Dazu zeigten wir, daß die Intention auf Selbstgegebenheit nicht
bloß ein faktischer Bezug auf Empirisches ist, sondern selbst
einen ideelen Spielraum voraussetzt. Dieser ist nämlich der Raum
für das Wechselspiel zwischen Meinung und Gegebenheit. Jetzt
gilt es zu zeigen, wie das *Selbst*, nicht als Gegebenes, sondern als
Gedachtes, Gemeintes möglich ist. Wird das Gegebene als ein
Selbiges für verschiedene Meinungsakte bestimmt, d.h. für die es
verschiedentlich bestimmende Akte, so wird die Selbstheit des
gemeinten Gegenstandes in seinem Bezug auf verschiedene Ge-
bungsakte bestimmt: d.h. das, was uns in verschiedenen Weisen
gegeben wird, ist als ein *identisches Objekt* unserer Intention
gedacht. (Der Gebrauch des Wortes ,,denken'' rechtfertigt sich
daraus, daß dieses Identische als solches nicht gegeben oder erfahren sein kann; es kann nur als das Identische dieser verschiedenen Gegebenheitsweisen *gemeint* und *gesetzt* werden, und das
heißt denken. Das gedachte Objekt ist ein rein idealer Bezugspol
der Erfahrungsbestimmtheiten, der selber keine Erfahrungsbe-
stimmtheit ist.).

Dieses gedachte, identische Objekt ist nun nicht ein Gegenstand überhaupt, sondern eben der identische Gegenstand *von*

verschiedenen Gegebenheitsweisen: was wir dabei *denken*, das ist die objektive Identität eines Gegebenen der Erfahrung. (Das bedeutet, daß die kategoriale Bestimmung für Husserl – wie auch für Kant – nie unabhängig von der Erfahrung ist. Das Zusammenspiel von Erfahrung und kategorialer Bestimmung hat Kant in der Schematismuslehre dargestellt. Dasselbe hat Husserl durch die Rückführung aller kategorialen Bestimmungen auf die Einheit der Erfahrung geleistet.) Dadurch erst wird das Dies-da, das sinnliche Erfahrungssubstrat zu einem Individuum, d.h. zu einem logischen Substrat für mögliche Prädikationen.[2]

Die Selbstheit hat nicht mehr den Charakter der Gegebenheit, sondern der begrifflichen Bestimmung. Jetzt ist der Gegenstand *gemeint* als ein An-sich-seiendes, das objektiv bestimmt werden kann, und zwar nicht nur vom Standpunkt der Wahrnehmung aus (so wie es aktuell *gegeben* wird), also in der Relativität der Erfahrung, sondern auch außerhalb dieser Relativität (so wie es als an sich seiend *gemeint* wird), und zwar ,,ein für alle mal'' endgültig. Wir haben hier eine Darstellung der wesentlichen Züge dessen, was den eigenartigen Sinn der logischen Gebilde als *ideale* Transzendenzen im Gegensatz zur Transzendenz der realen Erfahrungsgegenstände ausmacht.

Insofern die ideale Transzendenz der kategorialen Gegenstände eine Überschreitung des in der sinnlichen Wahrnehmung evident Gegebenem impliziert, reicht die Analyse der sinnlichen Sinnhaftigkeit und des Fundierungsverhältnisses zwischen dieser und der kategorialen Sinnhaftigkeit nicht aus, um diese letztere voll sichtbar zu machen. Wir müssen noch das Wesen dieser ,,Überschreitung,'' aus der die logische Idealität entsteht, konkret in den Blick bekommen, bevor wir die Frage des Fundierungsverhältnisses wieder aufgreifen können.

Die Logik beantwortet die Frage, worin die logische Sinnhaftigkeit eines Gegenstandes, m.a.W. worin dessen ideale Identität besteht, indem sie auf die Widerspruchslosigkeit der Gegenstandsbestimmungen verweist. Das Wesen des Widerspruchs scheint vom formal-analytischen Standpunkt aus eine selbstverständliche Evidenz zu sein. Für die Logik ist der Satz vom Widerspruch in der Tat eine propositio per se nota, die über jeden

---

[2] Vgl. *Ideen I*, S. 36 und oben S. 105.

Zweifel erhaben ist. Dennoch enthält der Gedanke der logischen Widerspruchslosigkeit zwei Implikationen, die Husserl für klärungsbedürftig ansieht: die erste Implikation ist, daß jedes logische Sinngebilde an sich selbst eindeutig bestimmt ist, und zwar so, daß wir immer wieder zu ihm als zu demselben zurückkommen können; die zweite Implikation ist, daß jedes Urteil auf seine mögliche Wahrheit (oder Falschheit) hin entscheidbar ist, m.a.W. daß es *an sich* entweder wahr oder falsch ist (was natürlich nicht bedeutet, daß jedes Urteil *für uns* schon als wahr oder falsch entschieden sein muß). Darin sieht Husserl zwei ,,Idealisierungen" (wir werden noch sehen, was unter diesem Begriff zu verstehen ist), die die Logik ständig voraussetzt, ohne sich je um die Prüfung ihrer Gültigkeit gekümmert zu haben, die aber als Voraussetzung der logischen Sinnhaftigkeit einer kritischen Begründung bedürfen. Diese Begründung leistet Husserl in der FTL.

Wir sprechen in unserer Interpretation nur von zwei Voraussetzungen, obwohl Husserl im Kapitel über ,,die idealisierenden Voraussetzungen der Logik"[3] weiter zu differenzieren scheint. Er versteht unter diesem Titel (wenn man sich nach dem Inhalt der einzelnen Paragraphen richtet): die ,,ideale Identität der Urteilsgebilde," die ,,Idealität des Undsoweiter und der konstruktiven Unendlichkeiten" der Mathematik, die logischen Prinzipien vom Widerspruch und vom ausgeschlossenen Dritten, die analytischen Gesetze des modus ponens und des modus tollens, die ,,Wahrheit und Falschheit an sich" und die ,,Entscheidbarkeit jedes Urteils," ,,die Gültigkeit für jedermann und für allemal."

Obwohl Husserl die Zusammengehörigkeit dieser Themen nicht eigens herausgestellt hat, glauben wir, daß sie auf zwei Hauptthemen zurückgeführt werden können, nämlich auf das Thema der ,,idealen Identität" und das der ,,Wahrheit an sich." Die Thematik der ,,Wahrheit an sich" ergibt sich nämlich aus der Erörterung der logischen Prinzipien, aus der sich die Verbundenheit der beiden Themen erweist. Die Thematik der iterativen Unendlichkeiten der Mathematik hat mit der Thematik der idealen Identität der Urteilsgebilde gemeinsam, daß sich in der Konstruktion von beiden dieselbe Idealisierung bekundet, also diejenige, die das Bewußtsein des ,,Immerwiederkönnens" begründet.[4]

---

[3] FTL, §§ 73–81, S. 162–179.
[4] Vgl. FTL, S. 167.

Die Thematik der „Gültigkeit für jedermann und für alle mal"
impliziert nun nicht nur die Thematik der idealen Urteilsidentität
(jedes Urteil soll immer wieder als dasselbe gemeint und als
solches intersubjektiv verstanden werden können), sondern auch
das Thema der möglichen Wahrheit oder Falschheit jedes Urteils.
(Jedes Urteil ist endgültig wahr oder falsch, und somit auch für
allemal und für jedermann gültig). Diese Thematik führt freilich
über den Rahmen der Untersuchungen in FTL hinaus, insofern
sie auch die Behandlung der intersubjektiven Konstitution[5] impliziert. So glauben wir, daß die Themen der „idealen Urteilsidentität" und der „Wahrheit an sich" die Hauptstücke einer
Kritik der logischen Voraussetzungen ausmachen. Wir glauben
auch, daß ein wesentlicher Zusammenhang zwischen beiden besteht: die Thematik der Wahrheit an sich bildet das formalonto-
logische Gegenstück zur apophantischen Thematik der idealen
Urteilsidentität. Beide laufen auf die allgemeine Frage nach dem
idealen „Sein-an-sich" (entweder der Meinungen, also der Urteile
oder des Gemeinten, also des Gegenstandes) hinaus.

§ 25. Die Bestimmung des Begriffes des „Idealen"

Husserl behandelt in dem Kapitel, das sich mit den idealisierenden Voraussetzungen befaßt, zunächst die Frage nach der
idealen Identität der Urteilsformen, welche den thematischen
Bereich der analytischen Logik ausmachen. Nicht die Identität
der konkreten, sachhaltigen Urteile, die wir in der naiv-natürlichen oder in der wissenschaftlichen Einstellung fällen – auch
wenn diese Identität eine ideale ist, wie z.B. jene der geometri-
schen Urteile – kommt in Frage, sondern die Identität des kategorialen Gerüstes des Urteils überhaupt in seinen verschiedenen
Abwandlungen, mithin eine formale, nicht sachhaltige Identität.
Korrelativ kommt natürlich die formale Identität des Gegenstandes selbst in Betracht, d.h. die kategoriale Form der Gegenständlichkeit überhaupt mit ihren Abwandlungen.[6] Es wird

---

[5] Vgl. Derrida, Einleitung zu *L'Origine de la Géométrie*, S. 74 ff und M. Merleau-
Ponty „Sur la phénoménologie du langage" in *Problèmes Actuels de la Phénoménologie*.
[6] Was in Frage kommt, ist zunächst nicht die Identität des Gegenstandes, sondern
des Urteils als eines Sinnes. Und darüber hinaus nicht die sachhaltige, sondern die
formale Identität des Sinnes. Zum Urteil als Sinn vgl. FTL, § 48, S. 117 f. Man könnte
sagen, daß der Sinn in dieser Hinsicht wiederum wie in den LU als „Aktmaterie" des
Urteilsaktes, aber nicht noetisch als „Aktmaterie" des Meinens, sondern noematisch
als das im Urteil Gemeinte verstanden wird.

ausschließlich nach den kategorialen Urteilsgebilden der reinen Konsequenzlogik (oder der „mathematischen Analytik," wie Husserl auch sagt (FTL, S. 163)) gefragt, die die kategorialen Gebilde nur auf ihre formale Widerspruchslosigkeit hin untersucht; weder die Urteilsgebilde der reinen Formenlehre, die das Urteil nur vom Standpunkt seiner grammatischen oder sprachlichen Vollziehbarkeit aus betrachtet, noch auch (vorerst) die Formalitäten der Wahrheitslogik, die das Urteil bezüglich seiner evidenten Vollziehbarkeit in der Adäquation mit der Sache selbst untersucht, werden hier berücksichtigt.

Das Thema der idealen Identität der kategorialen Gebilde beherrscht in gewisser Weise die ganze Problematik der FTL; es ist vielleicht zusammen mit dem komplementären Thema der Wahrheit an sich *das* Thema dieser neuen logischen Untersuchungen, insofern diese sich als eine philosophische Besinnung des Sinnes der formalen Logik verstehen,[7] und insofern dieser Sinn eben im Artikulieren der idealen Strukturen des wahren Gegenstandes eines Urteils liegt.

Was das „Ideale," was idealer Gegenstand ist, entnehmen wir vorerst aus der Kontrastierung[8] dieses Begriffes mit dem Gegenbegriff „realer Gegenstand."[9] „Real" werden jene Gegenstände genannt, die uns zwar mittels einer subjektiven Aktivität der Erfahrung ursprünglich gegenwärtig werden, die aber trotzdem in der Erfahrung als schon von vornherein daseiend erscheinen. Die realen Gegenstände sind also nach Husserl die vorgegebenen Gegenstände der Erfahrung. Die idealen Gegenstände dagegen kommen ausschließlich aus der eigenen Denkaktivität, sozusagen „von innen," und nicht, wie die Erfahrungsgegenstände, „von außen." Sie sind nicht wie die Gegenstände der schlichten Wahrnehmung als von vornherein vor uns da seiend erfaßt, sondern sie werden uns nur als das in einer Denkaktivität aktiv Erzeugte gegenwärtig. Die „Präexistenz" der Erfahrungsgegenstände für die Erfahrung selbst, wie übrigens auch ihr „von außen her kommen," sollen natürlich nicht in einem metaphysischen Sinne

[7] Vgl. FTL, Einleitung, S. 8.
[8] Vgl. FTL, S. 71 f.
[9] Der erste Kontrastbegriff zu „Idealem" ist also nicht „Reelles," sondern „Reales." Der Begriff „Reelles" bezeichnet, wie wir sahen, die Seinsweise der hyletischen und noetischen Mannigfaltigkeiten als immanenter Gegebenheiten des Erlebnisstroms; gegenüber diesem subjektiven, reell-immanent-Sein im Erlebnisstrom sind sowohl das Reale als auch das Ideale transzendente Gegenständlichkeiten.

gedeutet werden. Der Unterschied zwischen realem und idealem
Gegenstand läuft für die phänomenologische Betrachtung auf
einen Unterschied *im Modus der Selbstgebung* dieser Gegenstände
hinaus: in dem einen Fall ist sie in der passiven Vorgegebenheit
eines Inhalts gegründet, in dem anderen Fall in der erzeugenden
Spontaneität des kategorialen Denkens. Husserl setzt also für die
Unterscheidung zwischen Idealem und Realem die bekannte
Unterscheidung der Passivität und der Spontaneität des Erkennens voraus.

Erst im aktuellen Vollziehen einer Denkaktivität kann eine
ideale Gegenständlichkeit intendiert werden; da diese Gegenständlichkeit nicht ,,vor" der Denkaktivität war, hat sie einen
schöpferischen Charakter: sie ,,erzeugt" den idealen Gegenstand
in bestimmten beziehenden Akten. Das bedeutet aber nicht, daß
der so erzeugte Gegenstand nur ,,im" erzeugenden Akt ist. Das
,,im" erzeugenden Akt aktuell Thematisch-sein ist freilich die
vorzügliche Weise des Seins für die idealen Gegenständlichkeiten,
nämlich das Sein ,,im Modus des originalen Selbst." ,,Diese Gegebenheitsweise aus solcher ursprünglichen Aktivität ist nichts
anderes als die ihr eigene Art der ,Wahrnehmung.' Oder was
dasselbe, diese ursprüngliche erwerbende Aktivität ist die ,Evi-
denz' für diese Idealitäten" (FTL, S. 150). Ist aber diese Gegenständlichkeit schon einmal in ursprünglicher aktueller Evidenz
erzeugt worden, so verschwindet sie nicht mit dem Akt, der sie
erzeugt hat, sondern wir können auf sie zurückkommen und sie
in wiederholten Akten thematisieren; wir verfügen über sie
gleichsam wie über die realen Gegenstände der Erfahrung, die so
konstituiert werden, daß sie immer schon und immerfort vor uns
dastehen; sie werden, wie diese Gegenstände, irgendwie für uns
zu *vorhandenen*. Das ideale Denkgebilde, das in ursprünglicher
Evidenz nur in einem aktuellen Denkvollzug gegeben sein kann,
hat also nicht selbst ,,das flüchtige Dasein des im thematischen
Feld als aktuelle Bildung Auftretenden und Vergehenden. Es hat
auch den Seinssinn bleibender Fortgeltung, ja sogar den objektiver Gültigkeit in besonderem Sinn, über die aktuell erkennende
Subjektivität und ihre Akte hinausreichend" (FTL, S. 30). Als
eine bleibende, beharrende Geltung, die ,,nicht nur in und während der urteilenden Aktion für den Urteilenden Gegenständlichkeit" ist, kommt ihr eine ,,*Transzendenz*" zu, ,,die in ihrem eige-

nen Seinssinn ... liegt" (FTL, S. 104). Diese Transzendenz der
idealen Gegenständlichkeit (in Bezug auf den ursprünglichen
erzeugenden Akt) bedeutet konkret, daß sie den Charakter eines
geistigen *Erwerbs* hat, d.h. einer *habituellen* Geltung, die immer
wieder als *dieselbe* Geltung erweckt werden kann (vgl. ebd.).

So scheint der Begriff des idealen Gegenstandes in zwei Schritten fest umrissen worden zu sein, einmal, indem er als das in
einer Denkaktivität spontan Erzeugte definiert, und dann, indem
dieses Erzeugte als etwas der erzeugenden Aktivität selbst Transzendentes aufgewiesen wurde.

§ 26. Bestimmung des „Idealen" im Gegenzug zum „Faktischen"

Verstehen wir die Transzendenz der idealen Gebilde als eine
Überschreitung der (zeitlichen) Grenzen des faktischen, aktuell
erzeugenden Denkvollzuges, so kann die Transzendenz von den
Habitualitäten des konstituierenden Ichs her begründet werden.
Versteht man dagegen die Transzendenz als eine Überschreitung
der Grenze jedes Denkvollzuges überhaupt (und nicht nur des
einen Subjektes, sondern jedes Subjektes überhaupt), so reicht
der Rückgriff auf das Habituell-werden des ursprünglich Erwor-
benen nicht aus, um die Transzendenz der idealen Gegenstände
zu erklären. Die Habitualitäten haben nämlich erstens auch
einen faktischen Charakter, wie die Aktualitäten des erzeugenden
Denkvollzuges, und zweitens sind sie auch nur Modifikationen
der ursprünglichen Aktualität.

Die Transzendenz kann erstens kein Korrelat faktischer Aktvollzüge sein, seien sie aktuell oder potentiell, zweitens ist die
Transzendenz ein Überschreiten erst recht jeder Aktualität des
Denkens und Sehens. Die habituellen Modifikationen der Aktualität bleiben eben als ihre Modifikationen auf diese angewiesen,
d.h. sie schöpfen ihren Sinn aus dem einmaligen aktuellen Prozeß.
So kann man in der Habitualität nicht das Überschreiten der
Faktizität, das konstitutiv für die Transzendenz ist, sehen, es sei
denn, die ursprüngliche Aktualität impliziert irgendwie schon
die Transzendenz. So sind Husserls Hinweise auf die Rolle der
Habitualität und der Wiedererinnerung für die Konstitution der
objektiven Transzendenz nicht ganz überzeugend.[10]

---

[10] Vgl. FTL, S. 104. Dazu auch HUS. XI: „Gäbe es keine Wiedererinnerung ...,
so wäre für das Ich nur die jeweilige wahrnehmungsmäßig konstituierte Gegenständ-

Lesen wir die Texte sorgfältiger, so wird uns auffallen, daß, genau genommen, nicht eine faktische Reaktivierung für die Konstitution des Gegenstandes als eines Transzendenten gefordert wird, sondern die *Möglichkeit* dieser Reaktivierung. So heißt es in FTL: ,,Gäbe es kein Vermögen der Wiedererinnerung, kein Bewußtsein, ich kann auf das, was ich da erfasse, immer wieder zurückkommen, wo es doch nicht mehr wahrgenommen ist, oder wo die Erinnerung, in der ich es gerade hatte, selbst wieder dahingegangen ist, so wäre die Rede von demselben, von dem Gegenstand sinnlos'' (S. 251). ,,Dazu gehört die Gewißheit, den konstitutiven Prozeß reaktivieren, ihn in seiner Noch-geltung wiederherstellen zu können, bzw. dieselbe kategoriale Gegenständlichkeit als dieselbe herstellen zu können'' (S. 104). Man kann diese Worte folgendermaßen interpretieren: das faktische habituelle Beharren eines ursprünglich gleichfalls faktisch Erzeugten ist eine Bedingung für das Intendieren einer idealtranszendenten Gegenständlichkeit. Wie für die sinnliche Anschauung ist die Faktizität der unerläßliche Grund für jede Intention, insofern diese Intention eben in das faktische Leben einer Subjektivität fällt. In diesem faktischen Bleiben des faktischen Urerzeugten bekundet sich aber ein identischer Gegenstand, welchem der faktische Bezug auf das Bewußtsein gleichgültig ist. Es ist nicht das faktische Bleiben, das die Transzendenz des Gegenstandes ermöglicht, sondern umgekehrt ermöglicht die Transzendenz des Gegenstandes das faktische Bleiben. Diese ideale Transzendenz ist der Sinn des Gegenstandes selbst als ein Identisches, immer sich selbst Gleiches in den mannigfaltigen faktischen Akten, die es thematisieren (ursprüngliche Aktualität, vage Wiedererinnerungen, Antizipationen, Reaktivierungen, usw.). Die Identität des Gegenstandes ist also nicht nachträglich konstitu-

lichkeit da, in ihrem gegenwärtigen zeitlichen Werden. Aber im vollen Sinne gäbe es eigenlich gar keinen Gegenstand für das Ich, es fehlte ihm ja das Bewußtsein von einem in mannigfaltigen möglichen Erfassungen Erfaßbaren, von einem Seienden, auf das man immer wieder zurückkommen und (das man) als dasselbe erkennen und weiter das man als einen frei verfügbaren Besitz zu eigen haben kann. Somit fehlte völlig die Vorstellung von einem Etwas, das an sich ist, gegenüber den möglichen bewußtmachenden Betrachtungen: mit einem Worte eben ein Gegenstand'' (S. 326). ,,Jetzt gilt es nur, klarzusein, daß das in der Wahrnehmung selbst und allein sich konstituierende Eine, wie es vor Wiedererinnerung und aller aktiven Erkenntnis sich in sich in reiner Passivität konstituiert, noch kein ,Gegenstand' ist. ,Gegenstand' ist Korrelat der Erkenntnis, welche Erkenntnis ursprünglich in synthetischer Identifizierung liegt, und die Wiedererinnerung voraussetzt'' (S. 327).

iert, sondern sie ist das, was von vornherein die Identifizierung des habituell Bleibenden (etwa in der expliziten Wiedererinnerung) als dasselbe, was ursprünglich gemeint war, ermöglicht. Man braucht ja nicht darauf zu warten, daß eine Wiedererinnerung auftaucht, um erst dann die Identität des Wiedererinnerten mit dem ursprünglich Intendierten zu vergleichen, und somit das Bleiben und die Transzendenz gegenüber den faktischen Akten „festzustellen." Wäre es so, dann hätte die derart „festgestellte" Transzendenz einen faktischen, d.h. einen zufälligen und subjektiven Charakter; sie wäre eben die Transzendenz *dieser* Feststellung (d.h. sie meldet sich in *dieser* Feststellung, und sie gehört zu diesem einmaligen Feststellungsakt). Nicht eine faktische Wiedererinnerung konstituiert die gegenständliche Identität, sondern das Bewußtsein der *Möglichkeit* einer Wiedererinnerung (oder anderer Akte, die denselben Gegenstand intendieren). Das bedeutet nun, daß wir *schon im aktuellen konstitutiven Prozeß*, schon in der ursprünglichen Evidenz um den Gegenstand als einen identischen Gegenstand möglicher Intentionen wissen, auf den wir prinzipiell immer wieder in vagen oder klaren Wiedererinnerungen zurückkommen können.[11] Dieses Möglichkeitsbewußtsein (des immer-wieder-Könnens) gehört der ursprünglichen Wahrnehmung zu; es ist eine der Strukturen der Wahrnehmung, die den Bezug auf das faktisch Gegebene als ein „Selbst," ein „Selbstgegebenes," ermöglicht.

Man könnte sagen, daß die Identität eines Gegenstandes eine Funktion von Identifizierungssynthesen ist; dies ist aber nur wahr, wenn man zugleich einschränkt: nicht von faktisch vollzogenen Synthesen, sondern von der Möglichkeit der Durchführung dieser Synthesen. Dabei ist zu beachten, daß diese Möglichkeit ein strukturelles Moment der Selbstgebung in der *Wahrnehmungsevidenz* ist. Die Identifikationssynthesen sind nämlich nicht Synthesen von jeder beliebigen Intention mit jeder beliebigen Intention (z.B. nur von symbolischen Intentionen), sondern Synthesen, denen die „Ungleichwertigkeit" der Glieder wesentlich ist,[12] und

---

[11] Um die Unabhängigkeit der gegenständlichen Identität gegenüber den faktischen Akten oder Potentialitäten zu betonen, spricht Husserl von ‚numerischer Identität' des idealen Gegenstandes: „Es ist eine ursprüngliche Evidenz, daß in wiederholten Akten, gleichen oder ähnlichen, gebildete Urteile, Schlüsse usw. nicht bloß gleiche und ähnliche, sondern *numerisch identisch dieselben Urteile*, Schlüsse usw. sind" (S. 138).
[12] S. oben, S. 137.

zwar so, daß immer eine selbst*gebende* (das Selbst *gebende*) Intention da ist und den Vorrang über die (das Gegebene als es selbst *meinende*) Intention hat. Denn es handelt sich bei den idealen Gegenständlichkeiten, genau wie bei den realen, um Synthesen der Identifikation in der Evidenz, d.h. um Erfüllungssynthesen. „Die Identität eines Idealen," sagt Husserl, „und damit dessen *Gegenständlichkeit*, ist in gleicher Ursprünglichkeit direkt zu ‚sehen' (und wenn man das Wort mit entsprechend erweitertem Sinne fassen wollte: direkt zu erfahren) wie die Identität eines gewöhnlichen Erfahrungsgegenstandes. ... Ebenso sagen wir, gehört zum Sinn eines *irrealen* Gegenstandes die ihm zugehörige Identifizierbarkeit auf Grund der ihm eigenen Weisen der Selbsterfassung und Selbsthabe" (S. 139). Die Identität als Selbstheit, Selbigkeit eines Gegenstandes ist somit Funktion von Selbstgebungssynthesen. Diese Selbstgebungssynthesen sind aber nicht das bloß faktische Bewußtsein eines faktischen Erlebten, sondern enthalten als ein wesentliches Strukturmoment das Bewußtsein der Möglichkeit der Selbstgebung des selben Gegenstandes in wiederholten faktischen Bewußtseinsakten.

Rekapitulieren wir: Husserl war vom Gegenbegriff der Realität ausgegangen, um in einem ersten Anlauf den Begriff der Idealität zu bestimmen. Dabei wurde die Seinsweise des Realen und des Idealen nicht mittels metaphysischer Voraussetzungen, sondern mittels eines immanenten Kriteriums bestimmt, nämlich die Gegebenheitsweisen der realen und der idealen Seienden in der Erfahrung. Das Reale wurde als das passiv Vorgegebene der Erfahrung, und das Ideale als das aktiv Erzeugte des urteilenden Denkens angesetzt. Dabei wurde, um die Passivität und Aktivität zu charakterisieren, angenommen, daß der passiv hingenommene Gegenstand „von außen," der aktiv konstruierte Gegenstand dagegen „von innen kommt" (S. 74). Dies entspricht den naiven Begriffen der Immanenz und der Transzendenz.[13]

---

[13] Wir sollten uns nicht über die Naivität dieser Charakterisierung verwundern. Der Ansatz der Phänomenologie liegt nämlich in einer Beschreibung des naiv-natürlichen Bewußtseins, wobei sich ein gegensätzliches Resultat ergeben wird: 1.) Die naiven Vorstellungen werden in ihrem (relativen) guten Recht dargestellt; man kann sagen, daß die naiven Begriffe der Immanenz und der Transzendenz unanfechtbar sind, insofern sie das unmittelbare Wesen der Bewußtseinsarten ausdrücken. Die Begriffe der Philosophie holen hier bloß das unmittelbar Bewußte ein: so bezeichnet dieses „von außen herkommen" zutreffend das Vorgegebensein in der Form der Räumlichkeit, die die Form des Aus-einander-seins ist; Immanenz bezeichnet ihrer-

Es zeigt sich für die philosophische Reflexion, daß der Gegenstand des Denkens auch den Seinssinn der Transzendenz in sich hat. Am Leitfaden der Erkenntnisse des naiven Bewußtseins erklärt Husserl dies in der Weise, als ob die idealen Gegenstände auch wie die realen etwas Vorhandenes, Verfügbares wären. Damit wird gemeint, daß sie – wie die Erfahrungsgegenstände – immer wieder in bleibender Identität mit sich selbst ,,gegeben'' sind (wobei ,,gegeben'' natürlich nicht passiv vorgegeben bedeutet, sondern in den verschiedenen, relativ adäquaten Weisen des aktuellen Urteilens, der vagen Wiedererinnerung, usw.).

Wir haben uns dann zu zeigen bemüht, daß der Sinn der Transzendenz der idealen Gegenständlichkeiten – als bleibender Identität mit sich selbst – nicht das Korrelat von faktischem Bewußtsein ist, d.h. weder von dem aktuell erzeugenden, noch vom habituell erhaltenden, sondern von einem möglichen, m.a.W. von einem Bewußtsein der Möglichkeit des immer wieder in bleibender Identität Gegebenwerdens. So erweist sich in einer eingehenden Lektüre der Husserlschen Texte, daß der Gegenbegriff zur Idealität nicht Realität, sondern Faktizität heißen soll. Husserl gebraucht in diesem Kontext selbst das Wort ,,faktisch'' nicht; er spricht auch nicht ausdrücklich von ,,Möglichkeitsbewußtsein''; er meint aber offensichtlich die Faktizität, wenn er über die *Aktualität* der ursprünglichen konstituierenden Akte spricht, und dabei bemerkt, das Ideale übersteige eben jede aktuelle, ursprünglich erzeugende Evidenz. Wiederum meint er das ,,Möglichkeitsbewußtsein,'' wie wir es genannt haben, wenn er sagt, daß wir bei der Konstitution eines idealen Gegenstandes immer gewiß sind, auf ihn zurückkommen zu *können*. Unseres Erachtens aber betont er die Faktizität der Habitualitäten nicht

---

seits auch mit gutem Recht den idealen Charakter des aktiv Erzeugten, d.h. seine Seinsweise als ,,Idee'' in dem sie erzeugenden Bewußtsein und somit ihre ,,Raumlosigkeit.'' 2.) Insofern aber in dieses naive Bewußtsein und in die naive Selbstauslegung des Bewußtseins Ideen eindringen, die ihre Herkunft nicht im naiven Bewußtsein selbst haben, sondern in wissenschaftlichen Konstruktionen oder metaphysischen Interpretationen, ist das Geschäft der Philosophie, diese fremden Konstruktionen abzubauen, um das naive Bewußtsein in seiner Reinheit wieder zu entdecken. Dieses naive Bewußtsein ist in einem gewissen Sinne unüberholbar, es stellt den letzten ,,Boden'' jedes Verstehens dar. Insofern aber dieser letzte ,,Boden'' im naiven Bewußtsein selbst ein Bereich der Athematizität, der Verborgenheit darstellt, welches erst der Philosoph zu thematisieren und zu enthüllen vermag, insofern geht das philosophische Wissen ,,weiter'' als das naive Bewußtsein.

genug, und eben deswegen unterscheidet er auch die Habitualitäten als solche nicht klar genug vom Möglichkeitsbewußtsein.

§ 27. Die Idealität aller Gegenständlichkeiten überhaupt

Bei der Bestimmung des Begriffes der Idealität operiert
Husserl in den besprochenen Texten nicht nur mit dem Begriffspaar ,,Ideal-Real,'' sondern auch – zwar nicht ausdrücklich, aber
immerhin in ausschlaggebender Weise – mit dem Begriffspaar
,,Ideal-Faktisch.''[14] Dabei müssen wir darauf achten, daß diese
Begriffspaare nicht genau übereinstimmen. Wir haben ja schon
früher gesehen, daß auch die Erfahrungsgegenstände, also die
,,realen'' in Husserls Terminologie, kein Korrelat eines faktischen
Bewußtseins sind, und kein faktisches Dies-da darstellen. Das
bedeutet schließlich, daß die realen Gegenstände im gewissen
Sinne auch *ideal* sein müssen. Dies wird von Husserl in der FTL
ausdrücklich hervorgehoben: ,,Danach liegt also im Sinne eines
jeden erfahrbaren Gegenstandes, auch eines physischen, eine gewisse *Idealität. . . . Es ist die allgemeine Idealität aller intentionalen
Einheiten* gegenüber den sie konstituierenden *Mannigfaltigkeiten*.
Darin besteht die ,,*Transzendenz'' aller Arten von Gegenständlichkeiten gegenüber dem Bewußtsein von ihnen* (FTL, S. 148). Aber
Idealität bedeutet hier nur das Gegenstück zu den *reellen* – hyletischen und noetischen – Mannigfaltigkeiten des Bewußtseins, so
daß die Anerkennung der ,,gewissen'' Idealität der realen Gegenstände noch keine Schwierigkeiten mit sich bringt, denn Idealität
bedeutet hier nur die Transzendenz des Gegenstandes als seine
,,psychische Irrealität,'' d.h. sie bedeutet, daß der Gegenstand
– sei er ein ,,physischer,'' d.h. ,,realer'' Erfahrungsgegenstand,
oder ein im strengen Sinne ,,idealer'' Gegenstand des reinen
Denkens – ,,*kein reelles Stück oder Moment des Bewußtseins*, kein
reelles psychisches Datum ist'' (S. 148). Man könnte also denken,
daß der reale Gegenstand in diesem Sinn ideal sein kann (also
nicht-reell) und zugleich in einem anderen Sinn nicht ,,ideal,''
weil seine Konstitution angeblich keine spontane Aktivität impli-

---

[14] In *Ideen I* operiert Husserl ausdrücklich mit dem Begriffspaar Eidos und Faktisch, wobei der ideale Charakter des Eidos anerkannt wird, um die Wesensanschauung (da inbegriffen die formalisierende Wesensanschauung, also die kategoriale Anschauung) zu erklären. ,,Faktisch'' aber kennzeichnet in *Ideen I* nicht primär die
Bewußtseinsweisen, sondern die individuellen Erfahrungsgegenstände. Faktisch und
Reales decken sich also auch in *Ideen I*.

ziert. Es gäbe also neben den kategorialen Gebilden – die man wegen ihres Ursprungs „ideal" im strengen Sinne nennen kann – auch die realen Gegenstände der Erfahrung, die als passive Inhalte erfahren sind.

Es zeigt sich nun, daß ein Gegenstand als solcher (mithin auch die Gegenstände der Erfahrung *als Gegenstände*) nur in einer *aktiven* Synthese erzeugt werden können, und daß daher die Gegenständlichkeit als solche eine Idealität ist. Dieser Sachverhalt wird eben in der Stelle, in der die realen Gegenstände gegen die idealen ausgespielt werden, anerkannt: „Alle Erkenntnisarbeit ist eine mannigfaltigeinheitliche psychische Tätigkeit, in der die Erkenntnisgebilde entspringen. Nun sind freilich auch äußere Objekte für uns ursprünglich da nur in subjektivem Erfahren" (S. 71). Husserl schränkt allerdings sofort ein, daß diese Erfahrungsgegenstände als „schon im voraus seiende (,vorhandene')" erfaßt sind. Das ändert aber nichts daran, daß sie Korrelate einer subjektiven Tätigkeit des Erfahrens sind. Diese Tätigkeit leistet die Beziehung des passiv Affizierenden und Erscheinenden auf einen Gegenstand, d.i. die *Auffassung* des Gegebenen als eines bestimmten Etwas. Die Beziehung auf einen Gegenstand als Substrat des Erscheinenden ist schon eine logische Aktivität.[15] Deshalb sagt Husserl in EU: „Denn wie schon mehrfach betont, kann man im Bereich der ursprünglichen Passivität im eigentlichen Sinne noch gar nicht von Gegenständen sprechen" (S. 81 Anm.) „*Vergegenständlichung* ist also immer eine *aktive Leistung* des Ich, ein aktiv glaubendes Bewußthaben des bewußten Etwas; und dieses ist durch die kontinuierliche Erstreckung des Bewußtseins in seiner Dauer *Eines*, kontinuierlich *Selbes*. . . . Eben diese Identität als Korrelat einer in offen endloser und freier Wieder-

---

[15] „Schon im rezeptiven Erfassen und Explizieren fanden aktive Schritte statt: in einer aktiven Zuwendung wurde zunächst das Substrat S in seiner ungeschiedenen Einheit erfaßt, zum Thema gemacht, und dann in der explikativen Synthesis aktiv erfaßt seine Bestimmung p. Soweit ging die Leistung der Ichaktivität. Darüber hinaus stellt sich passiv die explikative Deckung ein zwischen dem noch im Griff behaltenen Substrat S und seiner Bestimmung p, und damit erfuhr der thematische Substratgegenstand S in dieser passiven Modifikation seine Sinnesbereicherung. Wenn der Übergang von S zu p in dieser Weise stattgefunden hat, erwächst nun das Interesse höherer Stufe an dem Substratgegenstand auf dem Grunde des tätigen Betrachtens . . . als Interesse, . . . das S in seiner Sinnesbereicherung, festzuhalten. . . . Wir gehen auf das S zurück, identifizieren es also mit sich selbst, was aber nur heißt, daß es im Rückgang ,wieder' als S dasteht" (EU, S. 243). „Eine aktive Intention geht darauf, das, was zuvor bloß passive Deckung war, zu erfassen, also im aktiven Übergang zu p das dem S Zuwachsende ursprünglich tätig zu erzeugen" (S. 244).

holung zu vollziehenden Identifizierung macht den prägnanten *Begriff des Gegenstandes* aus" (S. 64). Die Passivität, die passive Erfahrung hat eigentlich keine Gegenstände im prägnanten Sinne. Angenommen, daß wir uns immerfort am Gegensatz Passivität – Spontaneität orientieren wollen, so wären die Erfahrungsgegenstände *als Gegenstände* nicht real; real wären nur die passiven Gegebenheiten der Erfahrung ohne die Form des Denkens (also die „Dingphantome" in der Terminologie von *Ideen II*). Anders ausgedrückt: entweder sind die „Erfahrungsgegenstände" Gegenstände im vollen Sinn, dann sind sie nicht real im Sinne des passiv Vorgegebenen, oder sie sind Gegenstände im prägnanten Sinne, dann sind sie im eigentlichen Sinne ideal.

Dabei sollte man beachten, daß die Begriffe von Aktivität und Passivität Relationsbegriffe sind.[16] Nicht nur die kategorial er-

---

[16] Der Begriff der *Aktivität* versteht sich zunächst aus dem Begriff des *Aktes*. Als Akt wird jede *Zuwendung* des aufmerkenden Ich auf einen Reiz, der auf ihn eindrängt, verstanden. Dabei braucht der Akt als diese Zuwendung nicht *aktuell* vollzogen zu werden; auch die Pontentialitäten sind Akte, und der Begriff der Aktivität erstreckt sich somit auch auf sie (Ideen I, S. 206).

Husserl spricht von einer „eigentlich so zu nennenden Aktivität," die „Spontaneität" heißt (*Ideen II*, S. 12). Es muß also eine „uneigentliche Aktivität" geben. In einem „uneigentlichen Sinne" sind nun die Akte der sinnlichen Anschauungen (Wahrnehmung, Phantasie, usw.) als Aktivitäten zu bezeichnen, insofern sie eben *Akte* sind, die in der *Aktualität* des Bewußtlebens vollzogen werden oder werden können. Diese sind keine *spontane Akte*, wie diese in *Ideen I* bestimmt sind. Husserl behauptet nämlich dort im § 23, daß „dem sinnlich gebenden, dem erfahrenen Bewußtsein Spontaneität außerwesentlich ist: der individuelle Gegenstand kann „erscheinen,' auffassungsmäßig bewußt sein, aber ohne eine spontane ‚Betätigung' ‚an' ihm" (S. 51). Im § 122 spricht er wiederum von der *freien* Spontaneität und Aktivität als Merkmal der artikulierten, mehrgliedrigen Synthesen (d.h. der kategorialen Synthesen). (Die Freiheit der kategorialen Synthese besteht in ihrer Nichtgebundenheit an die empirischen, faktischen Gegebenheiten, in denen sie „fundiert" sind).

Passivität ist auch ein Relationsbegriff: sie ist jeweils die fundierende Stufe der Aktivität. Die „pure" Passivität ist selbst als die „unterste Stufe" (EU, S. 83) oder die „unterste Form" der Aktivität (*Ideen II*, S. 213) anzusehen. Diese ist die Passivität vor der aktiven Zuwendung, also die Affektion im Bereich der *passio* im eigentlichen Sinne. Wie es in EU erläutert wird, ist sie der „Zug," den der Reiz auf das Ich ausübt, das Aufdrängen auf das Ich, also das Phänomen des Auffallens, und auf Seite des Ich die Bereitschaft, angezogen zu werden, affiziert zu werden, wobei in dieser Disponibilität des Ich, affiziert zu werden, wie auch im Aufdrängen des Reizes, eine unterste Form der Aktivität liegt, die Husserl „Tendenz" nennt. (Vgl. EU, § 17, S. 79 ff.).

Dazu kommt noch die relative Passivität der schlichten und der explikativen Erfassungsakten; diese Synthesen erfolgen ohne aktives Zutun des Ich durch unmittelbare Verschmelzung oder „passive Deckung" des Gegebenen bzw. der Teilintentionen (Vgl. EU, S. 117 f.) Das ist die Passivität des Vorgegebenseins der „realen Gegenstände" in der Erfahrung.

Das alles macht den Gesamtbegriff der „primären Passivität" aus, wohingegen sich der Begriff der „sekundären Passivität" bestimmen läßt (*Ideen II*, § 5, S. 17 f.): damit ist die „verworrene Zuständlichkeit," in die jeder spontane Akt nach seinem

fassende Aktivität, die durch die freie Spontaneität des Vollzuges gekennzeichnet ist, soll als Aktivität bezeichnet werden. Schon die explikative Wahrnehmung darf als eine spontane Aktivität bezeichnet werden, insofern sie das Vollziehen einer Erkenntnisintention ist, und nur im Vergleich mit der freien und schöpferischen Denkaktivität darf sie als Passivität bezeichnet werden. Gleichfalls darf die schlichte Wahrnehmung als die Passivität der explikativen Wahrnehmung bezeichnet werden; die schlichte Wahrnehmung ist aber als das Vollziehen der Ichzuwendung zu einer affizierenden Gegebenheit schon eine Aktivität, ein Akt des Ich. Und die Affektion, die die Passivität der schlichten Wahrnehmung darstellt, tritt wiederum als Aktivität auf, wenn sie nicht „statisch,'' sondern genetisch im intentionalen Prozeß betrachtet wird.

Gleichwohl bezeichnet Husserl die kategorial erfassende Aktivität in *Ideen II*[17] als die „eigentliche'' Aktivität, nicht nur weil sie „schöpferisch'' ist, sondern auch weil ihre Leistung, ihr Geschaffenes, der Gegenstand als solcher ist. Soll eine Aktivität als ein Subjekt-Objekt-Bezug definiert werden, so darf man sagen, daß erst die kategoriale Bezugnahme eine Aktivität ist, weil erst durch sie ein Bezug auf ein Objekt möglich ist. Im kategorialen Erfassen eines Gegebenen wird dieses nämlich als die Gegebenheitsweise eines „Etwas,'' eines Substrates, verstanden, welches es darstellt und bestimmt; hinzu kommt, daß im kategorialen Erfassen das Gegebene als Gegenstand im Sinne des „Dinges,'' des „Naturdinges'' erfaßt wird. Der Gegenstand ist – als das ausschließliche Objekt der kategorialen Aktivität – in einem bestimmten Sinne „Gedanke,'' „Gedankending,'' insofern er kein „Vorgegebenes'' der schlichten, unmittelbaren Wahrnehmung ist, sondern erst in den (freilich darauf fundierten) Synthesen des beziehenden Denkens erfaßt wird.

Diese Auffassung ist offensichtlich Kantischer Herkunft. Ihre Grundthese ist, daß das Sein – verstanden als Gegenständlichsein, Objektiv-sein – das Korrelat des reinen Denkens ist. Zwar wird man nicht leugnen können, daß es in Beziehung auf das

---

Vollzug übergeht, gemeint. Dies ist die Passivität der Habitualitäten und der Retention im allgemeinen (*Ideen II*, S. 19).

Die Passivität ist weiter als eine Sphäre der Athematizität (ebd.) bestimmt. Denn der Gegenstand als solcher ist *Thema* eines setzenden Aktes.

[17] Vgl. *Ideen II*, S. 12.

Denken und die Anschauung erhebliche Differenzen zwischen
Kant und Husserl gibt. In der gewöhnlichen Darstellung laufen
sie aber darauf hinaus, daß das Denken für Husserl auch einen
anschaulichen Charakter hat. Hierbei beruft man sich auf Husserls Theorie der kategorialen Wahrnehmung in den LU und auf
seine stetigen Behauptungen einer kategorialen Evidenz.[18] Wie
wir aber sahen, besteht diese kategoriale Wahrnehmung im aktuellen Vollzug von Denkoperationen aufgrund sinnlicher Regeln
(die in ihrer Vermittlerrolle zwischen Sinnlichkeit und Verstand
mit Kants Schemata vergleichbar sind), so daß der Widerspruch
zu Kant sich am Ende als nicht so bedeutend ausweist.

Diese universale These über die Korrelation des Seins und des
Denkens wird von Husserl in der FTL (§ 42 g) vertreten. Anläßlich der Unterscheidung und gleichzeitigen Vergleichung der Begriffe der vorgegebenen Erfahrungsgegenständlichkeiten und der
kategorialen Denkgegenständlichkeiten – ,,erläutert an der Natur'' – sagt Husserl: ,,Wir nennen die Einheit universaler Erfahrung freilich Natur und sagen, sie sei und habe *an sich* die und die
Eigenheiten und sie sei, was sie oder wie sie ist, ,,vor'' unserem
Urteilen. Aber nur aus unserem Urteilen und für mögliche Urtei-
lende hat sie apriori das ,seiend' und das ,sie ist,' wie sie ist,' die
,Eigenschaften,' die ,Sachverhalte' usw.'' (S. 105). Dies bedeutet:
alles, was – für uns und als objektiv gültig – *ist*, *ist* durch ein
Urteil, auch das, was man als ,,vor'' dem Urteil seiend ansetzt,
für uns wiederum nur durch ein Urteil, das dies Vor-sein aussagt.
Die objektiven Gegenständlichkeiten (und somit die Natur als
Form des Urteils) haben somit eine Priorität vor den vorgegebenen Erfahrungs,,gegenständen.'' Denn das Erfahrene selbst kann
nur in der Form der Urteilsgegenständlichkeit für uns sein, Sinn
für uns haben. Das ist die These eines rationalistischen Idealismus
wie bei Kant. Sollten wir nun mit dieser Bestimmung des Ideal-
kategorialen und des Erfahrungsrealen es bewenden lassen? Ist
das Husserls letztes Wort zu dieser Sache? Wenn Husserl am
Ende des zitierten Abschnitts sagt, daß die Erfahrung schon in
impliziter Weise den Seinssinn der Natur trägt, den das Urteil
expliziert, so kling damit vielleicht schon eine Milderung dieser
rationalistischen These an.[19]

[18] Vgl. z.B. EU, S. 75.
[19] ,,Nur wenn wir vom schlichten urteilenden Tun auf Grund der Erfahrung (in

Wie immer es sein mag, Husserl hat bekanntlich auch die entgegengesetzte These der Priorität der Erfahrung vor dem Urteil
vertreten. ,,Realität hat einen Seinsvorzug vor jedweder Irrealität, sofern alle Irrealitäten wesensmäßig auf wirkliche oder mögliche Realität zurückbezogen sind,'' heißt es selbst in FTL (S. 150
f.).[20] Realität bezeichnet hier offensichtlich nicht die Seinsweise
des kategorial begriffenen Dinges, sondern die ,,Seins''weise der
Gegenstände der Erfahrung, d.h. der passiven Vorgegebenheiten
der Erfahrung, während ,,Irrealität'' die Seinsweise der idealen,
im eigentlichen Sinne gegenständlichen Korrelate des kategorialen Denkens bezeichnet. Von den LU bis zur *Krisisabhandlung*
hat Husserl ständig auf die Angewiesenheit des Kategorialen auf
das Sinnliche hingewiesen. Wie verträgt sich nun diese Idee mit
der These, daß das Sein (als Gegenständlich-sein) Korrelat des
Urteils ist? Das ist wiederum die Frage des Verhältnisses zwischen Erfahrung und Denken. Zu dieser Frage bringt Husserl, so
glauben wir, eine originelle Antwort, die den starren Rahmen der
Alternative Empirismus-Rationalismus mit deren formellen Ent-
gegensetzungen von Passivität und Aktivität, Real und Ideal,
usw. sprengt. Soll nun diese Frage in der von uns angedeuteten
Weise beantwortbar sein, so muß es möglich sein, bei einer Darstellung des Sinnes der Identität der kategorialen Gebilde zu
zeigen, wie darin der Bezug zum Realen selbst enthalten ist.
Diesen Nachweis zu erbringen, ist eben Husserls Absicht, wenn

---

welchem wir die kategorialen Gebilde gewinnen) synthetisch dazu übergehen, das
Erfahren selbst und dessen Leistungen zum Urteilsthema zu machen, können wir
ursprünglich davon wissen, daß dieses Erfahren (einstimmig verlaufend) schon ,vor'
dem Denken und dessen kategorialen Gebilden den Seinsinn der Natur ,implizite' in
sich trägt als denselben, den das Denken expliziert'' (FTL, S. 105).

[20] Dieser Vorzug der Realität vor der Idealität bringt es mit sich, daß das Ideale
erst zu voller Identität und Transzendenz gelangen kann, wenn es sich in dokumen-
tarischer Form erhält, also wenn es sich in Sprache und Schrift niederschlägt. Wie
jeder Kulturgegenstand, sagt Husserl, verdanken die kategorialen Gebilde ihr objektives Dasein ihrer dokumentarischen Form (FTL, S. 30), nur so können sie in der
objektiven Dauer und in der objektiven Welt einer Kulturgemeinschaft wiedergefun-
den werden und nur so sind sie einer intersubjektiven Identifikation fähig. Zwar
behauptet Husserl auch: ,,Jede Art Irrealität ... hat Weisen möglicher Anteilhabe
an der Realität. Aber das ändert nichts an der prinzipiellen Sonderung zwischen
Realem und Irrealem'' (FTL, S. 138). Es gilt aber auch umgekehrt, daß die prinzipielle
Sonderung zwischen Realem und Idealem auch nichts an der Anteilhabe des Idealen
an der Realität ändert, und auch nichts an der Tatsache, daß die Anteilhabe an der
Realität eine absolut notwendige ist. Husserl meint damit eben die Eingliederung aller
idealen Konstruktionen in die konkrete Lebenswelt als letzten und absoluten Seinsboden.

er im Kapitel über die idealisierenden Voraussetzungen der Logik
die konstitutive Problematik der idealen Sinne aufrollt.

§ 28. Die ideale Identität als ein konstitutives Problem

Kehren wir zu diesem Kapitel zurück.

Im § 73 behandelt Husserl die ,,ideale Identität der Urteilsgebilde als konstitutives Problem.'' Diese Identität nennt er eine
,,idealisierende Voraussetzung'' der formalanalytischen Logik.
Was bedeutet nun ,,Voraussetzung'' und wo liegt das konstitutive
Problem?

In den vorigen Abschnitten hatte Husserl, wie wir aus den
verschiedenen Stellen, die wir zusammenbrachten, sahen, das
Wesen der idealen Gegenständlichkeiten zu charakterisieren versucht, und dabei immer betont, daß es sich bei diesen Gegenständlichkeiten wie bei den realen Gegenständen um transzendente Seiende handelt und daß die ideale Transzendenz dieser
Gegenständlichkeiten in derer numerischer Identität in den mannigfaltigen Akten, in denen sie intendiert werden, gründet. Dabei
bedeutet diese Transzendenz als ideale Identität ein Überschreiten der ursprünglichen konstitutiven Evidenz.

Was nun *vorausgesetzt* wird, ist der Sinn und das Recht dieser
Transzendenz, insofern diese eine Übersteigung der ursprünglich
konstituierenden Evidenz ist. Das konstitutive Problem liegt
daran, daß wir in der Logik nicht wissen, worin der Sinn und das
Recht der idealen Transzendenz liegen kann, wenn sie in einer
selbstgebenden Evidenz zu finden ist. Die Logik kann zwar jeder-
zeit die idealen Gegenständlichkeiten in der Aktualität der Evidenz hervorbringen und auf sie in der Wiedererinnerung zurück-
kehren. Sie verfügt über die Methode der formalisierenden Wesensverallgemeinerung (die die operationale Evidenz der kategorialen Wahrnehmung selbst ist), der sie das Erzeugen dieser
Gegenständlichkeiten verdankt, aber nicht über die Methode der
Konstitution des idealen Sinnes der Identität als solcher. Sie *setzt*
eben *voraus*, daß diese Identität ihrerseits auch irgendwie einen
rechtmäßigen Sinn hat, der sich auch in eigener ,,Evidenz'' ausweisen kann, und übersieht dabei die Paradoxie, daß dieser Sinn
jeder Evidenz überhoben ist. Deshalb kann sie nie diese Idee
problematisieren und die Frage nach ihrem Ursprung aufstellen.

Wie entfaltet Husserl dieses Problem näherhin? Er beginnt

mit einer Wiederholung des schon Bekannten: die kategorialen
Gebilde, die die Logik mittels der Methode der Wesensverallgemeinerung konstituiert, bieten sich selbst im Wandel der sie
konstituierenden Erlebnisse als das Eine und Selbe dar, d.h. als
Gebilde, die ständig in Identität mit sich selbst intendiert werden
können, und auf die wir immer wieder zurückkommen können.
Soll das logische Gebilde erst einmal in einer lebendigen Evidenz
konstituiert werden, so „überlebt" es diese lebendige Evidenz,
d.h. es bleibt dasselbe, während die lebendige Evidenz als solche
vergeht und in die retentionalen und habituellen Modifikationen
der Aktualität hinübergeht.[21]

Natürlich wissen wir um das „Ansichsein" der idealen Gebilde
als ein bleibendes Identisches nur in der ursprünglichen Evidenz,
in der das ideale Gebilde aktuell erzeugt wird (oder eventuell in
den Abwandlungen dieser Evidenz). In diesem aktuellen Bewußtsein wird das Identische trotzdem so gedacht, daß wir seiner „über
alle Pausen meiner Denkaktualität hinaus" (S. 164) gewiß werden
können. „Dieses ideale Sein bedeutet eine eigentümliche Transzendenz: *es transzendiert die jeweilige lebendige Evidenz,* in der das
Urteil als dieses Urteil aktuell zur Selbstgegebenheit kommt"
(S. 165).

Damit stellt sich ein konstitutives Problem, das der Phänomenologie ungeahnte Schwierigkeiten bereitet. Die ganze konstitutive Problematik war bisher auf die Evidenz gerichtet; jedes
konstitutive Problem sollte seine Lösung in der Aufweisung der
Synthesen einer Evidenz finden, worin ein Gegenstand zur Selbstgegebenheit kommt. Sicher war die Evidenz so weit gefaßt, daß
sie nicht nur die schlichte Erfassung von unmittelbar gegebenen
Gegenständen umfaßte, sondern auch die mannigfaltigen fundierten Synthesen der kategorialen Erfassung usw. Nun versi-
chert uns die Evidenz des in ihr Gegebenen als eines Selbst im
Sinn, daß es selbst, nicht anderes, *leibhaftig* da ist; und solange
die Evidenz fortdauert, dauert auch dieses Selbst fort, *aber nur
solange.* So muß man *das Selbst der Evidenz* vom *Selbst der Idee*
(d.h. von der Idee der Identität) unterscheiden.

Wir hatten diesen Unterschied schon am Anfang dieses Kapitels (s. oben S. 149) vorbereitet, indem wir auf die wechselnden

---

[21] Vgl. FTL, S. 164.

Rollen der meinenden und gebenden Akte hinweisen. Das ,,Selbst der Evidenz'' ist das Selbstgegebene in der Erfahrung, d.h. das Gegebene als das Selbst von verschiedener Meinungsweisen, während das ,,Selbst der Idee'' das bloß gedachte, ideale Sein ist, d.h. ein Gedachtes als das Selbst von verschiedenen Gegebenheitsweisen. Dieses Letzte ist absolute Identität mit sich selbst, wobei das erste nur eine relative ist, d.h.: eine ,,vorläufige,'' die sich mit der Evidenz auch modalisieren kann und in gewissem Sinne auch muß, und die sich somit (d.h. in diesem Anderswerden) mit ihrem Gegenteil, mit dem Anderssein, ständig vermittelt. Das Selbst der Evidenz ist eben keine ,,endgültige'' Identität, sondern nur ein ,,auf Zeit'' festgesetztes Selbstsein des Evidenten (während sich die ,,Endgültigkeit'' des idealen Selbstseins als Überzeitlichkeit erweist).

Husserl hatte jedoch immer in der Evidenz das ,,Prinzip aller Prinzipien'' angesehen, d.h. den letzten Grund des Sinnes und die letzte Rechtsquelle jeder Intention überhaupt. So ist vermutlich seine Behauptung in der Phänomenologie revolutionär, daß die Evidenz, in der das Urteilsgebilde aktuell zur Selbstgegebenheit kommt, ,,doch noch nicht aufkommen kann für die erforderliche *neue Leistung*, in der das Selbstgegebene *Sinn und Recht idealer Transzendenz* gewinnen soll'' (S. 165). Die Frage ist: was kann, wenn die Evidenz es nicht vermag, der idealen Transzendenz Sinn und Recht für uns verleihen? Muß die Intention auf ideale Transzendenz im Gegenteil nicht ein bloßer ,,Gedanke,'' eine leere Meinung bleiben?

Vielleicht lassen sich Husserls Gedanken so auslegen: Die Evidenz, in der *ein* Urteil als eine idealtranszendente Sinneseinheit konstituiert wird (diese Evidenz, die sich mit einem bestimmten Urteil befaßt) vermag ja nicht, den Sinn der idealen Transzendenz zu begründen, weil dies eben nicht ihre Funktion ist: ihre Funktion ist es, das bestimmte Gebilde *mit* diesem Sinn zu konstituieren, und nicht den Sinn selbst, den sie nur voraussetzen kann. Daß ein Urteil als eine immer identische Meinung aufgefaßt wird, besagt eben, man wisse schon im voraus, was Identität mit sich selbst bedeutet. Soll dies aber (diese Voraussetzung) wirklich etwas Sinnvolles und Rechtmäßiges für uns sein, und nicht bloß eine leere Denkbarkeit, die man auf ihre Verbindlichkeit für uns hin nicht prüfen kann, müßte dann nicht eine andere, andersartige Evidenz aufgezeigt werden, in der der Sinn der idealen Transzendenz im Modus der Fülle, des *klaren* Verstehens konstituiert wird? Es muß natürlich ein Verstehen vom Sinn der idealen Transzendenz geben, und dieses Verstehen muß in einer philosophischen Reflexion zu voller Klarheit gebracht werden können. Aber dies genügt noch nicht. Denn auch ein falsches Vorurteil kann in der philosophischen Reflexion zur Klarheit gebracht werden, in der seine Falschheit, seine notwendige „Leerheit" zu Tage kommt; auch ein Irrtum kann im Modus der Klarheit, des klaren Verstehens seiner Falschheit als einer Unwahrheit entlarvt werden. Was verbürgt uns, daß der Sinn der idealen Transzendenz nicht in einem blinden Vorurteil besteht? Nur eine philosophische Reflexion, die sich anschickt, die ursprüngliche Konstitution dieses Sinnes nachzuvollziehen, kann dies vollbringen (d.h. nicht eine philosophische Reflexion, die nur für oder gegen das Recht und die Sinnhaftigkeit der idealen Transzendenz *argumentiert*). Im philosophischen Nachvollziehen wird dann das Verstehen des Sinnes der Idealität einsichtig. Aber damit ist noch nicht gesagt, daß das Verstehen selbst eine Evidenz (im strengen Sinne der leibhaftigen Selbstgegebenheit) sei. Dieses Verstehen kann eine andere Struktur haben als die Evidenz von gegenständlichen Sinnen (auch wenn dieses Verstehen mit den gegenständlichen Evidenzen, also deren Bedingung, verklammert ist). Darauf steuern Husserls Gedanken hin, wenn er einen unendlichen Regreß für den Fall vermutet, daß die ideale Transzendenz in einer Evidenz begründet sein sollte. So sagt er, nachdem er bemerkt hatte, daß die Evidenz der kategorialen Wahrnehmung nicht für den Sinn und das Recht idealer Transzendenz einstehen kann (wie oben zitiert): „Und doch sagten wir soeben, daß jeder Denkende ohne weiteres dessen sicher ist, Urteile als fest identifizierbare herstellen zu können, auf deren Sein und Zugänglichsein er rechnen kann, auch wenn er nicht daran denkt. Wenn nun eine eigene Evidenz in dieser Hinsicht gefordert ist in Ergänzung der ersteren, die die ideale Gegenständlichkeit zur Selbstgegebenheit bringt, besteht dann nicht die Gefahr, daß sich das Problem wiederholt, und so in infinitum?" (S. 165).

In der Konstitution eines transzendenten Seins liegt nämlich eine Form der Unendlichkeit:[22] eine logische Gegenständlichkeit

---

[22] Zum Begriff „Einsichtig" vgl. *Ideen I*, § 137, S. 336 f. Zum Problem der Unend-

als eine identisch an sich seiende Gegenständlichkeit intendieren, bedeutet, wie mehrmals erklärt, daß wir bei der aktuellen Evidenz, in der diese Gegenständlichkeit gegeben wird, das Bewußtsein haben, immer wieder auf sie als dieselbe zurückkommen zu können. Sollten nun die Intentionen, die in diesem Bewußtsein beschlossen liegen, ihren rechtmäßigen Sinn *aus Evidenz* schöpfen, so müßten wir diese Potentialitäten des meinenden Bewußtseins in Aktualitäten des Bewußtseins umwandeln, d.h. nicht nur umwandeln *können*, (denn das ist ohnehin das *Vorausgesetzte*), sondern auch *tatsächlich* umwandeln. Dies wäre aber ein unendliches Unternehmen. Dieser Einsicht hatte Husserl bekanntlich teilweise Rechnung getragen: die Lehre der Epoché stützt sich ja auf diese Einsicht, daß eine Intention auf transzendente Seiende niemals in einer adäquaten Evidenz bekräftigt werden kann.

Trotzdem spricht Husserl in *Ideen I* von der Einsichtigkeit, d.h. von der adäquaten Evidenz der Idee (des Dinges) *als Idee*. Man könnte also meinen, es bestehe ein Widerspruch zwischen dieser These und Husserls Behauptung in der FTL, daß der Versuch, die Idee der Identität in der Evidenz zu geben, einen unendlichen Regreß implizieren würde. Aber dieser Widerspruch erweist sich als Schein. Wir vergegenwärtigen uns zunächst den Grund, warum Husserl bei der Evidentmachung der Idee der transzendenten Identität einen unendlichen Regreß vermutet. Das Evidentmachen der Idee der Transzendenz bedeutet: sie als ein evidentes Gegebenes aufzuweisen. Sie muß aber auch – genauso wie die transzendenten Seienden in Bezug auf ihre eigenen Evidenzen – die aktuelle Evidenz transzendieren, in der sie eben „gegeben" war. Es wären dann infolgedessen „ergänzende" Evidenzen notwendig, deren Aufgabe es wäre, das über die aktuelle Evidenz hinaus Gemeinte zur aktuellen Gegebenheit zu bringen. Aus dieser Aporie wird ersichtlich, daß die Unendlichkeit, die in der Idee der Transzendenz liegt, zur Endlichkeit der Evidenz in Widerspruch steht.

Husserl befaßt sich in den §§ 143–144 von *Ideen I* mit der Idee der adäquaten Gegebenheit eines erscheinenden Gegenstandes. Seine Lehre über diesen Sachverhalt kann folgendermaßen zusammengefaßt werden: Obwohl kein Gegenstand „in abgeschlos-

lichkeit in der Konstitution der idealen Identität vgl. A. de Muralt, *L'Idée de la Phénoménologie*, S. 206 ff.

sener Erscheinung" in einer adäquaten Wahrnehmung gegeben
werden kann, ist aber „als Idee (im Kantischen Sinn)" „gleichwohl die vollkommene Gegebenheit vorgezeichnet – als ein in
seinem Wesentypus absolut bestimmtes System endloser Prozesse
kontinuierlichen Erscheinens" (*Ideen I*, S. 351). M.a.W. die Idee
als „Regel" (S. 352) der objektiven Konstitution – welche ein
System von möglichen übereinstimmenden Synthesen ist, in
denen ein Gegenstand evident gegeben wird –, ist selber in ein-
sichtiger Weise, d.h. in apodiktisch evidenter Weise[23] gegeben.
Die Idee läßt sich allerdings nur in einem unendlichen Kontinuum
von Erfahrungssynthesen realisieren, ein realer Gegenstand läßt
sich deshalb nie vollständig geben; obwohl dies unbestreitbar ist,
„so liegt doch die Idee dieses Kontinuums" – sagt Husserl – „und
die Idee der durch dasselbe vorgebildeten vollkommenen Gegebenheit *einsichtig* vor – einsichtig wie eben eine ‚Idee' einsichtig
sein kann, durch ihr Wesen einen eigenen Einsichtstypus bezeichnend" (S. 351). Darin liegt nun als die Bedingung ihrer Einsichtigkeit, daß die Idee dieser Unendlichkeit selber kein Unendlichkeit ist. „Die Idee einer wesensmäßig motivierten Unendlichkeit
ist nicht selbst eine Unendlichkeit" (S. 351).

Dagegen wird, wie wir sahen, in FTL behauptet, daß der Sinn
der idealen Identität sich nicht in der Evidenz geben läßt, in der
die idealen Gegenständlichkeiten (also einerseits das Etwas überhaupt mit seinen formal-ontologischen Kategorien, andererseits
die Urteilsformen der apophantischen Logik) konstituiert sind.
Liegt darin nicht ein offener Widerspruch zu der oben dargestellten These in den *Ideen I*?[24]

In einer genaueren Überlegung löst sich dieser Widerspruch
auf. Der Grund, warum Husserl für die ideale Identität die
Unmöglichkeit behauptet, in einer Evidenz gegeben zu werden,
liegt zunächst darin, daß dies ins Unendliche führt. Gäbe es eine

---

[23] Es ist zu beachten, daß in *Ideen I* von Ideen als apriorischen Regeln für die
Erfahrung eines Gegenstandes als eines *Dinges* die Rede ist. In FTL ist die Rede von
Idee in Bezug auf die ideale Identität des *Urteilsgebildes* (einerseits der formal-ontologischen Kategorien des Etwas überhaupt, andererseits der Urteilsformen der apophantischen Logik).

[24] Vgl. zu diesem Problem A. Muralt, *L'Idée de la Phénoménologie* (Paris: Presses
Universitaires de France, 1958), S. 206 ff. Muralt hat dieses Problem sehr treffend
dargestellt: „Husserl cherche dès lors à resoudre ce problème: comment thématiser
en une notion finie un mouvement infini, qui dans son infinité même reste essen-
tiellement potentiel, ou en d'autres termes, comment l'idée peut-elle être une notion
finie si elle est en réalité infinie?" (S. 209).

Evidenz der Idee, so wäre diese notwendig inadäquat. Aber eine inadäquate Evidenz der Idee der Identität ist eine Unmöglichkeit. Denn ,,inadäquate Evidenz'' besagt: Möglichkeit des Anders-gegeben-sein-könnens; wie kann aber die Idee der Identität sich mit diesem ,,Anders'' versöhnen? Diese Frage bringt uns der Lösung unserer Grundfrage näher. Bei einer Idee, und erst recht bei dieser Idee der Ideen, d.h. bei der Idee der gegenständlichen Identität, kann man nicht mehr zwischen Meinung und Gegebenheitsweisen scheiden. Diese Unterscheidung wäre aber konstitutiv für die Evidenz. Der Akt, wodurch die ideale Gegenstandsidentität gedacht wird, ist also selber der Akt, in dem sie auch gegeben ist. Sie wird nicht erst nur gedacht, und dann im Modus der Fülle gegeben, sondern das Denken ist selbst ihre Fülle. Deshalb konnte nun Husserl in den *Ideen I* behaupten, die Idee sei für sich selbst *einsichtig*, d.h. apodiktisch evident. Und wenn er hinzufügte: sie ist ,,einsichtig wie eine ,Idee' einsichtig sein kann, durch ihr Wesen einen eigenen Einsichtstypus bezeichnend'' (*Ideen I*, S. 351), so können wir jetzt verstehen, was die Einschränkung wirklich bedeutet. Sie ist apodiktisch evident, wie Ideen durch die Ungeschiedenheit des Meinungs- und des Gebungsaktes apodiktisch evident sein können.

Durch diese Einsicht erschließen sich weitere Verständnisse. Wir hatten gesehen, daß Transzendenz im Wechselspiel der Meinung und des gebenden Aktes erfolgt. Fehlt dieses Wechselspiel, so fehlt Transzendenz. Das eben gilt für die Ideen, und erst recht für die Ideen der Ideen (Identität, Transzendenz, usw.): sie sind selber in ihrer Einsichtigkeit ,,immanent,'' freilich in einem anderen Sinn als ,,reell-immanent,'' nämlich im Sinne des subjektiv Konstitutiven, also des die gegenständliche Transzendenz konstituierenden Transzendentalen.

Die Unmöglichkeit einer ,,Ideen-Evidenz'' läßt sich auch in anderer Weise aus der Ungeschiedenheit (innerhalb der Idee) von Meinung und Gegebenheit ableiten. Mit der Unterscheidung von Gegebenheit und Meinung haben wir die Erkenntnisbewandtnis der Auffassung, der bestimmenden Erafssung eines Gegenstandes erfaßt. Evidenz in diesem Sinne kann es nur für Inhalte geben, d.h. für gegenständliche Substrate, wobei der Inhalt einmal das Gegebene, während die bestimmende Form die Meinung ist, ein anderes Mal aber die Meinung (das Substrat als ein transzendentaler Gegenstand $= X$), während das Gegebene die Bestimmung ist. Sollte es auch in diesem Sinne der Auffassung für die Idee eine Evidenz geben, so müßte auch in dieser Idee angegeben werden können, was Substrat und was Bestimmung wäre. Vorausgesetzt, daß dies möglich wäre, so müßten wir für diese Auffassung auch die Regel angeben können. Diese Regel müßte wiederum den Charakter der Idee haben; für diese Idee würde sich also dieselbe Situation einstellen: man müßte die Evidenz in ihrer Gegebenheit zeigen, usw.

So rechtfertigt sich die Rede von ,,Idealisierung'' in Bezug auf das Sein-an-sich der logischen Gebilde. Diese eigenartigen Cogitata können nämlich, wie wir sahen, ihren Sinn nicht aus einer Evidenz schöpfen, sie bilden eher die Regel für die Konstitution – in einer unendlichen Verkettung von Evidenzen – von einzelnen Gegenständlichkeiten als identischen, an sich seienden idealen Einheiten. Die ideale Transzendenz einer logischen Gegenständlichkeit wird, streng genommen, nicht in einer Evidenz *gegeben,* sie wird ,,*idealisiert,*'' das heißt, sie wird als das Korrelat eines unendlichen Erfahrungsprozesses *gedacht.* Der Inhalt dieses Gedankens ist somit nur eine ,,Idee,'' eine Regel für die Durchführung eines Prozesses der Evidentmachung, und somit selbst nichts Evidentes. Dem Logiker bleibt der Charakter dieser Cogitata als Idealisierungen meistens verborgen, und auch wenn er zufällig darüber nachdenkt und sich wundert, daß diese Idee jede faktische Evidenz übersteigt, so ,,setzt'' er das Recht und den Sinn dieser Idee ,,voraus'': er glaubt, er weiß schon genau, worum es sich handelt, und fragt nicht, wie sie zustande kommt. Bei einer transzendentalen Begründung der Logik geht es natürlich nicht nur um die Herausstellung des idealen Charakters dieses Cogitatum, sondern hauptsächlich um die Explizierung des Vorausgesetzten dieser Ideen, nämlich die Methode der Idealisierung, d.h. der subjektiven Konstitution dieser Idee.

Um Mißverständnisse zu vermeiden, wollen wir abschließend darauf hinweisen, daß bei der idealen Identität – wie bei allen Ideen überhaupt – die meinende und die gebende Intention *als Regeln* der objektiven Konstitution zusammenfallen. Für das objektiv Konstituierte, auch wenn es sich um eine ,,ideale Gegenständlichkeit'' (z.B. die in der logischen Abstraktion *vergegenständlichte* Relation, die vergegenständlichte Form des kategori-

alen Urteils, usw.) handelt, gilt das nicht mehr, eben weil es sich
da um ein ideales *Gegenständliches* handelt und nicht um seine
Idealität als solche. Für Gegenstände gilt nämlich die Unterscheidung zwischen den Weisen der Selbstgegebenheit und den Weisen
der Leermeinung. Die Selbstgegebenheit erfolgt im aktuellen
Vollzug einer Synthese, und es ist diese aktuell vollzogene Synthese, die Husserl ,,eine kategoriale Wahrnehmung oder Evidenz''
nennt. Die Idee als Regel der objektiven Konstitution aber übersteigt diese Evidenz. Wenn Husserl behauptet, die Ideen als
Regeln seien apodiktisch evident, so meint er eine andere ,,Evi-
denz'' als diejenige, in der das objektiv Konstituierte – sei es ideal
oder real – gegeben wird. Wenn er nun in der FTL sagt, die Idee
könne als solche (d.h. als nichts Gegenständliches, sondern im
Gegenteil das Gegenständliche apriori ermöglichend) in der Evidenz nicht gegeben werden, so meint er, daß die Einsichtigkeit
der Idee nicht wie die Evidenz der kategorialen *Wahrnehmung*
(von kategorialen *Gegenständen*) konstituiert wird.

Die Idee, oder das ideale Sein, schöpft ihren Sinn und Recht
aus einer ,,apodiktischen Evidenz.'' Diese ,,apodiktische Evidenz'' beruht darauf, daß der meinende Akt zugleich der Akt ist,
in dem das ideale Sein gegeben wird. Dies bedeutet aber nicht,
daß alles Erdenkliche zugleich ein ideales Sein beansprucht, oder
daß die Idealität gleichbedeutend wie Denkbarkeit ist. Denn das
in der Idee Gedachte ist keine *Sache*, kein gegenständliches Seiendes, sondern das ideale Wesen eines gegenständlichen Seienden,
oder korrelativ die Regel für seine Konstitution. Deshalb bedeutet die Denkbarkeit einer Idee eine *logische* Denkbarkeit (d.h. die
Denkbarkeit einer vernünftigen synthetischen Einheit), und ist
daher mit einer willkürlichen Erdichtung nicht gleichzusetzen.
Darin liegt, daß in der Idee eine gewisse *Verbindlichkeit* gedacht
wird, welche die Regelhaftigkeit der gegenständlichen Intentionalität ausmacht. Es genügt daher nicht, lediglich den Grund der
Einsichtigkeit der Idee (die Koinzidenz der Meinung und des
gebenden Aktes) anzugeben, um ihren Sinn und ihr Recht zu
begründen. Darüber hinaus muß man auch zeigen können, wie
die Idee für die Erfahrung (im weitesten Sinne), d.h. für das
Intendieren von Gegenständen verbindlich ist. Diese Verbindlichkeit muß man aus der Erfahrung selbst her begründen. Denn aus
der Idee her können wir nur zeigen, daß sie für unbestimmte

Gegenstände denkbar ist, d.h. daß sie schon durch den bloßen Denkvollzug zur „Gegebenheit" gebracht wird, nicht aber, daß sie für *bestimmte* Gegenstände verbindlich ist. Auf Gegenstände kommt es aber an, und eine *bestimmte Beziehung auf Gegenstände* kommt nur in den Akten zustande, die wir als *Erfahrung* bezeichnen. (Man trifft also in der Sphäre des Idealen eine ähnliche Problematik wie diejenige, die sich in Bezug auf das Gegebene stellte, sc. die Frage der Geeignetheit" der Empfindungsdaten für die bestimmte Darstellungsfunktion. Man könnte daher sagen, daß das Problem der Verbindlichkeit der Idee das kategoriale Gegenstück zur „Eignungsfrage" der Empfindungsdaten darstellt. Der Grund dieser Parallelität ist noch nicht freigelegt: sie gründet nämlich im transzendentalen Weltphänomen, insofern dieses der einheitliche Grund der Möglichkeit von Anschauung und Denken, von Erfahrung und Urteil ist). Es gilt also zu zeigen, wie wir in der bestimmten Bezugnahme auf Gegenstände, d.i. in der Erfahrung, dazu kommen, ein ideales Sein zu denken. Deshalb versteht Husserl die Frage nach Sinn und Recht als eine *genetische* Frage. Zu dieser Frage wird er eine Antwort in der Analyse der Erfahrungssynthesen und zwar in Hinblick auf deren Horizontintentionalität suchen. Aber bevor wir diese Thematik anschneiden, erörtern wir die zweite „logische Idealisierung," deren Methode und rechtmäßigen Sinn die Logik ständig voraussetzt, ohne sie früher geklärt zu haben. Diese „zweite logische Idealisierung" ist die der „Wahrheit an sich."

§ 29. Das Problem der „Wahrheit-an-sich" und Husserls Wahrheitsbegriffe

Wir kommen jetzt zur zweiten „idealisierenden Voraussetzung," nämlich jener, die mit der möglichen Wahrheit der Urteilsgebilde zu tun hat. Der Zweideutigkeit des Begriffes „Urteilsgebilde" entsprechend (der sowohl die Formen der Urteile als Meinungen, als auch die kategorialen Gegenständlichkeiten, die im Urteilen gebildet sind, bezeichnen kann) bedeutet „Wahrheit der Urteilsgebilde" einerseits die mögliche Wahrheit eines Urteils als einer Meinung, was Husserl „Richtigkeit" nennt, und andererseits die mögliche Wahrheit des Gegenstandes selbst, was Husserl im engeren Sinne die Wahrheit schlechthin nennt als das Wahre oder das Sein, das wahrhaft Seiende.

Bevor wir aber das konstitutive Problem der Wahrheitsvoraussetzung in Angriff nehmen, wollen wir – in Analogie zu dem, was wir bei der Erörterung der Voraussetzung der logischen Idealität getan haben – auch prüfen, wie der Begriff oder die Begriffe der Wahrheit vorher bestimmt wurden.

Schon in den LU hatte Husserl sich mit der Wahrheitsproblematik befaßt, und dabei vier Wahrheitsbegriffe unterschieden (vgl. LU III, § 39, S. 122 f.): 1.) Die Wahrheit als ,,die volle Übereinstimmung zwischen Gemeintem und Gegebenem als solchem''; 2.) die Wahrheit als ,,das ideale Verhältnis … zwischen den erkenntnismäßigen Wesen und der sich deckenden Akte''; 3.) die Wahrheit als ,,der gegebene Gegenstand in der Weise des gemeinten, … die Fülle selbst,'' d.h. die Wahrheit als das ,,Sein,'' das ,,Wahre''; 4.) die Wahrheit als ,,Richtigkeit der Intention (sp. z.B. Urteilsrichtigkeit), als ihr Adäquatsein an den wahren Gegenstand.''

Von diesen Begriffen behält Husserl in der FTL (§ 46, S. 113 f.) nur die beiden letzten bei, und zwar in einem engeren Sinn, denn er beschränkt sich hier auf eine Art der Setzungen, nämlich auf die prädikativen, oder, wie wie er sich in den LU ausdrückt, auf die ,,beziehenden Synthesen.'' Damit scheiden für FTL die ,,absoluten Positionen'' aus, anders ausgedrückt, die ,,nominalen'' oder ,,eingliedrigen Synthesen,'' in denen nicht zwischen Substrat und Prädikat geschieden wird (was z.B. in den Setzungen der sinnlichen Wahrnehmung geschieht). Die Möglichkeit dieser engeren Bestimmung der Wahrheit ist aber schon in den LU (LU III, S. 126) ausdrücklich berücksichtigt worden.

Der Grund, warum Husserl mit den engeren Wahrheitsbegriffen anfängt, liegt auf der Hand. Diese sind nämlich die Begriffe, die für die formale Logik und deshalb für Husserls Untersuchungen in der FTL ausschließlich von Bedeutung sind. Wie geht Husserl im einzelnen vor? [25]

---

[25] Es sind eigentlich zwei Fragen, die wir bezüglich der Einschränkung der Wahrheitsbegriffe beantworten müßten: 1.) Warum schränkt Husserl die Bedeutung des dritten und des vierten Wahrheitsbegriffes der LU ein? – Die Antwort ist: in FTL geht es ausschließlich um Urteile, die für die formale Logik von Belang sind. Diese sind aber lediglich (so scheint es zumindest) die *prädikativen* Urteile und ihre Korrelate, also die Setzungen der freien Denkspontaneität und ihre kategorialen Gebilde. 2.) Warum beschränkt sich Husserl auf den dritten und den vierten Wahrheitsbegriff? – Die Antwort hängt von einer Einsicht ab, die wir noch darstellen werden, nämlich daß die Logik von einem kritischen Interesse getragen wird, dem wir es

Er nennt den Begriff der Wahrheit als „Richtigkeit" des Urteils einen „kritischen Begriff der Wahrheit": dieser Begriff ist nämlich das Ergebnis der „kritischen Einstellung, die die Wissenschaft notwendig in ihrem Fortschreiten in Richtung auf das Ideal des absoluten Wissens einnehmen muß, d.h. das Wissen, das frei von jeder nicht erfüllten Voraussetzung und jeder nicht verifizierten Behauptung ist. (Diese Kritik, der sich die Wissenschaft unterziehen muß, ist natürlich nicht die letztbegründende transzendentale Kritik; sie ist schon im Inneren der positiven Wissenschaft am Werke als das „theoretische Interesse" am Werke, das konstitutiv für das Wissen als Wissenschaft ist, d.i. das Interesse an der Bewährung ihrer Urteile.[26] Für die Wissenschaft in der kritischen Einstellung und daher auch für die Logik als Theorie der Wissenschaft und als höchste Form der Kritik ist die Wahrheit also ein Charakter der wissenschaftlichen Urteile, d.h. nicht ein Charakter jeder Setzung und jedes Urteils, das den Anspruch erhebt, ein wahrhaft Seiendes zu erreichen, sondern nur der Urteile, die einen solchen Anspruch rechtfertigen können; es sind also die kritisch bewährten Urteile, „bewährt durch Adäquation an die entsprechenden kategorialen Gegenständlichkeiten ‚selbst,' ursprünglich wie sie in der evidenten Selbsthabe, das ist in der erzeugenden Aktivität an den erfahrenen Substraten ‚selbst' ursprünglich gegeben sind" (FTL, S. 113). Dieser erste Begriff wird fundamental für die wissenschaftliche Urteilsaktivität, soweit diese den logischkritischen Weg einschlagen muß. Aber, wie Husserl bemerkt (S. 115), hat die Kritik, die die Urteile als „Meinungen" thematisiert, um deren „Richtigkeit" zu prüfen, nur eine Vermittlungsfunktion, denn das letzte Ziel der wissenschaftlichen Urteilsaktivität bleibt die Erkenntnis der Gegen-

verdanken, daß wir thematisieren können, was sonst in unserer Ausrichtung auf die Gegenstände, worüber wir im Leben denken und sprechen, athematisch bleibt: einerseits die Urteile selbst, in denen unsere Erfahrungen und Gedanken über die Gegenstände zu Wort kommen, als *Meinungen*, und andererseits das, was in diesen Urteilen *als solches gemeint wird*, also die Sachverhalte als objektive Urteilsgebilde. In ihrer kritischen Einstellung prüft nun die Logik die Wahrheit des Urteils und die Wahrheit dieser logischen Konstruktionen. Dadurch wird die so geprüfte Wahrheit eine *im Urteil oder im Gegenstand selbst explizit gesetzte Wahrheit*, d.h. eine, die sich auf das ausdrückliche Bewußtsein der Adäquation zur Sache selbst, bzw. auf das Bewußtsein des Gegenstandes als eines wahrhaft seienden stützt. Wir können also sagen: die logische Wahrheit gehört zum Noema des Urteils selbst.

Die zwei ersten Wahrheitsbegriffe der LU bringen dagegen jene Wahrheit zum Ausdruck, die selbst nicht Thema in der wahren Setzung ist.

[26] Vgl. FTL § 44b, S. 108 ff.

ständlichkeiten, die den Urteilen als Substrate zu Grunde liegen. Diese sind die wahrhaft oder wirklich Seienden, über die als solche geurteilt wird und nach denen sich die Urteile „richten" müssen. Darum erweist sich der dritte Wahrheitsbegriff als der letzten Endes fundamentalste für die Wissenschaft. Er ist, wie Husserl sagt, „der an sich erste" Begriff der Wahrheit.

Es scheint also, daß der dritte Wahrheitsbegriff in den LU, der in FTL auf die Gegenstände der prädikativen Urteile eingeengt wird, einen Vorrang gegenüber den anderen Begriffen gewinnt. Wir wollen aber zeigen, daß der Begriff des Wahren auf den der Richtigkeit genauso angewiesen ist wie dieser auf jenen. Maßgebend für Husserls Bestimmung der Wahrheit ist nicht der Begriff des Wahren an sich, sondern, wie sich noch herausstellen wird, die *Idee* der Wahrheit an sich.

In der wechselnden Bewertung der beiden Wahrheitsbegriffe kann man eine gewisse „Dialektik" beobachten, denn, wenn der eine Begriff voll bestimmt werden soll, so muß der andere berücksichtigt werden, und umgekehrt. Das vor- und aufgegebene Ziel der Wissenschaft – des Wissenschaftlers, der erkennen will – ist die Wahrheit als das wahre Sein. Die Reflexion aber zeigt, daß das Wahre Korrelat eines Erkennens ist, d.h. eines Meinens, das eben im Urteilen, in der Setzung des wahren Seins am Werke ist. Das bedeutet, daß die Selbstgebung des Wahren eine Möglichkeit des Urteils ist; sie aber impliziert die Gegenmöglichkeit der Nichtgebung, der „Andersgebung" und der Enttäuschung. Daher ist es für die wissenschaftliche Vernunft, die in konsequenter Weise an dem Ideal des wahren Wissens orientiert bleibt, notwendig, die Erkenntnisaktivität und deren Meinungen als solche zu thematisieren (S. 109). In diesem „kritischen Moment" interessieren sie nicht mehr die Gegenstände als solche, sondern die Meinungen in ihrer Ausrichtung auf die Gegenstände. (Die Meinungen können natürlich nicht nur noetisch als Akte des Ich, sondern auch noematisch als die signitiven Intentionen vor der Erfüllung, also als das Gemeinte oder Gedachte als solches verstanden werden.[27]) So erzeugt sich für die wissenschaftliche Vernunft, die sich auf ihr eigenes Erkenntnisstreben einstellt, der zweite Wahrheitsbegriff (als Urteilsrichtigkeit). Der Wissen-

---

[27] Das Geurteilte als solches, nicht das Beurteilte. Vgl. *Ideen I*, S. 233.

schaftler thematisiert die Intention bzw. das Intendierte als
solches (den noematischen Sinn), um seine Richtigkeit zu prüfen,
d.h. um seinen Wahrheitsanspruch zu verifizieren. Das aber bedeutet: die wissenschaftliche Vernunft vergißt nicht, daß die
Richtigkeit des Urteils sich am Richtmaß des wahrhaft seienden
Gegenstandes regelt. Es ist der selbstgegebene Gegenstand, der
dem richtigen Urteil sozusagen dessen Richtlinien vorschreibt.
M.a.W., um sich zu vergewissern, daß der intendierte Gegenstand
wirklich (wahrhaft) erreicht wird, thematisiert der Wissenschaftler das noematisch Intendierte als solches, um es mit dem Gegebenen zu vergleichen. So scheint der erste Wahrheitsbegriff vorherrschend zu werden. In Wirklichkeit aber hat dieser Begriff
sich verändert, denn es hat sich herausgestellt, daß das Gegebene
nur Gegebenes *dieser Intention* ist. Aus der Definition in den LU,
die Wahrheit sei ,,der gegebene Gegenstand *in der Weise des gemeinten*'' (meine Unterstreichung), erhellt sich, daß die Wahrheit
hier das Wahre *einer Meinung* ist. Da für FTL nur die prädikativen Meinungen in Frage kommen, so kann man sagen, daß das
Wahre das ist, was in dem richtigen Urteil ausgemacht wird.
Wahr ist (vom logischen Standpunkt aus) nur der Gegenstand,
der ausdrücklich *als wahr gesetzt* wird, oder die Meinung, die um
ihre Richtigkeit ausdrücklich weiß.

Der Begriff des Wahren mag der ,,an sich erste'' Wahrheitsbegriff sein, insofern das wahre Seiende das ist, wonach sich das
Urteil richtet und somit ,,richtig'' wird. Dieses ist nun natürlich
kein transzendentes ,,Ding-an-sich,'' sondern das Korrelat eines
Bewußtseins, und zwar jenes, das seine Akte in prädikativen
Urteilen artikuliert. Nur deshalb erklärt es sich, daß Husserl auch
den Begriff des Wahren analytisch-formal nannte (FTL, S. 113),
d.h. einen Begriff der formalen Logik, der also durch die Thematisierung der Formen des prädikativen Urteils und dessen Korrelate (die kategorialen Formen der Gegenständlichkeit überhaupt)
gewonnen wird. Die logische Disziplin, deren Thema das prädikative Urteil als Meinung (entweder als Noesis oder als Noema)
ist, nennt Husserl ,,reine Apophantik,'' während die korrelative
Disziplin, deren Thema die Kategorien des ,,Etwas überhaupt''
ausmachen, ,,formale Ontologie'' genannt wird.[28] Wenn man also

[28] Vgl. FTL, S. 69.

nach dem Ort dieser Begriffe innerhalb der formalen Logik fragt, so muß man antworten, daß der Begriff der Richtigkeit der reinen Apophantik, der des Wahren jedoch der formalen Ontologie zu- zuschreiben ist. Aber diese logischen Disziplinen stehen nach Husserls Meinung in der Korrelation, daß sie sich genau wider- spiegeln; sie unterscheiden sich nur durch die Richtung, aus der sie das gemeinsame Thema behandeln. Diese strenge Korrelation erlaubt uns jetzt zu behaupten, daß der Begriff des Wahren das formal-ontologische Gegenstück zum apophantischen Begriff der Richtigkeit ist. Eine weitere Unterstützung für unsere Aussage können wir den ,,Vorlesungen zur passiven Synthesis'' (welche übrigens den Ausgangspunkt zum Entwurf der Problematik von FTL und EU abgegeben haben) entnehmen: ,,Dieses Ansich spal- tet sich gemäß den Korrelationen: als Richtigkeit an sich gehört es zum Glauben, als Wahrheit an sich, Wahrheit im prägnanten Wortsinn, gehört es zum Sinn bzw. Satz. Der Wahrheit an sich entspricht der Gegenstand an sich. Jetzt ist das Ansich gehörig zum Gegenstand'' (HUS. XI, S. 105). Husserl hat freilich hier die noetisch-noematischen Korrelationen im Auge, nicht die Korre- lationen von logischen Disziplinen. Für unsere Zwecke ist trotz- dem das Resultat das selbe, soweit die Verbundenheit der beiden Wahrheitsbegriffe bekräftigt wird.

Es gilt jetzt, ein anderes wesentliches Moment in Husserls Bestimmung der Wahrheit hervorzuheben. Zunächst beschrän- ken wir uns wie Husserl auf den Richtigkeitsbegriff. Die Richtig- keit ist notwendig ein Urteilscharakter, und trotzdem, sagt Husserl (vgl. FTL, S. 174), ist sie kein eigenwesentlicher Urteils- charakter. Nicht nur daß es nicht-richtige Urteile gibt, sondern auch: der Anspruch auf Richtigkeit (die auch die nicht-richtigen Urteile erheben, oder zumindest sich als diesen Anspruch erhe- bend ausgeben, wie in der Lüge) ist nicht wesentlich für alle Urteile. ,,Urteil ist ein kategorialer Glaube (grammatisch ausge- drückt prädikativer) – im gewöhnlichen engeren Sinn unmoda- lisierte kategoriale Gewißheit – also nicht schon ein Sich-über- zeugthaben durch irgendwelche Zeugen und Zeugnisse, auch nicht die letztentscheidenden: die ,Sachen selbst.' Also in ihrem Eigen- wesen haben Urteile nichts von einem Anspruch auf Wahrheit und Falschheit, aber es kann jedes die praktische Intention auf Bewährung, auf das ,es stimmt,' oder auf Entscheidung, ob es stimmt oder nicht stimmt, in sich aufnehmen, es kann subjektiv, als Urteil im urteilenden Meinen, in genauer zu unterscheidende intentionale Zusammenhänge der Bestätigung und evidenten Bewährung treten'' (S. 174). Man sieht hier, wie konsequent Husserl sich an den engeren Wahrheitsbegriff hält: die Wahrheit als Richtigkeit des Urteils, als dessen Adäquation an das Wahre, ist ein Produkt der Bewährung, und muß also vom nicht-modalisierten Seinsglauben unterschieden werden. Der logische Wahrheitsbegriff muß infolgedessen zusammen mit dem Zweifel, der Fraglichkeit, der Möglichkeit, zu den Modalitäten gezählt werden. Die Logik denkt nun jedes Urteil als eine ,,zu bewährende Behauptung''; jedes Urteil wird ,,also in der Erkenntnisintention gedacht, bzw. jedes als in Frage zu stellen, und danach jede Wahrheit als eine, sei es durch direkte rechtgebende Evidenz oder durch Evidenz mittelbarer Methode gewonnene Entscheidung gedacht. Gilt es nun für den im Erkenntniswillen lebenden Wissenschaftler, jedes so noch nicht entschiedene Urteil zur Richtigkeitsentscheidung zu bringen, und um gegenüber zu erneuernden Zweifelsfragen und kritischen Einwänden zu bestehen, auch die schon entschiedenen evtl. nachprüfend wieder so zu behandeln, so liegt für den Logiker und die Logik im Stande der Posivität *immer schon eine Grundüberzeugung voran*, eben diejenige, die jeden Wissenschaftler in seinem Gebiet unausgesprochen leitet: die der *Wahrheit an sich* und *Falschheit an sich. ... Jedes Urteil ist an sich entschieden*, es ,gehört' sein Prädikat der Wahrheit oder Falschheit zu seinem Wesen – obschon es, wie oben gezeigt, kein konstituierendes Merkmal irgendeines Urteils als Urteil ist'' (S. 174 f.).

Zwei Gedanken werden hier unterschieden: der erste betrifft die Konstitution des Urteils als eines richtigen. Wir gebrauchen das Wort Konstitution für die Wahrheit des Urteils auf die Gefahr hin, den Verdacht auf eine schlechte Subjektivierung zu erwecken. Genau genommen aber bedeutet die Konstitution nichts mehr als das, daß ein Urteil erst zu einem möglich wahren wird, wenn die *Intention* auf die Selbstgegebenheit eines Gegenstandes (wie er im Urteil gesetzt wird) für sich selbst vergegenständlicht wird, also nicht nur, wenn man die Intention bloß erlebt, in ihr aufgegangen dahinlebt, sondern auch wenn sie explizit in Griff genommen wird. Parallel zu dieser Konstitution der Urteilswahrheit erfolgt auch die Konstitution des Gegenstandes als eines wahren, und erst jetzt kann sie erfolgen, denn durch die Hervorhebung der *Intention* auf Selbstgegebenheit wird auch der Gegenstand als das Selbst dieser Intention hervorgehoben; d.h. er erscheint nicht nur als ein Gegebenes, sondern auch, da man auf die Intention gleichzeitig achtet, als der gegebene Gegenstand *in der Weise des gemeinten*. Dies ist aber die Definition des wahren Seienden in den LU.

Der zweite Gedanke betrifft die Idee der Wahrheit an sich, welche man jetzt mit dem Begriff des wahren, an sich seienden Urteilsgegenstandes nicht mehr verwechseln darf. Denn die Wahrheit an sich ist nicht das Konstituierte in der Bewährungssynthese, sondern die Bedingung der Synthese, d.h. dasjenige, dessen Möglichkeit man von vornherein voraussetzen muß, um ein Urteil bzw. dessen gegenständliches Korrelat als wahr zu denken. Man könnte sagen, daß Husserls Denken über die Wahrheit in der FTL drei Hauptstationen durchläuft: *Erstens* wird der Wahrheitsbegriff definitorisch als Urteilsrichtigkeit und als Wahrheit des Urteilsgegenstandes bestimmt. *Zweitens* erweist sich die so bestimmte Wahrheit als das Erzeugte in einer Bewährungssynthese. *Drittens* ergibt sich, daß die Bewahrheitungssynthese nur aufgrund der Voraussetzung der Wahrheit an sich möglich ist.

§ 30. *Die Idee der Wahrheit an sich als konstitutives Problem*

Es fragt sich jetzt, wie die Idee der Wahrheit an sich selbst zustande kommt. Versteht man nun diese Frage als eine Frage nach dem Evidenzmodus, in dem diese Idee zur vollen Klarheit ihres Sinnes gebracht werden soll, so muß man unvermeidlich auf folgende Alternativen stoßen: 1. Entweder ist die Idee der Wahrheit an sich eine vorgegebene Vorstellung, die von sich aus ,,klar'' und ,,deutlich'' ist, so daß man sie unmittelbar versteht, ohne daß es notwendig wäre, sie in einer Synthese hervorzubringen. 2. Oder aber sie ist nicht vorgegeben, sondern selbst in einer aktiven Synthese des denkenden Ichs konstituiert.

Die erste Alternative erweckt den Verdacht, eine Rückkehr zum klassischen Rationalismus darzustellen. Sie impliziert ja, daß die Idee der Wahrheit an sich auch ein eigentümlicher Bewußtseins*inhalt* und somit eine faktische Angelegenheit des Denkens wäre. So scheint es, daß wir auf die zweite Alternative angewiesen sind. Die Idee der Wahrheit an sich wäre nichts Ursprüngliches, unmittelbar Verstandenes, sondern das Produkt einer aktiven Denksynthese, die man in Absicht auf ihr Endergebnis einen Idealisierungsprozeß nennen könnte. Husserl spricht nun von solchen Idealisierungsprozessen, die für die Wissenschaft und deren kritisches Instrument, die formale Logik, grundlegend sind. Ist die Idee der Wahrheit an sich ein Konstituiertes in diesem Sinn, d.h. in demselben Sinn wie die *Gegenstände* der Wissenschaft und der Logik, also die an sich seiende und objektiv bestimmbare Natur und die identischen logischen Gebilde? Dagegen spricht folgendes: die Idee der Wahrheit an sich ist eben gedacht als die Bedingung dieser idealisierenden Synthesen der Wissenschaft und der Logik; sollte sie also in ähnlichen Synthesen konstituiert werden, so müßten wir auch eine andere Idee als Regel für diese Synthese voraussetzen. Wir müßten dann fragen, wie diese neue Idee zustande kommt, und würden deshalb vor derselben Antithese stehen wie früher, und somit würde ein unendlicher Regreß entstehen.

Diese Schwierigkeit ist im Grunde dieselbe, die Husserl bezüglich der transzendentalen Identität der Urteilsgebilde aufgedeckt hatte. Sie tritt nämlich auf, wenn man die Frage nach der Evidenz stellt. Es wird sich also für die Idee der Wahrheit an sich ergeben, daß sie jede faktische Evidenz übersteigen muß, und darüber hinaus, daß das Bewußtsein, in dem diese Idee gedacht wird, gar nicht die Struktur der Evidenz haben kann, und daß somit ihr rechtmäßiger Sinn anders zu begründen ist. Das alles hatten wir ohnehin schon für die Idee der transzendenten Urteilsidentität eingesehen, indem es sich erwies, daß für diese das Verhältnis der Adäquation von Meinung und Selbstgegebenheit, welches die Evidenz ausmacht, nicht mehr konstituierend ist.

Wir haben aber noch nicht sehen können, was dies für ein Bewußtsein, das Ideen denkt, konkret und positiv sein kann. Wir haben es nur negativ abgegrenzt, indem wir sahen, daß es *nicht* Evidenz sein kann. Husserl wird jetzt das Wesen der Idee und des Ideen denkenden Bewußtseins positiv bestimmen.

Um an Husserls Frage der Wahrheit an sich näher heranzukommen, wenden wir uns zunächst den ,,Vorlesungen zur passi-

ven Synthesis''²⁹ zu. Husserls Gedankengang kann folgendermaßen beschrieben werden:

Husserl bemerkt als erstes, daß die Rede von Wahrheit und
Bewahrheitung in Bezug auf die vorprädikative Erfahrung kaum
vermieden werden kann, denn schon auf der Stufe der ,,puren''
Passivität nimmt das doxische Leben die Gestalt der Intention
auf Selbstgebung an. ,,Durch das passive Leben gehen also immer
neu sich verflechtende Synthesen der Erfüllung. Immerfort ein
Hinstreben auf Anschauung, die das vermeinte Selbstverwirk-
licht – immerfort, das Wort drängte sich uns auf, Bewahrheitung. Das erfüllende Selbst als das, worauf die Intention hinaus-
wollte, hat doch den Charakter des für das Subjekt Wahren und
hinfort bleibend Geltenden'' (HUS. XI, S. 102). Es scheint also,
meint Husserl, daß genau dasselbe sich sowohl in der untersten
Stufe der puren Passivität, als auch in der höchsten Stufe der
Aktivität, d.h. der prädikativen und theoretischen Erkenntnis
abspielt. Aber die Darstellung dieser gemeinsamen Struktur der
Aktivität und Passivität, sc. das Hinstreben auf Selbstgebung, genügt noch nicht, um die ,,Leistung echter Bewahrheitung'' voll verständlich zu machen. Die Wahrheit hat nämlich
einen Überschuß, einen Geltungsüberschuß über die Evidenz.
,,Gibt Evidenz, gibt die unmittelbar geschaute *adaequatio* schon
Wahrheit im vollen Sinn? Wahrheit ist doch Endgültigkeit. Aber
Selbsthabe, Erfahrung kann mit Erfahrung in Streit kommen, es
kann Modalisierung eintreten. Kann das nicht *in infinitum* fort-
gehen, also niemals eine Endgültigkeit erreicht werden? Und
wenn es eine solche geben sollte, wie davon wissen?'' (102)

Die Geltungsweise beider unterscheidet also die bloße Evidenz
von der Wahrheit. In der Evidenz haben wir das Bewußtsein der
Selbstgegebenheit eines Gegenstandes, d.h. der Adäquation von
Gemeintem und Gegebenem. Diese Bestimmung gibt in LU sowohl den Begriff der Wahrheit als den der Evidenz ab. Bis in die
späten Werke drang die Idee ein, daß die Evidenz das subjektive
Korrelat der Wahrheit ist. Vgl. z.B. FTL, S. 113. Und trotzdem
beginnen Wahrheit und Evidenz jetzt auseinanderzufallen. Es
herrscht aber zwischen Gemeintem und Gegebenem eine wesentliche Heterogeneität, die sich darin bekundet, daß das Gemeinte

---

²⁹ Vgl. HUS. XI, § 23, S. 101 ff.

(von einem Standpunkt her) sozusagen immer mehr als das Gegebene ist, wobei von einem anderen Standpunkt her genau das
Umgekehrte sein kann.[30] Die Identifizierung des Gegebenen mit
dem Gemeinten erfolgt nicht in derselben Weise, wie die umgekehrte Identifizierung des Gemeinten mit dem Gegebenen (und
das sowohl, wenn wir das Gemeinte als das Vorgegebene ansehen).
Das Gemeinte hat nämlich dem Gegebenen gegenüber den Charakter der Idealität, und dem Gegebenen haftet immer der Charakter der Faktizität an: es bleibt immer eine faktische Verwirklichung des Gemeinten, und deshalb schließt das Bewußtsein der
Identität von Gemeintem und Gegebenem, d.h. die Evidenz, in
sich immer das Bewußtsein der Möglichkeit der Modalisierung.
In diesem Sinne ist die Evidenz nie *endgültig*, sondern verweist
immer auf einen unendlichen Prozeß der Bewahrheitung. Was
aber in diesem fließenden Bewahrheitungsprozeß angestrebt wird,
ist die „Feststellung" einer Wahrheit, d.h. die Erreichung der
vollkommenen Angleichung des Gegebenen an das Gemeinte. Die
Voraussetzung dazu ist nicht nur, daß etwas schon als Substrat
in der Relativität der evidenten Selbstgegebenheit vorliegt, sondern auch daß diese Relativität bewußt ist. Das kann aber nur
sein, wenn wir den Beziehungspol dieser Relativität besitzen,
nämlich die Idee der Wahrheit an sich. „Jedes Urteil, meinen wir,
hat seine Norm in einer an sich gültigen Wahrheit, ob wir sie nun
schon kennen und je erreichen werden oder nicht. Subjektiv
vollzieht sich die Normierung, die Anmessung an die Norm in der
evidenten Bewährung, da eben, wie wir meinen, in der erfahrenden, der selbstgebenden Anschauung das normierende Wahre,
eben als das erschaute Selbst, unmittelbar in unseren Griff
kommt" (Hus. XI, S. 103).

Das Wesen dieses „normativen" An sich versucht Husserl am
Beispiel eines mathematischen Urteils zu erklären. Ein mathema-
tisches Urteil ist an sich wahr im Sinne, daß es von vornherein
für jedes mögliche Bewußtsein entschieden ist, ob das Urteil
„bewährbar oder entwährbar" ist. Seine Wahrheit oder seine
Falschheit ist eine vorherbestimmte. „Es ist gleichsam vorherbestimmt, wie die Würfel fallen, ob auf die positive oder auf die
negative Seite" (HUS. XI, S. 104).

[30] Vgl. oben S. 113 f.

Es fragt sich nun, ob *jedes* Urteil tatsächlich „an sich bestimmt und im voraus" (HUS. XI, S. 105) ist. Daß die mathematischen Urteile so sind, stellt Husserl nicht in Frage. Eigentlich aber müßte er noch erklären, woher wir es Wissen; das würde dann die Entfaltung einer konstitutiven Theorie der „exakten Gegenständlichkeiten" der Mathematik erfordern; dies fällt aber aus dem Rahmen der Vorlesungen heraus, die sie sich mit der Konstitution der „äußeren Welt" in den Synthesen der Passivität befassen. Wenn also Husserl fragt, ob jedes Urteil tatsächlich im voraus entschieden ist, so will er konkret „das Problem des *empirischen* Ansich" (S. 105) aufrollen. Dieses Problem betrifft zunächst die immanente Sphäre, „trotz ihres Vorzuges durch die Evidenz des Ego. In der Tat, wenn wir uns ein Bewußtsein denken, das in Passivität Töne, Farben und dergleichen hyletische Daten im immanenten Zeitbewußtsein gegeben hat, diese Daten sich im Werden konstituierend, so ist durchaus nicht einzusehen, wie es *an sich*, im voraus, entschieden sein soll, ob nach einem Ton gerade dieser neue Ton und überhaupt ein neuer auftreten soll" (S. 105). Das Problem betrifft aber auch die Sphäre der realen Transzendenz, d.h. die raum-dingliche Welt, „mindestens wenn wir uns sie in einem Bewußtsein rein passiv konstituiert denken" (S. 106). Die raum-dingliche Welt baut sich auf aus der Verknüpfung von mannigfaltigen Innen- und Außenhorizonten zur Einheit eines letzten, alles umfangenden Außenhorizonts. Dementsprechend ist die Wahrheit dieser Welt das Korrelat eines motivierten Erfahrungsglaubens, der sich unendlich in der Übereinstimmung von Erfahrung mit Erfahrung bewährt und bekräftigt. Wenn nun die Welt die Einheit der Erfahrung ist, und zwar eine Einheit, die nicht vorgegeben und im voraus sicher ist, sondern sich im Verlauf der Erfahrung bewähren muß, ist es dann nicht denkbar, daß die Erfahrung auch derart verlaufen kann, „daß alles zu einem wirren Durcheinander wird, daß alle wahrnehmungsmäßige Weltordnung sich zerstört, daß diese Welt sich als Einheit der Erfahrung gar nicht mehr durchhält, daß sie bewußtseinsmäßig zerflattert, daß alle Empfindungsdaten ihre Apperzeptionsauffassungen, die selbst nur in einstimmigen Glauben wirklich Erscheinungen bewußtmachen, verlieren?" (S. 106). Auch wenn die Erfahrung einen geregelten Ablauf behält, so besagt das noch nicht notwendig, „daß diese Welt über die aktuelle Erfahrenheit hinaus eine im voraus bestimmte, eine an sich bestimmte sei'' (S. 108).

Der Ertrag dieses Paragraphen aus den ,,Vorlesungen zur passiven Synthesis'' kann in zwei Unterscheidungen festgehalten werden: erstens, die zwischen der Wahrheit als Endgültigkeit und der Evidenz als modalisierbares Bewußtsein einer Selbstgegebenheit; zweitens, die zwischen dem ,,mathematischen'' und dem ,,empirischen'' Ansich. Die Frage des ,,empirischen'' Ansich lassen wir zunächst beiseite, denn sie fällt aus dem Rahmen der logischen Problematik, die wir jetzt behandeln, heraus. Später aber werden wir auf sie zurückkommen müssen, um gerade die Thematik des logischen Ansich in ihren tiefliegenden Implikationen zu behandeln. Die Frage des ,,mathematischen'' Ansich wollen wir jetzt neu aufwerfen, und zwar ausgehend von dieser Einsicht in den gegensätzlichen Charakter des ,,mathematischen'' Ansich, dessen Wahrheit eine ,,endgültige'' ist, und der prinzipiell modalisierbaren Evidenz.

Die Frage der Wahrheit an sich wird in FTL vom Standpunkt der logischen Prinzipien aus angeschnitten, die die logische Wahrheit oder Falschheit ,,definieren'' (FTL, S. 174) oder ,,axiomatisch auslegen'' (FTL, S. 170), indem sie die formalen Bedingungen der möglichen Wahrheit ausdrücken. Diese Prinzipien sind erstens der Satz vom ausgeschlossenen Dritten, der lautet: jedes Urteil ist entweder wahr oder falsch; und der Satz vom Widerspruch, der sagt, daß zwei einander widersprechenden Urteile nicht zugleich wahr oder falsch sein können (vgl. FTL, S. 181 f.). Es kommt dabei nach Husserls Meinung ein Begriff der Wahrheit zur Bestimmung, der seinen Sinn und sein Recht aus keiner faktischen Evidenz schöpfen kann. Man könnte freilich meinen, daß dieser Begriff ,,aus Exempeln wahren Seins und prädikativer Wahrheit'' (FTL, S. 170) abgezogen wäre und zwar durch die Methode der Wesensverallgemeinerung, deren sich die Logik in der Tat ständig bedienen muß, um die kategoriale Gegenständlichkeit zu konstruieren, welche sein thematisches Feld ausmacht. Es verhält sich jedoch mit der Frage der Wahrheit an sich genauso, wie bei der Frage der idealen Identität, wo ,,die Erkenntnis gewisser idealisierenden Voraussetzungen zu subjektiv gerichteten Untersuchungen'' zwingt (FTL, S. 170). Daraus ist zu entnehmen, daß diese Idealisierungen nichts mit der Methode der

Wesensideation zu tun haben. Das leuchtet ein, wenn man beachtet, daß die fraglichen Idealisierungen sich mit der Konstitution von *Ideen* (der Wahrheit an sich, der logischen Identität, und darüber hinaus des Dinges, der Natur, d.h. des Bereichs des sachlichen Apriori im allgemeinen) befaßen, während die Wesensideation mit der Konstitution von bestimmten Gegenständlichkeiten (ob in sachlich-synthetischer oder ob in formal-analytischer Absicht ist gleichgültig) zu tun hat; diese letztere Konstitution setzt eben das Vorverständnis jener Ideen als konstitutiver Regeln voraus.

Wir haben schon anläßlich der Erörterung der Frage der logischen Identität gesehen, wie diesen Evidenzen der Wesensideation (wie allen Evidenzen überhaupt) eine gewisse Faktizität anhaftet, die der Allgemeingültigkeit und Überzeitlichkeit der Idee zuwiderläuft. Dieselbe Erkenntnis bringt Husserl wiederum für die Idee der Wahrheit an sich zur Geltung: ,,Wir wissen alle sehr wohl, wie wenige Urteile irgendjemand *de facto* und bei bestem Bemühen anschaulich ausweisen kann; und doch soll es apriori einsehbar sein, daß es keine nicht-evidenten Urteile geben kann, die nicht ,,an sich" evident zu machen wären, und zwar im Sinne positiver oder negativer Evidenz" (S. 172). Es entstehen also auch für die Idee der Wahrheit an sich dieselben konstitutiven Komplikationen, die für die Idee der transzendenten Urteilsidentität entstanden waren. Sie lassen sich in der Grundfrage sammeln: Wie kann die Idee der Wahrheit an sich einsichtig sein, obwohl sie in einer Evidenz nicht konstituiert werden kann?

Das ist nun für die Wahrheit an sich um so rätselhafter, als die Wahrheit kein eigenwesentlicher Urteilscharakter ist (S. 174). Wir haben oben schon erklärt, wie das zu verstehen ist. Hier sei nur hinzugefügt, daß der Logiker eben dieser Uneigenwesentlichkeit der Wahrheit für das Urteil überhaupt die Möglichkeit verdankt, die Urteile als bloße Meinungen vorzustellen, und so eine reine Konsequenzlogik der formalen Widerspruchslosigkeit zu entwerfen, die absichtlich von der Wahrheit absieht. Unternimmt jedoch der Logiker die Entfaltung einer Wahrheitslogik – wie es nicht nur möglich, sondern auch notwendig ist (obwohl auf einer noch formal-analytischen Stufe) – so muß es ihm gleich einleuchten, daß *jedes* Urteil ,,an sich" auf seine mögliche Wahrheit oder Falschheit hin ,,entschieden" ist. In der Universalität, die in

diesem „jedes" zu Wort kommt, liegt der Idealisierungscharakter
der Wahrheit an sich, denn wir sind auf die evidente Ausweisung
eines jeden Urteils als eines wahren oder falschen angewiesen, um
jene universale These aufzustellen. Damit kommt ein „erstaun-
liches Apriori," sagt Husserl, zum Vorschein, denn wie sollen wir
wissen, daß jedes Urteil entscheidbar ist, und daß es mögliche
Denkwege gibt, um seine Wahrheit oder Unwahrheit festzustellen? Wie sollen wir auch wissen können, wenn darüber hinaus
auch die Wahrheit eines jeden Urteils, jede Evidenz der Adäquation, in der seine Wahrheit festgestellt ist, transzendieren muß?

Hierin liegen viele ungeklärte Voraussetzungen, die es jetzt zu
enthüllen gilt. Liest man nun die §§ 78 und 79 von FTL zusammen, so sieht man, daß da von solchen Voraussetzungen in drei-
fachem Sinn die Rede ist. Die erste Voraussetzung ist natürlich,
daß es Wahrheiten an sich gibt. „Vor allem, daß in der Tat Wahrheiten an sich bestehen, die man suchen und auf den an sich
schon vorgezeichneten Zugangswegen auch finden kann, ist doch
eine der fraglosen Selbstverständlichkeiten des Lebens" (FTL,
S. 176). Daß Wahrheiten an sich bestehen, bedeutet, wie eben
gesehen, daß jedes Urteil „entscheidbar" oder „an sich entschieden" ist,[31] und zwar durch mögliche Adäquation bzw. Inadäqua-
tion an den „wahren Gegenstand" des Urteils. Selbst in der
Voraussetzung der Wahrheit an sich liegt noch eine weitere Implikation beschlossen, die die *Evidenz* betrifft, als die „Methode"
oder der „gangbare Weg erkennenden Denkens, der unmittelbar
oder mittelbar zu einer Adäquation, zu einer Evidentmachung
der Wahrheit oder Falschheit jedes Urteils führt" (FTL, S. 175).

Während nun die Naivität der ersten Voraussetzung darin
liegt, daß man nie fragt, „ob es eine Wahrheit gebe, sondern jeweils nur, wie sie erreicht werden könne" (S. 176), so liegt die
Naivität der zweiten Voraussetzung darin, daß man die Gültigkeit der Evidenz, in der die Wahrheit erreicht wird, eigentlich nie
einer kritischen Prüfung unterwirft. Der Logiker fragt ja nie, ob

---

[31] „An sich" bedeutet hier: 1.) Das Gegenteil von „Für uns." Nicht jedes Urteil ist
für uns entschieden – was dann erst in einer aktuellen Evidenz geschehen kann –, obwohl „an sich" schon entschieden sein muß. (Das freilich aufgrund einer logischen
„Grundüberzeugung"! Das bedeutet, daß dieses „An sich" am Ende doch auch ein
„Für uns," „für uns als Logiker" ist). 2.) Das ideal-transzendente Sein des wahren
Urteils im Gegenzug zur faktischen Evidenz, in der dieses Urteil als ein wahres konstituiert wird.

die fraglichen Evidenzen ihrer Struktur nach imstande sind, das zu leisten, was wir von ihnen erhoffen: die Begründung des jeweiligen Anspruches auf die Wahrheit. Der Logiker verfügt in einer ,,praktischen'' Weise über diese Evidenzen, er weiß, wie er sie durch die Methode der Wesensideation herbeiführen kann; er muß ja darüber verfügen, sonst würde er seinen ,,Gegenstand,'' die kategorialen Urteilsgebilde, nicht thematisieren können. Er kann aber nicht den Sinn dieser Evidenzen durchschauen, weil er – verloren in der objektiven Einstellung – die subjektiven Konstitutionsprozesse nicht thematisiert. Nur in der philosophischen Reflexion wird es versucht, und ein Beispiel dieser Versuche ist Husserls Theorie der kategorialen Wahrnehmung in der VI. Logischen Untersuchung.

Der Logiker kann ,,praktisch'' über diese Evidenzen verfügen, allein weil er, wie jedermann übrigens, ein athematisches Verstehen des Sinnes dieser Evidenzen hat. Deshalb glaubt er, über diese Evidenzen auch theoretisch zu verfügen. Indem er nun wegen dieses stummen, unartikulierten Verstehens das Bedürfnis der Theorie (bezüglich dieser Evidenzen) nicht spürt, so verkennt er nicht nur die Struktur seiner Evidenzen als Akte des Ich, sondern auch und erst recht die Implikationen dieser Evidenzen. Denn die ,,Urteilsevidenzen können *Voraussetzungen* haben – nicht gerade Hypothesen, sondern im Bereich der Evidenz der sachlichen Unterlagen mitbeschlossenen, also die Wahrheiten und Falschheiten mitfundierenden Voraussetzungen – die eben nicht zur evidenten Fixierung kommen, weil das Erkenntnisinteresse nicht in diese Richtung geht und es sich vielleicht um Selbstverständlichkeiten einer Art handelt, die im betreffenden Erkenntnisgebiet in immer gleicher Weise ihre eben darum uninteressante Rolle spielen'' (FTL, S. 176 f.).

Damit berühren wir die dritte Voraussetzung, die – wie es im § 80 von FTL heißt – die *Horizontintentionalität* betrifft, und die Husserl, obwohl er diese Thematik schon in den *Ideen I*[32] eingeführt hatte, erst jetzt in ihrer grundlegenden Bedeutung für die Konstitutionstheorie in Angriff nimmt. Mit der Entfaltung dieser Thematik werden wir endlich die Antwort finden, wie die Ideen der Wahrheit an sich und der logischen Identität eigentlich

---

[32] Vgl. Anmerkung Husserls dazu auf S. 177 von FTL.

konstituiert werden, und zwar so, daß man die Aporien des unendlichen Regresses oder der Faktizität vermeiden kann.

§ *31. Die Idee der Wahrheit an sich und die ,,Horizontintentionalität''*

Die phänomenologische Aufgabe einer transzendentalen Begründung der Logik durch Klärung des Sinnes und Legitimation des Rechts der logischen Konstruktionen verlangt, wie wir sahen, nicht nur, daß die Evidenzen im eigentlichen Sinne, in denen sich diese logischen Gebilde konstituieren, sondern auch deren ,,Voraussetzungen'' oder ,,Implikate'' thematisiert werden. Diese Rede von ,,Voraussetzung'' der Urteilsevidenzen wird gemeinhin so verstanden, als ob sie den fundierenden Evidenzen der sinnlichen Erfahrung gelten sollte. Daß jedes Urteil mittelbar oder unmittelbar Bezug auf individuelle Erfahrungsgegenstände hat, daß die kategoriale Evidenz in einer aufweisbaren Weise auf der sinnlichen Evidenz fundiert ist, und daß somit diese letzte von jener in dieser Hinsicht vorausgesetzt oder impliziert wird, das wollen wir natürlich nicht bestreiten. Richtet man sich aber bei der Erörterung der Frage der Wahrheit an sich danach, so entsteht die Auffassung, daß die Klärung der intentionalen Implikationen der prädikativen Evidenz sich in einer ,,transzendentalen Ästhetik'' entfalten sollte, deren Thema die Konstitution der individuellen Erfahrungsgegenstände ist, während sich die ,,transzendentale Logik'' mit den darauf fundierten Allgemeinheiten befassen sollte. Husserl selbst leistet dieser Interpretation Vorschub, wenn er die Problematik der Ursprungsklärung des prädikativen Urteils so bestimmt, als wäre sie um die Frage nach dem zentriert, was über die *formalen* Bedingungen der Urteilswahrheit hinaus hinzukommen muß, um diese Wahrheit zu ermöglichen, also als eine Frage *nach den sachlichen Inhalten* der Urteile.[33] So wird die

---

[33] Die Gesetze der formalen Logik ,,schließen in sich sozusagen bloß negative Bedingungen möglicher Wahrheit. ... Diese Einsicht zwingt zu der Frage danach, was über die formalen Bedingungen möglicher Wahrheit hinaus noch hinzukommen muß, soll eine Erkenntnistätigkeit ihr Ziel erreichen. Diese weiteren Bedingungen liegen auf der subjektiven Seite und betreffen die *subjektiven Charaktere* der *Einsichtigkeit,* der *Evidenz* und die *subjektiven Bedingungen* ihrer Erzielung'' (EU, S. 8).
,,Die phänomenologische Aufklärung der Genesis des Urteilens ... macht es erst sichtbar, was hinzukommen muß über die Erfüllung der formal logischen Bedingungen möglicher Evidenz hinaus, damit das Urteilen als eine Tätigkeit, die ihrem Wesen nach auf Erkenntnis, auf Evidenz gerichtet ist, wirklich dieses sein Ziel erreichen Kann. Für sie hat die Frage nach der evidenten Gegebenheit der Gegenstände des Urteilens,

Wahrheit als Bezug auf empirische Urteilsinhalte bestimmt, und in der Selbstgebung dieser Inhalte die hinreichende Vorbedingung für die höheren prädikativen Evidenzen gesehen. Diese Interpretation ist nicht ganz falsch, wie wir noch sehen werden, und trotzdem wird derjenige, der sich daran hält, erst recht den echten transzendentalen Sinn der intentionalen Evidenzimplikate verkennen müssen. In diesem Zusammenhang wirft Husserl die eigentliche Frage auf, welche die *„idealisierenden* Voraussetzungen" der formalen Logik betrifft, also Voraussetzungen, die es mit *Ideen* (die kategoriale Identität, die Wahrheit an sich) zu tun haben, mit etwas also, was kein Teilmoment einer Evidenz sein und prinzipiell zur Evidenz nicht gebracht werden kann, weder in der prädikativen, noch in der fundierenden, vorprädikativen Evidenz der sinnlichen Erfahrung. Diese Ideen liegen, wie wir sahen, gewissermaßen „jenseits" der Evidenz und der Nicht-Evidenz, und trotzdem sind sie es, die dem in der prädikativen Evidenz jeweils Konstituierten Sinn und Recht verleihen. Diese Ideen haben nun selbst einen eigentümlichen Sinn und ein eigentümliches Recht; dies können wir zunächst in unreflektierter Weise nur voraussetzen. Der Phänomenologe will jetzt diesen Sinn und dieses Recht in subjektiv gerichteten Forschungen explizieren und ausweisen. Der Phänomenologe fragt also nach der besonderen Art der subjektiven Intentionalität, in welcher diese Ideen zustande kommen. Diese Intentionalität nennt Husserl jetzt „Horizontintentionalität" (FTL, S. 177).

der Denkinhalte, als der Voraussetzung jeglicher Urteilsevidenz, sowohl der des geradehin Urteilenden als auch der auf die Formgesetzlichkeiten dieses Urteilens bezüglichen Evidenzen des Logikers selbst, den Vorrang. Gegenständliche Evidenz ist die ursprünglichere, weil die Urteilsevidenz erst ermöglichende" (EU, S. 14).

Dieses Motiv der Bedingungen möglicher Wahrheit in sachlicher Hinsicht zieht sich durch die ganze Einleitung von EU wie ein roter Faden. Es ist verbunden mit der Idee, daß die gegenständlichen Evidenzen der Erfahrung jene Voraussetzungen ausmachen, die für die Urteilswahrheit sinnbildend sind. Weiterhin hat es mit der Bestimmung der Horizontstruktur der Erfahrung als einer gegenständlichen Umgebung zu tun.

Natürlich wird in EU der echte Sinn der Voraussetzungen der Urteilsevidenzen und der Horizontintentionalität nicht verkannt. Das Form-Inhalt-Modell wirkt aber störend auf die Entfaltung der wesentlichen Gedanken. So im zentralen Paragraph der Einleitung (§ 9), der sich auf die §§ 89 und 90 von FTL stützt, und wo gezeigt werden soll, wie die Sinnhaftigkeit des prädikativen Urteils die Welt als Einheit der Erfahrung voraussetzt, wird der wichtigste Gedanke Husserls verschwiegen, so daß man am Ende nicht recht verstehen kann, warum die *formale* Sinnhaftigkeit des Urteils an die einheitliche Welterfahrung gebunden ist, und sich mit einer trockenen Behauptung bescheiden muß. Vgl. unten S. 185 ff.

Vergegenwärtigen wir jetzt kurz zusammenfassend die Frage der logischen Idealisierungen und zwar in Hinsicht auf die Weise, wie Husserl sie in Zusammenhang mit dem Thema der Horizontintentionalität bringt. Husserl geht davon aus, wie wir sahen, daß die Idealisierungen der Wahrheit an sich und der kategorialen Identität jede aktuelle Evidenz übersteigen. Es fragt sich dann, wie sie zustande kommen. In *Ideen I* spricht Husserl von einer ,,apodiktischen Evidenz" oder ,,Einsichtigkeit" der Idee. Diese Einsichtigkeit beruht, wie wir interpretierend dargestellt haben, auf der Koinzidenz der Meinung und des gebenden Aktes in der Intention auf Ideales. Wir haben aber auch gezeigt, daß der Aufweis der Einsichtigkeit der Idee noch nicht für die Begründung ihres Sinnes und Rechts aufkommen kann: dies erfolgt erst, wenn die Verbindlichkeit der Idee für das Intendieren von gegebenen Gegenständen aufgezeigt wird. Das ist aber nur möglich, wenn wir diese Verbindlichkeit *von der Erfahrung her* nachweisen können. Für Husserl geschieht das in einer *genetischen* Untersuchung. Es handelt sich für ihn darum, wie die logischen Idealisierungen der kategorialen Identität und der Wahrheit an sich ihren Ursprung in der Erfahrung haben, allerdings nicht in der Erfahrung, insofern sie mit Gegenständen zu tun hat, sondern mit der die gegenständliche Intention ermöglichenden Horizontintentionalität der Erfahrung.

Diesen Begriff führt Husserl am Ende des Kapitels über die ,,idealisierenden Voraussetzungen der Logik" (§ 80, S. 176 f.) ein. Er geht dabei von der Urteilsevidenz aus. ,,Urteilsevidenzen können Voraussetzungen haben – nicht gerade Hypothesen, sondern im Bereich der Evidenz der sachlichen Unterlagen mitbeschlossene, also die Wahrheiten und Falschheiten mitfundierende Voraussetzungen" (FTL, S. 176 f.). In der Urteilsevidenz wird das Urteil als ,,richtig" bewährt und der Urteilssinn konstituiert. Die Ideen der Wahrheit an sich der kategorialen Identität sind, wie wir sahen, in der Urteilsevidenz impliziert und zwar so, daß sie diese Evidenz übersteigen. Jetzt sagt aber Husserl, daß die Urteilsevidenzen andere Voraussetzungen mitbeschließen, welche die sinnlichen Unterlagen betreffen. Die Urteilsevidenz enthält also idealisierende und empirische Voraussetzungen. Wir wissen aber noch nicht genau, was für Voraussetzungen diese letzten sind. Um das zu erklären, nimmt Husserl als Beispiel die ,,okkasionellen Urteile." Diese sind die Urteile, die wir in unserem situationsgebundenen Alltagsleben fällen, und die eben wegen dieser Situationsgebundenheit nicht ,,objektiv" sind, im Gegensatz zu den Urteilen der Logik, die der Idee der Wahrheit an sich unterstehen. Trotzdem haben sie, wie Husserl sagt, ihre allgemeingültige, intersubjektive Wahrheit. Diese Wahrheit beruht nun auf der typischen Gleichartigkeit der Situationen, in denen das alltägliche Leben verfangen ist. Das besagt, daß wir uns im alltäglichen Leben in ,,Situationshorizonten" bewegen.[34] ,,Horizont" bedeutet also in diesem Beispiel, daß die Situationen und das, was einem in diesen Situationen begegnet, nicht bloß faktische Vorkommnisse sind, sondern durch eine ,,typische Gleichartigkeit" geprägt sind. Es ist diese ,,typische Gleichartigkeit," die die Erkenntnissynthese ermöglicht, d.h. die Auffassung des jeweils faktisch Erscheinenden als eines bestimmten Etwas; in ihr gründet, wie wir schon sahen, die Transzendenz und das Selbstsein des Gegenstandes[35] und damit die Möglichkeit der Wahrheit der Intention auf diesen Gegenstand. Wir haben diese Themen schon anläßlich des Problems der Sinnhaftigkeit der faktischen Fülle behandelt. Jetzt kommt es für uns darauf an, die Differenz zwischen der Evidenz und dem sie ermöglichenden Horizont herauszustellen, um daraufhin die Frage der logischen Sinnhaftigkeit wiederum aufzugreifen.

,,Evidenz" besagt die Selbstgebung eines sich ursprünglich, in seiner Leibhaftigkeit darstellenden Gegenstandes; in der so aufgefaßten Evidenz konstituiert sich erst der jeweilige gegenständliche Sinn. Die Evidenz als Konstitution von gegenständlichem Sinn ist aber nur möglich, weil wir das sich faktisch Darstellende aus einem ,,Sinneshorizont" heraus ,,verstehen" können: erst ein vorgängiges Verstehen dessen, was erscheint, kann die Erscheinung selbst, – also Evidenz eines sich darstellenden, im Licht des sehenden Bewußtseins erscheinenden Gegenstandes – ermögli-

---

[34] ,,Man beachte z.B. das ungeheure Reich der *okkasionellen Urteile*, die doch ihre intersubjektive Wahrheit und Falschheit haben. Sie beruht offenbar darauf, daß das ganze tägliche Leben des Einzelnen und der Gemeinschaft auf eine *typische Gleich-artigkeit* der Situationen bezogen ist, derart, daß jeder, der in der Situation eintritt, als normaler Mensch eo ipso die ihr zugehörigen und allgemeinsamen *Situationshori-zonte* hat" (FTL, S. 177).
[35] *Nota bene*: des einzelnen Erfahrungsgegenstandes, auf den es ausschließlich in dem situationsgebundenen Leben ankommt, und der noch nicht Gegenstand im eigentlichen Sinne ist.

chen.[36] Dieses vorgängige Verstehen nennt Husserl in EU die Vorbekanntheit jedes Gegenstandes als ein weltlich Seiendes, die Urvertrautheit mit den Weltdingen.[37] Wir legen diese Urvertrautheit als ein Verstehen von Sinn aus, welches beim intentionalen Eröffnen eines Horizontes, eines Gesichtskreises für das evidente Sehen am Werke ist, weil diese Urvertrautheit offensichtlich nicht die *Dinge* selbst in ihrer Unmittelbarkeit, in ihrem faktischen Gegebensein, sondern erst als *Welt*dinge betrifft, also als ein „Etwas," das in der „Welt" vorkommen und gemäß derer „Totalitätstypik" bestimmt werden „kann." In allen diesen in Anführungszeichen gesetzten Wörtern kommt nun etwas zum Ausdruck, was kein Selbstgegebenes der evidenten Erfahrung ist, sondern das Wesen des begreifenden Verstehens hat.

Gäbe es nun keinen solchen Verstehenshorizont, so wäre vielleicht noch „Erscheinen" möglich, oder zumindest als eine Grenzbestimmung denkbar, und zwar in einem radikalen anderen „Sinn," eben in dem „Sinn" der Sinnlosigkeit des sinnlos „Erscheinenden." Und doch kann dieses „sinnlose Erscheinen" nicht ganz ohne Sinn auskommen, soll es überhaupt denkbar sein. Wenn wir an das bloß physiologische Affiziertwerden, also an das pure Empfinden denken, so ist das ein Gedanke der naturwissenschaftlichen Vernunft, welche eben die verkehrte Sinnhaftigkeit dieses Quasi-Erscheinens konstruiert. Das erfolgt eben aus einem Verstehenshorizont, der mittels der Ideen der objektiven Identität und der Wahrheit an sich bestimmt wird, und der die fortschreitende Objektivierung aller Erscheinungen vorherbestimmt.

Aber das ist nur ein Exkurs. An diesen Gedanken interessiert uns nur, daß der Phänomenologe zwei Dimensionen in der erkennenden Intentionalität unterscheiden muß: einerseits die Dimension der Evidenz, die Husserl *Aktintentionalität* nennt, und die durch die Ausrichtung auf die evidente Selbstgebung von Gegenständlichem gekennzeichnet ist. Andererseits haben wir die *Horizontintentionalität*, die nicht auf Gegenständliches und gegenständliche Evidenz ausgerichtet ist, sondern (vorausgesetzt, daß

---

[36] Vgl. oben S. 114 ff.

[37] Davon ist noch nicht die Rede im Kapitel über die logischen Idealisierung in FTL. Erst im darauffolgenden Kapitel wird die Welt als Erfahrungshorizont in ihrer grundlegenden Rolle für die logischen Gebilde herausgestellt. Darauf gehen wir im nächsten Abschnitt ein. Vorerst greifen wir auf andere Texte zurück, um die volle Bedeutung der „Horizontintentionalität" klarzumachen.

die Rede von ,,Ausrichtung" sich noch rechtfertigen läßt) auf ein
,,Ungegenständliches," nämlich die Welt als Seinsboden und
Totalitätstypik aller in irgendeiner Weise seienden und so oder so
bestimmten Gegenständlichkeiten. Husserl hat zeit seines Lebens
vor allem vorzüglich die erst genannte Dimension thematisiert,
da er es immer für seine Aufgabe hielt, die konstitutive Struktur
der verschiedenartigen Evidenzen aufzuweisen, in denen die ver-
verschiedenartigen Gegenstände (sinnliche Erscheinungen und
geistige Gebilde, Naturdinge, Kulturgegenstände, Leib und Seele
usw.) zur Gegebenheit kommen. Die Thematik der Horizontintentionalität trat ja schon in den *Ideen* auf, aber noch in der
Gestalt des Wahrnehmungsfeldes (*Ideen I*, S. 57 f.), oder des
Hintergrundes (S. 61), als bestimmbare Unbestimmtheit (S. 100
und S. 112), und als Zeithorizont (S. 58).[38] Horizont bezeichnet
in allen diesen Fällen einen Bereich von Potentialitäten, die
prinzipiell in Aktualitäten verwandelt werden können, also zu
Themen aktueller Evidenz werden können. In diesem Sinn aber
bedeutet Horizont kein absolutes, sondern nur ein relatives ,,Un-
gegenständlichsein," denn nur zufällig[39] und vorläufig bleibt er
noch athematisch, ungegenständlich im Blick. Der Horizontsbe-
griff behält diese Bedeutung von Wahrnehmungsfeld, Hintergrund und gegenständliche Umgebung bis in die Spätwerke (vgl.
z.B. § 7 von EU). Mit der Thematik der *idealisierenden* Voraussetzungen, also der jede Evidenz übersteigenden Ideen, kommt
dagegen eine andere Bedeutung hervor, die wir *transzendental*
nennen möchten, weil sie mit der Ermöglichung von transzendenten Sinnen, transzendenten Gegenständlichkeiten zu tun hat.[40]

---

[38] Vgl. oben S. 67 f.

[39] Es ist die assoziative Motivation, die bestimmt, was jeweils aktualisiert wird,
und was im ,,Bewußtseinshof von Potentialitäten" bleiben muß, und diese Motivation
ist schließlich kontigent, obwohl sie natürlich strukturelle Gesetzmäßigkeiten aufweist.

[40] L. Landgrebe hat diese Bedeutung der Horizontintentionalität stark hervorgehoben. So lehnt er Heideggers Deutung der Husserlschen Intentionalität als ein ,,Ver-
halten zu (gegenständlichen) Seienden" ab, aufgrund des Horizontbegriffes (insbesondere des Zeithorizontbegriffes) in seinem transzendentalen Sinn. So lesen wir: ,,Es
ist jedoch klar, daß diese Auffassung der Intentionalität höchstens dem üblichen
psychologischen Begriff von Intentionalität gerecht wird, nicht aber demjenigen
Husserls. Denn gerade wenn Intentionalität als Leistung verstanden ist und ihre
tiefste Schicht als Zeitigung, Zeitbildung, dann kann sie keineswegs bloß Verhalten
zu schon vorgegebenen Seienden bedeuten, sondern dann muß ihre Leistung Selbst-
bildung der Zeit, Bildung der Möglichkeit sein, sich überhaupt Seiendes begegnen zu
lassen. *Verhalten zum Seienden* ist im Sinne Husserls bloß eine *bestimmte Schicht der
Intentionalität*, nämlich diejenige der *Aktintentionalität*, der einzelnen Akte, in denen

Die transzendentale Rolle der Horizontintentionalität faßt Husserl als „Sinnbestimmung" auf, wobei nicht die Bestimmung eines vorgegebenen Gegenstandes mittels eines Sinnes, sondern die Bestimmung des Sinnes selbst gemeint wird. „Die konstituierende Horizontintentionalität ... ist es, die den *Sinn der okkasionellen Urteile wesentlich bestimmt.* ... Das sind also ,Voraussetzungen,' die als in der konstituierenden Intentionalität beschlossene intentionale Implikate schon den gegenständlichen Sinn der nächsten Erfahrungsumgebung beständig bestimmen" (FTL, S. 177). In dieser Sinnbestimmung liegt also der Verstehenscharakter der Horizontintentionalität: diese bestimmt aber den gegenständlichen Sinn (bzw. den Urteilssinn) freilich nicht, indem sie jeden einzelnen Sinn als einen bestimmten Gegenstand oder ein bestimmtes Urteil konstituiert – denn dies ist die Sache der Aktintentionalität in ihrem ausgezeichneten Modus der Evidenz –, sondern indem sie eine „Totalitätstypik" (EU, S. 33) konstituiert, die dann jeden eventuell erscheinenden Gegenstand als so oder geartet erscheinen, und in einem Weltganzen als einen unter anderen sein läßt.

Nachdem wir die transzendentale Bedeutung der Horizontintentionalität herausgestellt haben, fragen wir, in welcher konkreten Weise sie für die kategoriale Wahrheit bedeutsam ist und wie das Vorwissen um die Welt auf die Struktur selbst des prädikativen Urteils wirkt. Wir können diese Antwort in einem Vorgriff so formulieren: die formal-logische Sinnhaftigkeit, die durch die Ideen der Identität, der Widerspruchslosigkeit und der Entscheidbarkeit jedes Urteils als an sich wahr oder falsch definiert wird, ist an die *Einheit der Erfahrung* gebunden, nicht die faktisch zustande gekommene Einheit, sondern jene, die der Erfahrung von vornherein aufgrund ihrer Horizontstruktur zukommt, und in welcher sich die Welt bekundet, als Möglichkeitsgrund und „Boden" jeder faktischen Erfahrung. Dies ist die These, die Husserl in FTL (§§ 82–90) und in EU (§ 9) vertritt, und die wir jetzt auseinanderlegen wollen.

---

wir, wie etwa in der sinnlichen Wahrnehmung, uns rezeptiv erfassend verhalten, oder wie im prädikativen Urteilen, spontan tätig" (L. Landgrebe, *Der Weg der Phänomenologie*, S. 31 f. Vgl. auch S. 41–45).

§ 32. *Die Enthüllung der idealisierenden Voraussetzungen der logischen Gegenständlichkeiten*

Nachdem Husserl die Rolle der Horizontintentionalität als der Voraussetzung der Urteilsevidenzen, die konstituierend für den Urteilscharakter der Wahrheit an sich ist, sichtbar gemacht hat (FTL, § 80), gliedert er die Problematik der Wahrheit an sich in drei spezielle Problembereiche (§ 81, S. 178 f.). Der eine betrifft den Sinn des „ein für alle mal wahr" und des „wahr für jedermann"; was hier in Frage kommt, ist die intersubjektive Konstitution der Wahrheit an sich als etwas Allgemeingültiges und Überlieferbares in der kulturellen Raumzeit. Der zweite betrifft „die Beziehung der prädikativen Wahrheit auf Gegenständeworüber ... und schließlich auf ‚letzte Substrat,' auf Gegenstände möglicher ‚Erfahrung'" (S. 178). Der dritte betrifft die Deutung der Wahrheit an sich und deren objektiven Korrelats als „absolute Wahrheit" und absolutes Sein," „dem die Beziehung zur erkennenden Subjektivität und ihren wirklichen oder möglichen subjektiven ‚Erscheinungen' außerwesentlich ist" (S. 178). Der zweite Problembereich ist offensichtlich an erster Stelle zu behandeln, denn sowohl die Konstitution der intersubjektiven Allgemeingültigkeit, als auch die Deutung der Wahrheit als etwas von der konstituierenden Subjektivität Abgelöstes, Absolutes, die Konstitution der Wahrheit als etwas Objektives voraussetzen. Wendet man sich nun der Formulierung der zweiten Problematik zu, so wird man sie befremdlich finden, wenn man sich an Husserls Konzeption der Objektivität als einer *idealen* Geltung orientiert. Wir haben ja gesehen, daß Husserl zumindest anscheinend eine, wie wir es ausgedrückt haben, „rational-idealistische" These vertritt: jene nämlich, die in allen Gegenständen *als solchen* eine Idealität sehen will, die jede Evidenz übersteigt. Jetzt aber will Husserl diese Objektivität in der Beziehung auf die letzten Substrate der Erfahrung sehen. Husserl schreibt diese Auffassung der traditionellen Logik zu: „Diese Gegenstände, das im letzten Sinne Sachliche, sind im Sinne der traditionellen Logik ‚*Objektives*'; Erfahrung ist eo ipso *objektive Erfahrung*, Wahrheit eo ipso *objektive Wahrheit*. Sie ist Wahrheit an sich für ‚Objekte' – einer *objektiven Welt*. Als solche ‚Objekte' sind sie ihrerseits ‚an sich' und nicht nur überhaupt beurteilbar, sondern, wie gesagt, so, daß *jedes* Urteil entscheidbar ist in

Wahrheiten (und Falschheiten) an sich" (S. 178). Das ändert aber nichts daran, daß die Frage nach der Wahrheit an sich als eine nach der Urteils*objektivität*, d.h. nach seiner Gegenstandsbeziehung, und daß die Frage der Gegenstandsbeziehung als eine nach den Erfahrungsgegebenheiten aufgefaßt wird. So ist schließlich der Grund der Urteilsobjektivität, also der Grund für diese Idealisierung, in der *Erfahrung selbst* zu finden. Vom § 80 von FTL, das wir im letzten Abschnitt kommentierten, wissen wir, daß die idealisierenden Voraussetzungen der Urteilsevidenz in einem Zusammenhang mit der Horizontintentionalität stehen. Welches dieser Zusammenhang ist, werden wir jetzt im Kapitel über die „Rückführung der Evidenzkritik der logischen Prinzipien auf die Evidenzkritik der Erfahrung" (FTL, S. 179 ff.), wo die Thematik der Urteilsobjektivität behandelt wird, erfahren. Diese Thematik wollen wir jetzt interpretierend darstellen.

Da diese Thematik einen Rückgang zu den Urteilssubstraten erfordert, muß der Phänomenologe in genau umgekehrter Richtung wie der Logiker vorgehen. Dieser formalisiert die „syntaktischen Stoffe" oder „Kerne" der Urteile zu einem bloßem „Etwas überhaupt," d.h. zu unbestimmten Allgemeinheiten. Dabei ist es dem Logiker gleichgültig, ob die syntaktischen Kerne elementare oder komplexe Gebilde, die noch syntaktische Formen in sich enthalten, sind (wie z.B. in einem kategorischen Urteil ein S, das a ist, oder ein P, das q ist, d.h. syntaktische Subjekte oder Prädikate, die durch Nominalisierung eines ursprünglichen Urteils gewonnen worden sind). Eben durch Reaktivierung dieser ursprünglichen Urteile kann nun der Phänomenologe auf letzte, „elementare Kerne, die keine Syntaxen mehr enthalten" zurückkommen. Husserl ermahnt uns zum rechten Verständnis. Die Reduktion besagt einerseits, daß wir „*rein den Meinungen nachgehend, auf letzte Etwas-Meinungen,* also zunächst hinsichtlich der vermeinten Urteilsgegenstände auf *vermeinte absolute Gegenstände-worüber* kommen" (S. 180). Das bedeutet, daß wir beim Abbau der syntaktischen Komplikationen noch dieselben Voraussetzungen des Logikers teilen. Der Phänomenologe hat sich noch nicht vom Logiker abgesetzt, er verharrt immer noch in der *vergegenständlichenden* Einstellung des Logikers, die ihn veranlaßt, im Urteil nur das zu sehen, was thematisch und offensichtlich vor Augen steht, nämlich das Urteil als eine Meinung über einen vorgegebenen Gegenstand. Andererseits bedeutet die Reduktion, daß wir „auf die *kategorialen Urabwandlungen des Sinnes: absolutes Etwas*, auf absolute Eigenschaften, Relationen usw. *als Sinne*" (S. 178) zurückkommen. Hier wird betont, daß die letzten Gegenstände-worüber selbst keine „sinnlosen" Erscheinungen sind, daß also die vorgegebenen Urteilsinhalte nicht für bloß empirische Mannigfaltigkeiten gehalten werden sollen. Die Tragweite dieser beiden Mahnungen Husserls zum richtigen Verstehen des reduktiven Verfahrens werden wir nur später ermessen können.

Diese letzten Gegenstände nennt nun Husserl Individuen, offensichtlich weil sie nicht Allgemeinheiten sein können, da Allgemeinheiten syntaktische Gebilde sind. (So – im Gegenzug zur Allgemeinheit definiert – ist die Individualität eine logische Bestimmung. Es ist also fraglich, ob sie eine adäquate Bezeichnung für Gegenstände der vorlogischen Erfahrung ist, wie übrigens auch der Begriff Gegenstand. Aber es ist ja eben diese Paradoxie, die in Frage steht: wie die Idealitäten des logischen Verstehens im vorlogischen Erfahren entspringen.) Diese Individuen sind nun im Gegensatz zu den aktiv erzeugten syntaktischen Gebilden Gegenstände einer rezeptiven Erfahrung, die sie als passive Vorgegebenheiten hinnimmt. (Was natürlich in erster Linie als Erfahrung in Frage kommt, ist ihr ausgezeichneter Modus der Wahrnehmung, aber auch die Erfahrungsmodi der Phantasie, Erinnerung, usw. können „individuelle Gegenstände" als Substrate für mögliche Urteile bereitstellen. Vgl. § 84, S. 183.).

Sowohl die sachhaltigen wie auch die formal-analytischen Allgemeinheiten beziehen sich auf die Individuen der Erfahrung. Die letzten können zwar Beziehung auf bestimmte Individuen nicht haben, weil sie in Indifferenz zu jedem bestimmten Individuum, also als an nichts Sachhaltiges gebunden, konstituiert werden. Aber sie haben trotzdem eine Beziehung auf Individuen (wobei es unbestimmt gelassen werden muß, auf welche), die sich in deren *Anwendbarkeit* auf jedes beliebige Individuum erweist (§ 83, S. 182).

Die individuelle Gegenstandsbeziehung bedeutet nun gleichzeitig, wie Husserl im § 83 bemerkt, Beziehung auf ein „reales Universum." Zugespitzt formuliert, wie es in EU steht,[41] ist das

41 Vgl. EU, S. 156.

letzte Substrat des prädikativen Urteils die Welt als Allnatur, nicht die isolierten Erfahrungsgegenstände. Damit erreichen wir einen Wendepunkt in Husserls Darstellung: nicht das Individuelle als solches ist das Urteilssubstrat – auf keinen Fall auch das Allgemeine – im Sinne des vorausgesetzten Vor- und Zugrundeliegenden, sondern die Welt, in der sich erst Individuen gleichsam aus einem Hintergrund heraus abheben können.

Hier ist die Stelle, darauf hinzuweisen, daß die vorgezeichnete Reduktion der Urteilsgebilde auf letzte Substrate – und zwar durch den Abbau der nominalisierenden und ursprüngliche Syntax erzeugenden Prozesse – uns in die Irre führen könnte. Wir könnten nämlich die Reduktion auf die Erfahrungsgegenstände mit unserem aufgegebenen Ziel verwechseln: sc. die Klärung der idealisierenden Voraussetzungen der Urteilsgebilde herbeizuführen, die nicht mit der Gegenstände thematisierenden Aktintentionalität, sondern wie gesehen, mit der Horizontintentionalität zu tun hat. Diese Rückkehr zu den Erfahrungsgegenständen als syntaxlosen Individuen wäre für das Verstehen der logischen Sinnhaftigkeit (die eben durch die idealisierenden Voraussetzungen der Identität, der Widerspruchslosigkeit und der Wahrheit an sich definiert wird) im Grunde genommen außerwesentlich, sollte dabei etwas anderes als das ausdrücklich Thematisierte auch nicht in den Blick kommen. Denn wir gewinnen dadurch anscheinend nur die Einsicht, daß es keinen logischen Sinn gibt, der nicht Sinn eines Vorgegebenen sei, was aber der banalen Erkenntnis gleichkommt, kein Urteil könne ohne Beurteiltes sein, keine Form ohne Inhalt. Was wir aber immer noch einzusehen und zu zeigen haben, ist, wie die Erfahrung dieser „Inhalte" auf die Form selbst der prädikativen Urteile einwirken kann, wie sich der Sinn der kategorialen Gebilde vom Sinn der vorgegebenen Gegenstände bestimmen läßt. Um dieser Aufgabe gerecht zu werden, genügt es offensichtlich nicht, dem logischen Sinn einen empirischen anknüpfen oder in die logischen Formen einen sinnlichen Inhalt „hineinschütten" zu wollen.

Jetzt können wir die volle Bedeutung der oben zitierten „Ermahnung" Husserls verstehen. Die erste warnt uns davor, in der Reduktion auf die Erfahrungssubstrate die eigentliche Enthüllung der intentionalen Implikationen zu sehen. Die zweite bedeutet, daß die letzten Substrate als Sinne nur aus einem Sinnhorizont heraus verstanden werden können. Die Bedeutung dieses Sinneshorizont wird im nächsten Paragraph beschrieben: ein reales Universum, eine ,,Welt,'' ein Weltgebiet (S. 181) – also nicht die Welt als das Ganze, in das sich alles einfügt, sondern Weltgebiete, oder in der Sprache von *Ideen I*, Regionen wie das ,,reale Universum,'' d.h. die Natur, und speziell die Bezirke innerhalb dieser Regionen: *ein* ,,reales Universum,'' *ein* bestimmtes Gebiet der Natur.

So gesehen zielt die Enthüllung der intentionalen Implikationen des prädikativen Urteils eigentlich nicht auf die Aufweisung von gegenständlichen Substraten um ihrer selbst willen allein. Diese Aufgabe wäre nicht nur unendlich, sondern auch ohne wirkliches theoretisches Interesse, denn sie würde nur als eine bloß empirische Aufgabe erledigt werden können. Soll die Reduktion auf letzte Substrate eine echt phänomenologische Bedeutung besitzen, so muß sie auch in der Form einer *Eidetik* vorgenommen werden.[42] Nur so können wir verstehen, daß die Sinnesimplikation ,,eine Art *Historizität''* in sich hat, daß es eine ,,*Sinnesgeschichte''* (S. 184) gibt, denn Geschichte kann nicht eine einfache Verwandlungsreihe bedeuten, eine lineare Folge von Vorkommnissen an einem einzelnen Gegenstand (wie z.B. die Umgestaltungen eines Steins im Laufe der Jahrhunderte, oder die Entwicklung eines Organismus), sondern die Veränderung des Kontextes der Vorkommnisse selbst: Welt und Geschichte hängen zusammen und die Geschichte ist Weltveränderung, so daß ein Gegenstand erst in Bezug zur geschichtlichen Welt selbst geschichtlich ist. Damit wollen wir Husserl keine Philosophie der Geschichte unterstellen, sondern nur das hervorheben, was jedermann in mehr oder weniger reflektierter Weise unter Geschichte versteht (wenn man z.B. an die ,,Welt der Römer,'' an die ,,Welt des 20. Jahrhunderts'' oder an die ,,Welt meiner Kindheit'' denkt). Diese Bedeutung bringt das Wort selbst mit sich, gleichgültig ob wir eine philosophische Auffassung der Geschichte haben oder nicht. An diese Bedeutung muß Husserl gedacht haben, wenn er aus der allgemeinen Sprache als einem unmittelbaren Verstehenshorizont das Wort ,,Geschichte'' herausholt, um die Sinnesent-

---

[42] Daß die genetische Analyse eine eidetische Methode erfordert, wird in den CM und in HUS. XI ausdrücklich behauptet und begründet. S. oben S. 11 f. Vgl. HUS. XI, S. 336 f. und CM, S. 103 f.

wicklung eines Gegenstandes in seinen syntaktischen Umformungen zu beschreiben. „Geschichte" hat hier eine umgansssprachliche Bedeutung, die ein unmittelbares Verstehen von Geschichte vermittelt, wonach Geschichte „Weltveränderung" ist, und nicht bloß eine lineare Veränderungsreihe, wie jene der physikalischen Vorgänge.

Was nun im Wandel der Nominalisierungen, welche ein Substrat einer Reihe von syntaktischen Veränderungen unterwirft, eigentlich *geschichtlich* ist, betrifft nicht die einzelnen syntaktischen Gebilde und das einzelne Substrat, sondern die Horizonte und deren Verwandlungen, die dasselbe Substrat bald so, bald anders erscheinen lassen.

Husserls eigene Worte scheinen gelegentlich dagegen zu sprechen. So z.B. folgender Text: „Von ihnen (von den ‚reduktiven Überlegungen' – d. Verf.) aus enthüllen sich die *verborgenen intentionalen Implikationen*, die im Urteilen, bzw. im Urteil selbst als seinem Gebilde beschlossen sind. *Die Urteile als Sinne haben danach eine Sinnesgenesis*. Was das besagt, versteht sich aus den phänomenologischen *Rückweisen*, die z.B. ein nominalisiertes Prädikat (das Rot) noetisch auf eine nominalisierende Tätigkeit, noematisch auf das Prädikat in seiner Ursprünglichkeit (rot) an sich trägt" (S. 184). Der Text scheint gegen uns zu sprechen, weil der reduktiven Methode die Aufgabe der Enthüllung der Sinnesimplikationen selbst gegeben wird. Bilden also die Sinnesimplikationen eine lineare Veränderungsreihe, die eigentlich welt- und somit geschichtlos ist? Keineswegs. Denn eben im Übergang vom als Beispiel angeführten unmittelbar erfahrenen „rot" zum nominalisierten „Rot" geschieht etwas; genauer gesagt, es geschieht eine Weltveränderung, eben diejenige, die stattfindet, wenn von der unmittelbar erlebten Welt in die Welt übergegangen wird, die durch die Idealisierungen der Logik konstituiert wird.

Husserl bestimmt jetzt die Aufgabe der intentionalen Analyse als die „Enthüllung der intentionalen Implikationen," mit denen die intentionalen Einheiten hervortreten (FTL, S. 185). Was in dieser Analyse enthüllt wird, ist nicht eine faktische Geschichte von faktischen Urteilen, sondern eine Geschichte, in der das jeweils *Neue* in der Erschließung eines Horizontes liegt, aus dem das Gegebene in einer neuen Weise verstanden und beurteilt werden kann. Das fundamentale oder ursprüngliche Geschehen in dieser Geschichte ist der Übergang von der Erfahrung zum Urteil im logischen Sinne; dadurch hat sich die Welt in einer fundamentalen Weise gewandelt, indem das Seiende nicht mehr als das Korrelat von situationsgebundenen Erfahrungen und „okkasionellen" Wahrheiten verstanden wird, sondern zum Korrelat einer das Wissen aktiv anstrebenden Urteilsaktivität wird, die von der Idee der objektiven Bestimmbarkeit des Seienden, wie es an sich ist, geleitet wird. Aber hier in der FTL kommt es Husserl nicht so sehr darauf an, die transzendentale Geschichte des Weltverständnisses (so wie sie sich in der Struktur selbst des Urteils niedergeschlagen hat) in seiner Bewegung vorwärts zu enthüllen, sondern eher, den Rückdeutungen der Urteile nachgehend, auf den Ursprung dieser Geschichte zurückzukommen, indem er die Rückbezogenheit des logischen Urteilens und somit aller Erkenntnisintentionen auf eine „Welt von Individuen," auf ein „reales Universum" aufweist.

Es genügt nicht zu zeigen, daß das Urteil die Erfahrung voraussetzt, und in Korrelation damit, daß die Gegenständlichkeiten, die im prädikativen Urteil konstituiert sind, in den Gegenständen der Erfahrung „fundiert" sind. Wenn die Erfahrung wirklich *Ursprung* in einem transzendentalen Sinn ist, d.h. in einem Sinne, der für die Konstitution der Gegenstände als solcher – wie sie an sich sind – von Belang ist, und nicht nur ein überwundener *Anfang* ist, wenn die ursprünglichen und verborgenen Sinne noch bei den „offenen und fertigen Sinnen" „mitreden" (S. 185), so muß der Phänomenologe auch zeigen können, *wie* die Erfahrung in der Konstitution der logischen Gegenständlichkeit mitwirkt, und wie die Welt als Erfahrung für die Welt der logischen Objektivitäten grundlegend ist.

§ 33. Die Welt als „Idee" und als „Erfahrungsboden"

Obwohl die Ursprungserhellung der Erkenntnisleistungen eine noetische und eine noematische Seite hat, die gleichwertig sind, privilegiert Husserl sowohl in der FTL als auch in EU die noetische Seite, d.h. er richtet sich in erster Linie auf das Verhältnis zwischen *Erfahrung* und *Urteil*, und nur nebenbei auf die Gegenstände und Gegenstandshorizonte der Erfahrung und des Urteils. Selbstverständlich handelt es sich für ihn in der FTL um eine transzendentale Grundlegung der formalen Logik und in EU um

„Untersuchungen zur Genealogie der Logik." „Im Zentrum der formalen Logik" aber steht „der Begriff des prädikativen Urteils, der Apophansis. . . . Sie ist in ihrem Kerne apophantische Logik, Lehre vom Urteil und seinen ‚Formen'" (EU, S. 1). Es ist daher verständlich, daß er in der thematischen Ausrichtung auf die logische Urteilstheorie vorzüglich das Urteil und die Erfahrung, und nicht ihre gegenständlichen Korrelate in Betracht zieht.

Nach Husserl ist das an sich Erste in einer Urteilstheorie die Theorie der evidenten Urteile, weil die Evidenz vor allen anderen Bewußtseinsweisen Priorität besitzt. In dieser Theorie ist nun das an sich Erste die Theorie der „*nicht*-prädikativen Evidenz" oder der „*Erfahrung*." Eine „systematische Urteilstheorie" soll der Genesis der evidenten Urteile nachgehen, „und dann den bestimmten vorgezeichneten Wegen, die von dem an sich Ersten in diese Genesis emporleiten" (FTL, S. 186). Dieser Satz besagt in einer genauen Überlegung, daß *die ursprüngliche Erfahrung die Wege selbst vorzeichnet* – und nicht nur in einer vagen, sondern in einer bestimmten, differenzierten Weise –, die zum prädikativen Urteil führen. Das bedeutet, daß das Apriori des Urteils in der Erfahrung zu finden ist, d.h. daß das ganze Urteil seinen Strukturen nach in der vorprädikativen Erfahrung vorgebildet ist. „An diesem Anfang liegt auch die systematische Stelle, um *vom Urteil her zu entdecken*, daß Gewißheit und Gewißheitsmodalitäten, daß vermeinende Intention und Erfüllung, identisch Seiendes und identischer Sinn, evidente Selbsthabe, Seinswahrheit (‚wirklich' sein), Wahrheit als Sinnesrichtigkeit – daß all das *nicht ausschließlich Eigenheiten der prädikativen Sphäre sind, sondern schon zur Intentionalität der Erfahrung gehören*" (FTL, S. 186). Zu diesen Strukturen kommt auch natürlich die Grundstruktur der Prädikation hinzu, obwohl sie im Text nicht angeführt ist. Auch sie ist in der Erfahrung vorgezeichnet, und zwar, wie es aus EU hervorgeht, in der explikativen Wahrnehmung.[43] Uns interessie-

---

[43] Vgl. EU, S. 124 f. und S. 243 f. – Unter „Urteilsstruktur" verstehen wir nicht nur die syntaktischen Formen, sondern auch die Gewißheitsmodalitäten und darüber hinaus die kategoriale Identität des Urteilssinns und die Wahrheit bzw. Falschheit an sich des (sinnvollen) Urteils. Die beiden letzten Strukturen fallen unter die logischen Prinzipien der Identität, des Widerspruchs und des ausgeschlossenen Dritten. In FTL gilt es zu zeigen, daß das prädikative Urteil auch diesen idealen Strukturen nach auf die Erfahrung angewiesen ist. In EU zeigt Husserl, wie das prädikative Urteil seiner syntaktischen Formen und den Modalitäten nach auf der Erfahrung fundiert ist.

ren hier nur die idealen Urteilsstrukturen der Identität der Entscheidbarkeiten nach Wahrheit oder Falschheit.

Die Vorzeichnung des prädikativen Urteils in der Erfahrung setzt eine Strukturähnlichkeit zwischen Erfahrung und Urteil voraus. Im Hinblick darauf bemerkt Husserl, „daß schon diese fundierende Erfahrung ihre Weise der syntaktischen Leistungen hat, die aber noch frei sind von all den begrifflichen und grammatischen Formungen, die das Kategoriale im Sinne des prädikativen Urteils und der Aussage charakterisieren" (FTL, S. 188). Wenn wir die Lehre der kategorialen Wahrnehmung in den LU mit der neuen Lehre der Urteilswahrheit und -evidenz in FTL vergleichen, so bemerken wir zwei Abweichungen von der ursprünglichen Lehre. Die erste liegt darin, daß der Erfahrung selbst ein syntaktischer Charakter zugesprochen wird, um das Fundierungsverhältnis zwischen Erfahrung und Urteil zu erklären.[44] Die zweite liegt darin, daß das Fundierungsverhältnis zwischen Erfahrung und Urteil nicht mehr so beschrieben werden kann, als ob die Erfahrung nur eine äußerliche (obwohl unerläßliche) Vorbedingung des Urteils wäre,[45] d.h. als ob die sinnliche Erfahrung nichts zur Evidenz der kategorialen Form bzw. der kategorialen Gegenständlichkeit beitragen könnte. Die LU setzen eben voraus, daß in der kategorialen Wahrnehmung etwas zur Gegebenheit kommt, was prinzipiell in der Erfahrung nicht gegeben sein kann, sc. die syntaktischen Formen. In FTL dagegen vertritt Husserl die entgegengesetzte These, daß nämlich die prädikativen Urteile von sich aus auf die fundierende Erfahrung oder auf die Erfahrungsurteile[46] zurückverweisen (FTL, S. 187). Darin liegt, daß das Verstehen eines prädikativen Urteils nicht

---

[44] Husserl selbst macht uns auf diese Abweichung in einer Anmerkung zum letztzitierten Satz aufmerksam, und zwar in einer Weise, die verdient, auch zitiert zu werden, weil sie auch eine Erweiterung des Begriffes des Kategorialen auf die Erfahrung vermuten läßt: „In meinen Logischen Untersuchungen wurde der Begriff des kategorialen zuerst eingeführt, ausschließlich in der Blikrichtung auf das Syntaktische im Urteil. Es wurde noch nicht geschieden: zwischen dem Syntaktischen überhaupt, das schon in der vorprädikativen Sphäre auftritt und übrigens auch seine Analoga im Gemüt hat, und dem Syntaktischen der spezifischen Urteilssphäre. (FTL, S. 188 Anm.).

[45] S. oben S. 113 f. und 120.

[46] „Urteil" bedeutet im weitesten Sinne für Husserl jede Setzung oder Glaube (Vgl. *Ideen I*, S. 259). Meistens aber bedeutet „Urteil" soviel wie „prädikatives Urteil." Aber die Erfahrungsurteile, auf die die prädikativen Urteile zurückverweisen, sind keineswegs als prädikativ, etwa als erste Form des prädikativen Urteils anzusehen. Das würde Husserls Argumentation für die Priorität der Erfahrung gegenüber dem Urteil unverständlich machen.

nur seinem Gehalt nach (der ein Gegebenes der Erfahrung sein kann), sondern auch seinen Strukturen nach auf das Vorverstehen von analogen Strukturen der Erfahrung angewiesen ist. So kann man nicht mehr sagen, daß in der kategorialen Evidenz ein eigenes kategorial Gegebenes intendiert wird, das in der Erfahrung als solcher nicht auftritt. (Wir konnten aber schon bei der Interpretation der Lehre der kategorialen Wahrnehmung zeigen, daß diese das Vorverständnis von *Erfahrungsregeln* voraussetzt, und daß ihre eigentliche Leistung die vergegenständlichende Thematisierung dieser Regeln ist.)

Die Erfahrung tritt in FTL aus diesen Gründen als ein ,,Urboden'' für das prädikative Urteil auf (S. 188), und das Erfahrungsurteil wird als das ,,Urteil des Ursprungs'' bezeichnet (S. 187): damit wird die Einsicht ausgedrückt, daß die Erfahrung nicht nur etwas ist, was die Inhalte für das kategoriale Denken bereitstellt, sondern in einem tieferen Sinn etwas, was als ,,Boden'' oder ,,Ursprung'' dem kategorialen Denken und dem kategorial Gedachten erst Sinn verleiht; denn erst in der Beziehung des prädikativen Urteils auf die Erfahrung und der kategorialen Gegenstände auf die Dinge der Erfahrung wissen wir überhaupt, ,,worum es'' im kategorialen Denken ,,geht,'' und das nicht nur, weil die Erfahrung das Gedachte gleichsam ,,illustriert,'' an konkreten ,,Beispielen'' oder ,,Analogien'' veranschaulicht, sondern weil die Erfahrung das ist, was das Urteil in sich (als sein Gehalt und in sich als seine Strukturen) artikuliert.

,,Vom (prädikativen) Urteil her,'' so sagt Husserl (S. 186) muß man nachweisen, daß auch die kategorialen Strukturen der Erfahrung zugehören. Die Zurückverweisung des prädikativen Urteils auf die Erfahrung ist ein ,,Wesensbestand der Intentionalität'' des Urteilens selbst (S. 187). Wie erbringt er diesen Nachweis? Die Leistungen des prädikativen Urteils sind von zweierlei Art: einerseits das, was unter dem Titel ,,sachhaltiges Apriori,'' andererseits das, was unter dem Titel ,,formales Apriori'' verstanden wird. Diese Leistungen bestehen in ,,Wesensverallgemeinerungen,'' die man von den individuellen Gegenständen der Erfahrung aufsteigend vollzieht. Vom Standpunkt des Gegenstandes aus werden sie folgendermaßen beschrieben: In der materialen Wesensverallgemeinerung ,,schöpfen wir aus dem Individuellen, das zum Exemplarischen wird, *eigenwesentliche* Gehalte

und gewinnen die sachhaltigen Wesensgesetze; in der *formalisierenden* Verallgemeinerung soll aber jedes *Individuum zum Etwas
überhaupt entleert* werden" (S. 189).

Was das sachhaltige Apriori anbelangt, so fällt es nicht schwer,
seine Angewiesenheit auf das Individuelle der Erfahrung nachzuweisen, denn die Konstitution dieses Apriori in der Evidenz fordert „den Rückgang auf exemplarische Anschauung von Indivi-
duellem, also auf ‚mögliche' Erfahrung" (S. 189). Was aber das formale Apriori betrifft, so ist dieser Nachweis nicht so leicht zu erbringen, weil es gleichgültig für jeden individuellen Gegenstand zu
sein scheint. Jeder beliebige Gegenstand kann als Beispiel für die
formale Wesensverallgemeinerung dienen. Das ist ja eben der
Grund, warum die Logik glaubt, von jeder Berücksichtigung der
Erfahrung absehen zu können, um die formalen Wesensgesetze,
die sich in den „logischen Prinzipien" ausdrücken, zu begründen.
In der Tat glaubt die Logik nicht, daß diese Prinzipien einer
Begründung bedürfen; für sie sind diese Prinzipien propositiones
per se notae: da sie aus anderen Sätzen nicht deduziert werden
können, so müssen sie aus sich selbst einsichtig sein, d.h. sie
müssen als bloße Aussage ihre Gültigkeit schon erweisen. Husserl
argumentiert dagegen, daß schon die universale Gültigkeit der
logischen Prinzipien für alles erdenkliche Seiende ein Grund für
die Annahme ist, daß die logischen Prinzipien für die Sinnbe-
ziehung auf Individuelles der Erfahrung nicht gleichgültig sein
können. Denn diese Gültigkeit besagt Möglichkeit der Evidenz,
und alle Evidenz führt auf mögliches Individuelles bzw. mögliche
Erfahrung zurück (S. 190). In der Tat wird die Kritik der logischen Prinzipien zeigen, daß die „Kerne" der Urteile, d.h. die
„Stoffe," die mittelbar oder unmittelbar aus der Erfahrung gewonnen sind, „nicht ganz irrelevant sind" für die Evidenz der
formalen Verallgemeinerung.

Husserl erbringt dazu den folgenden Nachweis: Es ist eine
Grundvoraussetzung der Logik, daß jedes Urteil zur „Deutlich-
keitsevidenz" gebracht werden kann, d.h. daß es aktiv vollziehbar ist, falls es keine Widersprüche in sich enthält. „‚*Widerspruchslosigkeit*' im weitesten gefaßten Sinne ... ist eine notwendige und hinreichende Bedingung für diese eigentliche Vollziehbarkeit eines möglichen Urteils" (S. 191). Diese Grundvoraussetzung erweist sich aber als falsch, denn es gibt Urteile, die wider-

spruchslos sind und trotzdem keinen Sinn haben, wie z.B.:
„Diese Farbe und 1 ergibt 3" oder „Die Winkelsumme eines
Dreiecks ist gleich der Farbe rot." Diese Sätze sind in ihrer
Sinnlosigkeit „über Einstimmigkeit und Widerspruch erhaben,"
sagt Husserl (S. 192). Diese Beispiele zeigen, daß der Sinn eines
Urteils, d.h. „sein identisches Was" oder der beim Wechsel der
Seinsmodi gleichbleibende Urteilsinhalt an Bedingungen gebun-
den ist, die über die bloße Widerspruchslosigkeit hinausreichen.
Dies ist die Grundeinsicht von Husserl in FTL, die den Entwurf
einer transzendentalen Begründung der formalen Logik *in der
Erfahrung* ermöglicht.

Für die Logik bedeutet Sinnhaftigkeit soviel wie Widerspruchslosigkeit. Der logische Satz vom Widerspruch läuft aber darauf
hinaus, wie Husserl in §§ 77 und 79 von FTL zeigt, daß jedes
Urteil an sich als wahr oder falsch entschieden ist. Es stellt sich
jetzt heraus, daß dieses Prinzip nicht für alle möglichen Urteile
gültig ist, sondern nur für diejenigen, deren „Kerne" (d.h. die
Substrate, worüber geurteilt wird, mit ihren sachhaltigen Bestimmungen) mittelbar oder unmittelbar in der *Einheit der Erfahrung* gegeben und konstituiert werden können. Die Anwendbarkeit der logischen Prinzipien auf die Urteile ist nur möglich,
weil der Logiker durch seine implizite und unausgedrückte Voraussetzung ausschließlich jene Urteile beachtet, deren „Kerne"
sinnvolle Ganzheiten ausmachen, wobei die Urteile, die zwar
grammatisch vollziehbar sind, deren Inhalte aber keinen sinnvollen Zusammenhang bildet, nicht beachtet werden.

Es erweist sich somit, daß die logische Sinnhaftigkeit nicht
ursprünglich ist, sondern die *Sinnhaftigkeit der Erfahrung* voraussetzt. Der Logiker aber, der sich seiner eigenen Voraussetzung
der Erfahrung nicht bewußt ist, glaubt, daß der logische Sinn
oder Widersinn ausschließlich in der kategorialen Form der logischen Gebilde begründet ist, und daß diese Form für sich selbst
gedacht werden kann. Es entsteht somit die Idee einer Analytik,
die – ohne aus dem „Begriff" der Form hinauskommen zu wollen – die Gesetze der möglichen formalen Zusammenhänge vollständig abzuleiten versucht.

Kurz gefaßt: die Evidenz der Widerspruchslosigkeit beruht
nicht, wie in der Logik angenommen wird, auf der bloßen grammatischen Vollziehbarkeit des Urteils; der Satz vom Widerspruch

– wie die anderen logischen Sätze – sind keine propositiones per se notae, deren Sinn sich im bloßen Aussagen des Satzes auswiese; sondern die Evidenz der Widerspruchslosigkeit oder der formalen Sinnhaftigkeit des Urteils fordert ein sinnhaftes Vollziehen des Urteils auch hinsichtlich seines *sachhaltigen* Sinnes. ,,Was also besagen würde, daß die Möglichkeit des eigentlichen Vollzuges der Möglichkeit eines Urteils (als Meinung) *nicht nur* in den syntaktischen *Formen*, sondern in den syntaktischen *Stoffen* wurzeln" (S. 194).

Zur intentionalen Genesis eines prädikativen Urteils gehört, daß dessen syntaktische Stoffe ,,etwas miteinander zu tun haben müssen" (ebd.). Dies erklärt sich für Husserl daraus, das das Urteil seinen Ursprung in einer sachhaltigen Evidenz hat, welche ,,in unterster Stufe" die Erfahrung ist. ,,Vor allem Urteilen liegt ein universaler Boden der Erfahrung, er ist stets als einstimmige Einheit möglicher Erfahrung vorausgesetzt. In dieser Einstimmigkeit hat alles mit allem sachlich zu tun. ... So hat jedes ursprüngliche Urteilen in seinem Inhalt und so jedes zusammenhängend fortschreitende Urteilen Zusammenhang durch den Zusammenhang der Sachen in der synthetischen Einheit der Erfahrung, auf deren Boden es steht" (FTL, S. 194).

Derselbe Gedanke wird in EU, § 9, wieder aufgegriffen: ,,Es bleibt die nie ausdrücklich gewordene Voraussetzung, daß dieses Etwas, das" (in die formalisierten Urteilstermini) (d. Verf.) ,,eingesetzt wird, eben Seiendes ist, das eingeht in die Einheit der Erfahrung, korrelativ in die Einheit der Welt als der Allheit des Erfahrbaren überhaupt" (EU, S. 36).

Es fragt sich jetzt, was für eine Einheit diese ,,universale Einheit der Erfahrung" ist, und warum sie ,,Welt" genannt wird. Es fragt sich weiter, in welcher Weise die universale Einheit der Erfahrung fundierend für die logischen Idealisierungen der Urteils- bzw. Gegenstandsidentität der Wahrheit an sich ist, worauf wir in diesem Kapitel speziell abzielen.

Gehen wir zunächst der ersten Frage nach. Vor allem anderen ist nicht die *faktische Erfahrung* von individuellen Gegenständen (in ihrer Einmaligkeit in der Erfahrung), sondern die ,,*mögliche Erfahrung*" gemeint. Das bedeutet nun nicht nur, wie es in den EU gesagt wird, ,,phantasiemäßig mögliche Erfahrung," [47] als ob

---

[47] Vgl. EU: ,,... also nicht in die Einheit bloß der faktischen Erfahrung, sondern auch aller phantasiemäßig möglicher Erfahrung" (S. 36).

Husserl lediglich gemeint hätte, daß über das faktisch Wahrgenommene und das, was auf Wahrgenommenes zurückgeführt werden kann (das Wiedererinnerte), hinaus, auch die freien Variationen des Wahrgenommenen in der Phantasie in die Erfahrung hineinkommen. Das ist zweifellos wahr, aber „mögliche Erfahrung" bedeutet noch mehr als das. Die Möglichkeit, die Erfahrung selbst nicht nur auf das faktisch Wahrgenommene, Wiedererinnerte und Fingierte hin zu verstehen, sondern auch auf ihre eigene Möglichkeit hin zu verstehen, bedeutet, daß die Einheit der Erfahrung schon a priori vorliegt. Die Einheit der Erfahrung ist somit nicht das faktisch in der Wahrnehmung und in den verschiedenen Anschauungsmodis Zusammengebrachte, also nicht eine erst nachträglich zustandegekommene Einheit, sondern sie besteht a priori. „A priori haben die syntaktischen Stoffe je eines möglichen Urteils ... intentionale Bezogenheit auf die Einheit einer möglichen Erfahrung" (FTL, S. 195).

Der letzte Grund der logischen Sinnhaftigkeit ist somit die Einheit a priori der Erfahrung. Diese Einheit a priori ist nun die einer universalen Erfahrung, oder die eines „universalen Bodens der Erfahrung." Was bedeutet die *Universalität* der Erfahrung? Unserer Meinung nach bedeutet sie für Husserl nicht nur die Allgemeingültigkeit des Apriori der Erfahrung für jedes faktisch Erfahrene, sondern auch etwas anderes, das vielleicht nicht unmittelbar in Einklang mit dem Apriorischen, mit dem vorgängig Feststehenden der Erfahrung zu bringen ist. Die Universalität der Erfahrung bedeutet, daß in ihr „alles mit allem sachlich ‚zu tun'" hat (S. 194), und sie bekundet sich darin, daß die Einheit der Erfahrung (obwohl a priori) zugleich durch Synthesis geworden und im Werden ist.[48] In einem fortschreitenden, aktuell vollzogenen Synthetisieren, das ein *Geschehen* ist und somit eine Geschichte hat, kommt jedes Erfahrene mit jedem Erfahrenen

---

[48] „Es muß auch vor aller philosophischen Besinnung und Thematisierung von Welt schon eine Erfahrung von ihr geben, und sie ist für unser Bewußtsein, das schon durch das Wissen um die Vielheit möglicher Umwelten und um die Einheit des sie umschließenden Weltalls ausgezeichnet ist, nichts anderes als eben dieses Bewußtsein des möglichen ‚Undsoweiter' unserer Erfahrung, des möglichen grenzenlosen Fortgangs, der kein Fortgang ins gänzlich Ungewisse und Unbestimmte ist, sondern Fortgang in eine Unendlichkeit möglicher Gegebenheiten, in denen sich ein allgemeinster, für Welt überhaupt wesensnotwendiger Stil des Seins und korrelativ des Erfahrens durchhält. Sich von der Welt eine Vorstellung machen heißt daher ‚systematische Konstruktion der Unendlichkeit möglicher Erfahrungen'" (L. Landgrebe, „Welt als phänomenologisches Problem," *op. cit.* S. 54).

in Verbindung. Die gewordene und werdende Einheit der Erfahrung ist deshalb eine, in der nicht nur Einstimmigkeit herrscht, sondern in der auch Unstimmigkeiten auftreten *können* (und nicht nur faktisch auftreten): aber diese Unstimmigkeit indiziert nur eine tieferliegende Einheit des Widerstreits. ,,Vor allem Urteilen liegt ein universaler Boden der Erfahrung, er ist stets als einstimmige Einheit möglicher Erfahrung vorausgesetzt. In dieser Einstimmigkeit hat alles mit allem sachlich ,zu tun.' Aber Einheit der Erfahrung kann auch unstimmig werden, jedoch wesensmäßig so, daß das Widerstreitende mit demjenigen, dem es widerstreitet, eine Wesensgemeinschaft hat, so daß in der Einheit zusammenhängender und selbst in der Weise von Widerstreiten noch zusammenhängender Erfahrung alles mit allem in wesensmäßiger Gemeinschaft steht'' (FTL, S. 194). Erst in einer Einheit, die durch Synthesis wird, wird die Erfahrung zu einer universalen Erfahrung.

Liegt aber in dieser doppelten Bestimmung der Einheit der Erfahrung als a priori und als synthetisch nicht selbst ein Widerstreit? Wie kann die Erfahrungseinheit zugleich als a priori bestehend und synthetisch werdend angesehen werden? Das erklärt sich daher, daß das gemeinte Apriori nicht vom Subjekt her gedacht wird (wie bei Kant) als die subjektiven Vorbedingungen der Erfahrung, sondern vom Gegenstand her in seiner Gegebenheitsweise in der Erfahrung, d.h. als Phänomen. So ist diese Einheit der Erfahrung zugleich a priori und synthetisch, indem sie eine *teleologische Idee* ist. Die *Apriorität* der Erfahrungseinheit und die *Tatsache*, daß sie eine geschichtlich *werdende* (*synthetische*) ist, lassen sich nur im Begriff der ,,*teleologischen Einheit*'' zusammendenken, d.h. einer Einheit, die *nicht vorgegeben* ist, sondern aufgegeben.

Die teleologische *Einheit* der Erfahrung ist nun die Welt. Die Welt ist nämlich der äußerste *Horizont* der Erfahrungssynthesen, die in keiner Evidenz gegeben ist, sondern den Gesichtskreis ausmacht, in dem Gegebensein und Evidenz möglich ist, und zugleich ist sie auch der *Boden* dieser Erfahrungssynthesen, und damit letzter Bereich aller Faktizität. Die Welt ist sozusagen die Einheit in der Erfahrung des Fernen des Horizonts und das Nahen des Bodens. Die Bewegung aber verbindet das Ferne und das Nahe. Die Welt als Einheit der Erfahrung ist somit kein feststehendes Gefüge oder starrer Rahmen, innerhalb dessen das Erfahren sich abspielen würde, sondern die Bewegung der Vereinheitlichung des Erfahrenen in der Erfahrung. Als a priori seiend und synthetisch werdend ist die Welteinheit der Erfahrung zugleich das Konstituierte (das wesensmäßig Gewordene) einer transzendentalen Subjektivität und die Tatsache (das faktisch Seiende) eines empirischen Subjekts. Aus der teleologischen Einheit der Welt als einem synthetischen oder geschichtlichen Apriori läßt sich auch der Unterschied von transzendentalem und empirischen Subjekt begründen und aufheben. Diese Frage geht aber (obwohl sie für das Verstehen des genetischen Gesichtspunkt der Phänomenologie sehr wichtig ist) über den Rahmen unserer Untersuchung hinaus.

Unsere Frage betrifft den konstitutiven Ursprung von Sinn, und in diesem Kapitel speziell den Ursprung der logischen Sinnhaftigkeit. Fassen wir die Ergebnisse unserer Forschungen zusammen. Wir sind davon ausgegangen, daß die kategorialen Evidenzen gewisse Idealisierungen voraussetzen, die diese Evidenzen übersteigen. Diese Idealisierungen sind die Urteils- bzw. Gegenstandsidentität und die „Wahrheit an sich": d.h. einerseits die Entscheidbarkeit jedes Urteils als wahr oder falsch, und andererseits die Wahrheit des Gegenstandes als eines wirklich oder an sich seienden. Die Idealität der Urteils- bzw. Gegenstandsidentität liegt darin, daß das Identische nicht das Gegebene einer Evidenz ist, sondern das, was nur in einem unendlichen Prozeß der Identifizierung „gegeben" sein könnte. Die Idealität der Wahrheit an sich liegt in ihrer „Endgültigkeit" gegenüber dem notwendigerweise vorläufigen und prinzipiell modalisierbaren Charakter der Evidenzen und in der Unendlichkeit des Prozesses, wodurch eine Wahrheit „endgültig" festgestellt werden soll. Husserls Gedanken nachvollziehend stellten wir die Frage nach der Ausweisung des Rechts und nach der Klärung des Sinnes dieser Ideen. Wie wir sahen, ist dies eine konstitutive Frage, die sich nicht durch die Analyse der „Aktintentionalität" (die auf Evidenz von selbstgegebenen Gegenständlichem ausgerichtet ist), sondern erst durch die Analyse der „Horizontintentionalität" lösen läßt. Die Erschließung des Horizontes, in dem die Ideen der kategorialen Identität und der Wahrheit an sich konstituiert werden, geschieht in FTL als die Enthüllung der Sinnesgeschichte der logischen Gebilde. Was dabei aufgedeckt wird, ist die intentionale Verweisung jedes prädikativen Urteils bzw. jeder prädikativen Gegenständlichkeit auf die individuellen Erfahrungsgegenstände. Lag darin aber nicht ein Widerspruch, indem die Rechtsausweisung und Sinnesklärung von Ideen, die als Ideen jede Evidenz übersteigen, in der Rückführung dieser Ideen auf die sinnliche Erfahrung erfolgen sollte? Sicher, wenn nicht ergänzt wird, daß jedes prädikative Urteil *seinen Strukturen der kategorialen Identität und der Wahrheit an sich nach* auf die Erfahrungsgegenstände zurückverweist, *insofern diese Gegenstände in der Welt als Einheit der Erfahrung vorkommen*. Was aber haben die Ideen der Wahrheit an sich und der kategorialen Identität mit der Welt zu tun? Die Welt hat, wie wir sahen, die Struktur einer teleologischen Idee; sie ist selbst kein Vorgegebenes, sondern ein Aufgegebenes der Erfahrung.

Wir können jetzt die Antwort auf die Grundfrage, wie in der Urteilsevidenz die „idealisierenden Voraussetzungen" der kategorialen Identität und der Wahrheit an sich einerseits und andererseits die „empirischen" Voraussetzungen der Horizontintentionalität miteinander zusammenhängen (s. oben S. 169 und S. 174), endgültig formulieren. Die logischen Idealisierungen haben ihre Wurzel im Erfahrungshorizont selbst, sie entstehen nämlich durch die Thematisierung der teleologischen Einheit der Erfahrung. Diese Einheit ist nicht der faktisch bestehende Zusammenhang einzelner Erfahrungen, sondern das aufgegebene Ziel eines die Erfahrungsaktivität motivierenden Strebens nach allseitiger Gegebenheit des jeweiligen Erfahrungsgegenstandes (sowohl in seiner inneren Beschaffenheit, als auch in seinen Verhältnissen zu anderen Gegenständen). Der Welthorizont als Einheit der Erfahrung hat somit das Wesen der *Idee*. Die Idee selbst ist nicht der Horizont, sondern das, was den Horizont als solchen eröffnet und offen hält: die Idee schreibt nämlich der Erfahrung die Wege ihres möglichen Fortgangs vor und eröffnet somit den Horizont innerhalb dessen als eines Spielraumes die Erfahrung sich abspielen kann. Schon die Erfahrung des alltäglichen Lebens ist durch die Idee der Selbstgegebenheit motiviert, insofern sie schon Ausrichtung auf Wahrheit ist und die Wahrheit in der evidenten Gegebenheit ihrer Gegenstände sucht. Obwohl die Wahrheit als Idee ein unerreichbares Telos bleibt, ist sie aber es, die die Erfahrung überhaupt in Gang bringt.

In der alltäglichen Erfahrung, die auf das Wahre als *Selbstge-gebenes* ausgerichtet ist, bleiben diese Idee und der Horizont, den sie eröffnet, athematisch. Sie können aber aus ihrer Athematizität hervorgeholt werden. Das Resultat dieser Thematisierung ist die *Idealisierung* der Wahrheit an sich und der objektiven Identität. (Es gibt natürlich andere Ideen und andere entsprechende Idea-lisierungen, z.B. die Idee des Dinges und die Idealisierung des an sich selbst bestimmbaren Dinges. Wir haben uns aber nur mit denjenigen Ideen und Idealisierungen befaßt, die Husserl in FTL ausschließlich interessieren, weil sie für die formale Logik grund-legend sind.) Man kann jetzt verstehen, warum Husserl die *Ideen* der Wahrheit an sich und der objektiven Identität auch *Ideali-sierungen* nennt. Die Rede von Idee schlechthin ist undifferen-ziert: sie bezeichnet die Erfahrungsregel, insofern diese einen Spielraum für die faktische Verwirklichung der Erfahrung eröff-net, ungeachtet der Weise, wie diese Idee selbst intendiert wird. Die Idealisierung ist dieselbe Idee, insofern sie thematisch gewor-den ist. *Durch die Idealisierung*, d.h. durch die Thematisierung der Ideen, die einen Erfahrungshorizont offen halten, *verändert sich jedoch der Erfahrungshorizont*. Ein neuer Verstehenshorizont entsteht, aus dem her neue gegenständliche Sinne bestimmt werden. So entsteht durch die Idealisierung der Wahrheit an sich und der objektiven Identität – sich auf die Erfahrung aufbauend und zugleich über sie hinaus gehend – die ,,Disziplin'' der Logik, und somit eine neue Weise, in ausdrücklicher und gewollter, zielstre-biger Ausrichtung auf Wahrheit, die gegebenen Gegenstände, die im Welthorizont begegnen, zu bestimmen. Schon in der ursprüng-lichen Erfahrung gibt es, wie wir sahen, eine Spannung zwischen der Wahrheit als Idee und der Evidenz (s. oben S. 188 f.); da diese Spannung aber verborgen bleibt (und verborgen bleiben muß, weil die Idee selbst auch verborgen bleibt), wirkt sich diese Spannung nur in der Zwangsläufigkeit, jede Evidenz zu über-winden, aus. Mit der Thematisierung der Idee muß die Spannung offenbar werden. So wird versucht, nicht nur die *Relativitäten in der Evidenz*, die zu ständig neuen Korrekturen nötigen, zu besei-tigen, sondern auch darüber hinaus die *Relativität der Evidenz* selbst. Es wird jetzt ein Wissen angestrebt, das bemüht ist, die Subjektivität selbst vom Wissen auszumerzen. Die Ideen der Wahrheit an sich drücken in der Stufe der Logik und der Wissenschaft die teleologische Einheit der Welt als die *objektive Bestimmbarkeit* der innerweltlichen Seienden aus, wie sie ,,an sich'' sind. In der *Krisisabhandlung* hat Husserl später gezeigt, wie diese Ideen zur Konzeption der Welt als der exakt bestimmbaren Natur führen, und wie sie unser Selbstverständnis, eben wegen der zunehmenden Selbstobjektivierung verwandeln.[49] Die so konstruierte ,,Welt'' oder ,,Natur'' ist aber für Husserl eine ,,theoretisch-logische Substruktion'' der ursprünglichen Welt der Erfahrung. Hier ist nicht der Ort, diese Frage zu erörtern. Es genügt, darauf hinzuweisen, daß Husserl schon in FTL die Basis für die Kritik der wissenschaftlichen Objektivierung der Welt aufstellt, indem er zeigt, daß die ,,objektive Bestimmbarkeit der Gegenstände, wie sie an sich sind,'' den Charakter einer Idee hat, und daß diese Idee nicht mehr ist als die Thematisierung der teleologischen Einheit der Welt in der Erfahrung, d.h. der apriorischen Horizontstrukturen der sich in fortlaufenden Synthesen entfaltenden Erfahrung.

---

[49] Vgl. *Krisis*, S. 130 f.

SCHLUSSWORT

Blicken wir jetzt auf den Anfangspunkt unserer Untersuchungen zurück. Wir gingen von einer Aporie aus, die wir in der Konstitutionstheorie Husserls aufdeckten. Wir hatten an die „Repräsentationstheorie" Husserls angeknüpft, d.h. an die Theorie, wonach die Gegenstände unserer Erkenntnis sich selbst aufgrund intuitiver Inhalte darstellen, wobei der intuitive erst zu einem darstellenden Inhalt mittels einer subjektiv vollzogenen Synthesis wird. Insofern in der intentionalen Analyse die konstitutiven Leistungen der transzendentalen Subjektivität als „Sinngebung" verstanden werden, bleibt die Phänomenologie Husserls dieser Theorie und ihrem zugrundeliegenden Form-Inhalt-Modell verhaftet. Daran anschließend fragten wir, wir die formalen und die materialen Komponenten der konstitutiven Synthesis für sich selbst konstituiert werden. Zu dieser Frage gibt es zwei Antworten, die sich in Form einer Alternative darbieten. Nach der einen sollen die konstitutiven Momente jeder Synthesis selber in einer vorhergehenden Synthesis konstituiert sein, was einen unendlichen Regreß ergibt. Nach der anderen gibt es letzte konstitutive Momente, die nicht mehr konstituiert sind; einerseits die „Empfindungsdaten" als „letzte Elemente" und andererseits die ursprünglichen gegenständlichen Sinne, die einfach als ein letzter und unüberholbarer Horizont der Verstehbarkeit da sind, d.h. als ein *faktisches Apriori* des Verstandes. In Wirklichkeit aber ist dies keine Alternative für die Phänomenologie. Der unendliche Regreß ist nicht nur ein Regreß in der konstitutiven Analyse, sondern auch im konstitutiven Prozeß selbst: gibt es einen unendlichen Regreß im konstitutiven Prozeß, so bedeutet das, daß die Konstitution schließlich unbegründet ist. Gibt es dagegen im konstitutiven Prozeß einen Anfang bei puren Fakten des Bewußt-

seins, so ist dieser Prozeß in dem Sinn nicht unbegründet, daß er
ein letztes Fundament hat; er ist aber in dem Sinn unbegründet,
daß die puren Fakten (Empfindungsdaten und letzten Sinnes-
momente) irrationale Gegebenheiten sind.

Wir haben in unserer Arbeit gezeigt, wie die Phänomenologie
Husserls diese Aporien aufzulösen vermag, und jetzt können wir
auch verstehen, warum sie überhaupt entstehen. Das Dilemma
des unendlichen Regresses und des irrationalen Anfangs liegt in
latenter Weise in der Repräsentationstheorie beschlossen und
wird nicht offenkundig, solange die Phänomenologie nichts mehr
als eine „statische" Beschreibung der Intentionalität zu bieten
hat. Wenn aber Husserl eine „genetische" Analyse der Intentionalität vornimmt, so muß dieses Dilemma zutage kommen und
zwar aus folgenden Gründen. Im Gegenzug zur genetischen Phänomenologie hält sich die „statische Phänomenologie," wie wir
wissen, in der „Synchronie" des intentionalen Prozesses und,
statt den Prozeß selbst zu thematisieren, will sie in ihm lediglich
eine Aufstufung verschiedener Synthesen, „Sinngebungen," für
deren Beschreibung die Berücksichtigung des Entstehensprozes-
ses äußerlich und unwesentlich ist, freilegen. Eben deshalb kann
sich die aktintentionale Analyse, welche die noetischen Funktionen und die hyletischen und noematischen Mannigfaltigkeiten
zum Thema hat, als die geeignete Methode für die Entwirrung
jener vielstufigen Sinngebungen erweisen. Sie zeigt sich dagegen
nicht nur ungeeignet, um die genetischen Probleme des intentionalen Prozesses zu lösen, sondern macht das genannte Dilemma
auch deutlich sichtbar. In der Tat entsteht dieses Dilemma nur,
weil an die Frage der Genesis mit der aktintentionalen Analyse
herangegangen wird. Da die aktintentionalen Analyse die Intentionalität nur als Sinngebung betrachtet, muß sie die Frage der
Genesis, wenn diese aufkommt, zwangsläufig als eine Frage *nach
dem Anfang*, d.h. als eine Frage *nach „Urapperzeptionen" und
„Urgegebenheiten"* deuten. Mit diesem Ansatz aber ist die Sache
von vornherein verfehlt und die Untersuchung muß entweder an
der Klippe des irrationalen Anfangs oder des unendlichen Regresses scheitern.

Die horizontintentionale Analyse erlaubt aber, wie wir sahen,
einen neuen Ansatz, der diese Klippen glücklich zu umschiffen
erlaubt. Es wird nicht mehr nach erstmaligen Sinngebungen ge-

sucht, sondern es wird gezeigt, daß jede faktische Sinngebung ihren Sinn und die Möglichkeit ihres Gegebenen aus dem Urbekanntsein der Welt schöpft, d.h. daß der jeweilige Erfahrungsakt die Welt als Erfahrungshorizont implizite in sich hat, aus welchem Horizont her das jeweils Erfahrene erst verständlich ist. Wenn wir diesen Welthorizont der Erfahrung als den letzten *Ursprung* jedes einzelnen Erfahrungsaktes bezeichnen, so ist dieser Ursprung kein überwundener ,,Anfang," der als vergangener vernichtet ist, er ist vielmehr als Horizont des jeweiligen Aktes immer schon da.

Das Phänomen der Welt mußte der aktintentionalen Analyse verborgen bleiben, weil sie auf Evidenz von Gegenständlichem ausgerichtet ist, und das Gegenständliche als das Erzeugte einer Synthese von Sinn- und Inhaltskomponenten ansieht. Es hat sich aber erwiesen, daß der ,,Auffassungsinhalt" und der ,,Auffassungsinn" keine Einheiten sind, die als gegenständliche Elemente (d.h. als Leistung von früheren Synthesen) zu behandeln sind; vielmehr haben sie auch den Charakter von ,,horizonthaften Ganzheiten," d.h. ,,Sinn" und ,,Inhalt" enthalten in sich eine unabgeschlossene Synthese, auf die aber in ihrer offenen Ganzheit vorgegriffen wird. Wie wir im Kapitel über die Empfindung sahen, kommen wir bei der Zergliederung des gegebenen ,,Inhaltes" einer apperzeptiven Funktion nicht auf aus nichts gewordenes Elementares zurück, sondern auf die Ganzheit der Zeitstrukturen im zeitlichen Prozeß des Empfindens. In analoger Weise kommen wir beim Abbau der Sinneskomplexionen eines prädikativen Urteils nicht auf letzte Sinneseinheiten zurück, sondern auf die Welt als einen allumfassenden Verstehenshorizont.

Versuchen wir jetzt den Gedankengang unserer Untersuchung in einer kurzen Synopsis zusammenzufassen, damit wir sehen können, was für die eingangs dieser Arbeit gestellte Frage des Ursprungs eigentlich gewonnen wurde. Wir begannen mit einer Darstellung von Husserls Empfindungstheorie und ihrer Umgestaltung durch die zeitkonstitutiven Analysen: die Empfindung erwies sich dabei nicht als das nicht-intentionale hyletische Moment von Auffassungssynthesen, das Husserl anfangs eher postuliert als beschrieben hatte, sondern als ein sinnhaftes Gebilde des intentionalen Zeitbewußtseins. Im darauffolgenden Kapitel betrachteten wir dann den gegebenen ,,Inhalt" in seiner Funktion

als Fülle im Erkenntnisprozeß, und zwar so wie Husserl sie in den
LU beschrieben hatte. Aus unserer Interpretation geht hervor,
daß eine ursprüngliche Sinnhaftigkeit der sinnlichen Fülle zu-
kommt; dies bedeutet, daß sie ihren Sinn nicht aus dem signitiven
Akt einer Auffassungssynthese herleitet, sondern vielmehr von
Hause aus sinnhaft ist. Wir vertieften diese Einsicht durch eine
Interpretation des Wesens der adäquat erfüllten Synthesen, d.i.
der Wahrheit. Wir konnten zeigen, daß die Wahrheit (verstanden
in objektiver Hinsicht als die ,,volle Übereinstimmung zwischen
Gemeintem und Gegebenem als solchem'' und in subjektiver
Hinsicht als das ,,ideale Verhältnis zwischen den erkenntnismäßigen Wesen der sich deckenden Akte'') nicht das Korrelat
eines faktischen Erfüllungsaktes ist, sondern in einem ,,Wech-
selspiel'' von Meinung und Gegebenheit konstituiert wird, in dem
jeweils eine Struktur vorherrschend ist und die Rolle der Sinnbestimmung übernimmt. Diese Einsicht in das Wesen der Wahrheit
hat den Gang der darauffolgenden Untersuchungen bestimmt.

Bei der Interpretation der Husserlschen Lehre der sinnlichen
Wahrnehmung hatten wir gezeigt, daß der gegebene Inhalt, weil
er ursprünglich sinnhaft ist, die Rolle der Sinnbestimmung übernehmen kann; der wahre Gegenstand der sinnlichen Wahrnehmung ist daher ein *Selbstgegebenes*. Es erweist sich aber alsdann,
daß das Moment der *Selbstheit* des Gegebenen eigentlich nicht im
Gegebensein, sondern im *Gemeintsein* konstituiert wird. Nur die
meinenden Akte vermögen die eigentliche Gegenstandsbezogenheit zu stiften, was anscheinend besagt, daß allein sie die eigentliche Rolle der Sinnbestimmung übernehmen könnten. Die Interpretation der Lehre der kategorialen Wahrnehmung ergab aber,
daß diese in der abstraktiven Thematisierung der sinnlichen
Regel der ,,explikativen'' Wahrnehmung besteht. Die Klärung
der kategorialen Sinne scheint also unmittelbar auf die empirische
Sinnhaftigkeit wieder zurückzuführen. In der Tat aber liegt in
der thematisierten Regel, die den Gegenstand der kategorialen
Wahrnehmung ausmacht, eine *Idealität*, die jede faktische Evidenz und erst recht die Evidenzen der sinnlichen Erfahrung übersteigt. Es stellt sich dann das konstitutive Problem der (im
weitesten Sinne) kategorialen und insbesondere der formal-analytischen Idealitäten. In FTL beachtet Husserl nur diejenigen, die
mit den Grundlagen der formalen Logik, also mit den logischen

Sätzen der Identität, des Widerspruchs und des ausgeschlossenen Dritten zu tun haben. Diese Idealitäten werfen ein allgemeines Problem auf, das wir als das Problem des „An sich" bezeichnen können. Sie betreffen nämlich die Frage der objektiven Identität der Urteilssinne bzw. der im Urteil konstituierten Gegenständlichkeiten und die Frage der Wahrheit an sich, d.h. die Frage der Entscheidbarkeit jedes Urteils als wahr oder falsch bzw. der Wahrheit des im wahren Urteil konstituierten Gegenstandes. Das eigenartige dieser Probleme liegt darin, daß diese Idealitäten das Korrelat einer *unendlichen* Kette von Synthesen bilden. D.h., sie übersteigen jede faktische Evidenz, da sie die Regel für eine Synthese abgeben, in der die Identität und die Wahrheit an sich eines Urteilssinnes bzw. eines Gegenstandes konstituiert ist, und die faktisch unabgeschlossen bleiben muß. Husserl spricht zwar in *Ideen I* von der „Einsichtigkeit" und gar von einer „apodiktischen Evidenz" der Ideen, welche darin gründet, wie wir interpretierend zeigten, daß der meinende und der erfüllende Akt im Denken der Idee zusammenfallen: der Akt, in dem eine Idee intendiert wird, ist zugleich der Akt, in dem sie gegeben wird. Diese „Einsichtigkeit" der Idee kann aber noch nicht für deren Sinn und Recht im konkreten Erkenntnisprozeß aufkommen. Dazu fehlt noch der Nachweis der *Verbindlichkeit* der Idee für die Gegenstandskonstitution. Hier liegt auch die besondere Schwierigkeit dieses Problems. Denn wie können wir a priori wissen, fragt Husserl, daß es Wege gibt für die endgültige objektive Bestimmung eines Gegenstandes und für die Entscheidung eines Urteils als wahr oder falsch, wenn diese Leistungen faktisch immer das vorläufige Ergebnis einer unabgeschlossenen Synthesis bleiben müssen?

Dieses Wissen, so lautet Husserls Antwort in FTL, entnehmen wir nicht aus faktischen Evidenzen und somit nicht der Aktintentionalität, die auf gegenständliche Evidenz ausgerichtet ist, sondern der Horizontintentionalität jeder faktischen Evidenz. Das in der Horizontintentionalität Gewußte ist die Welt als die offene und unendliche Einheit der Erfahrung, die bei jedem Erfahrungsakt antizipiert wird. Husserl rekurriert also auf ein Apriori, nicht aber auf ein Apriori des reinen Denkens, sondern auf ein Apriori der Erfahrung: die in ihrer Offenheit unendliche Einheit der Erfahrung, die zugleich in ihrem idealen Sein und in ihrem synthetisch geschichtlichen Werden antizipiert wird. Diese Einheit der Erfahrung – nicht die faktische Einheit, die in jedem Erfahrungsakt ergänzt wird, sondern die ideale Einheit der Erfahrung, die a priori in ihrem Werden schon besteht – macht den Horizont des jeweiligen Erfahrungsaktes aus. Diese beiden Bestimmungen des Apriori der Erfahrung fanden wir im Begriff der *teleologischen* Einheit zusammengefaßt.

Jetzt wollen wir bemerken, daß die konstitutiven Strukturen der gegenständlichen Wahrheit und Transzendenz im „Wechselspiel" der meinenden und gebenden Akte aus der doppelten Bestimmung der Einheit der Erfahrung als synthetisch werdend und a priori bestehend erklärt werden können, insofern die Einheit der Erfahrung als synthetisch werdende ein Horizont erfüllter und zu erfüllender Intentionen ist und als a priori bestehende die formale Allgemeinheit der signitiven Intentionen besitzt. Die Wahrheitsbegriffe stehen also in einem Begründungszusammenhang mit dem Erfahrungshorizont. Wir hatten Husserls Wahrheitsbegriffe in zwei verschiedenen Stellen getrennt behandelt (s. oben §§ 19 und 29). Es gilt jetzt in Hinsicht auf den Begriff der Einheit der Erfahrung eine Systematik dieser Wahrheitsbegriffe zu entwerfen. Erst dann werden wir das Fazit unserer Untersuchung ziehen können, um daraufhin zu entscheiden, was für die Frage des Ursprungs in Bezug auf die Inhalts- und Sinnkonstitution eigentlich gewonnen wurde.

Die zwei ersten Wahrheitsbegriffe, die Husserl in LU anführt, sind: 1. Der Begriff der Wahrheit als die „volle Übereinstimmung zwischen Gemeintem und Gegebenem als solchem," und 2. der Begriff der Wahrheit als des „idealen Verhältnisses zwischen den erkenntnismäßigen Wesen der sich deckenden Akte," d.h. des meinenden und des gebenden Aktes in der adäquaten Wahrnehmung. Beide Begriffe gehören zusammen, indem der eine den objektiven und der andere den subjektiven Aspekt der Wahrheit ausdrückt. Wir haben diese beiden Begriffe im Kapitel über die ursprüngliche Sinnhaftigkeit der Fülle behandelt. Es ergab, wie wir sahen, daß die erfüllenden und die signitiven Akte einen wesensmäßigen und somit „spielraumartigen" Charakter haben, d.h. sie umgrenzen abwechselnd einen Spielraum für das faktisch Gegeben- oder Gemeintsein, welcher Spielraum das schon besprochene „Wechselspiel" von Meinung und Gegebenheit ermöglicht.

Der dritte und der vierte Wahrheitsbegriff gehören auch zusammen. Der dritte definiert die Wahrheit als den „gegebenen Gegenstand in der Weise des Gemeinten," und der vierte als die Richtigkeit des Urteils. Wiederum drücken sie die objektive und die subjektive Seiten der Wahrheit aus. Nach dem dritten Wahrheitsbegriff ist der wahre Gegenstand nicht der gegebene Gegenstand schlechthin, sondern der gegebene Gegenstand *in der Weise des Gemeinten.* Dies bedeutet, daß nur das wahr ist, was in einem richtigen Urteil als solchem ausgemacht ist. Der vierte bedeutet: wahr ist die Meinung, insofern sie sich nach dem Gegebenen richtet. Er könnte also folgendermaßen umformuliert werden: wahr ist das Gemeinte in der Weise des Gegebenen, was die umgekehrte Formel des dritten Begriffes abgibt. (Vgl. oben S. 154.)

Diese Begriffspaare unterscheiden sich voneinander, indem die Wahrheit für das letzte Begriffspaar in den noematischen Bestand des wahren Gegenstandes oder des wahren Urteilssinnes explizite hineingehört, während für die ersten Wahrheitsbegriffe die Thematizität der Wahrheit unwesentlich bleibt. Daher nennt Husserl die letzten die „kritischen" Wahrheitsbegriffe.[1]

Husserl nennt nun in FTL die Voraussetzung der Wahrheit an sich (wie auch die der idealten Identität) eine *Idealisierung.* Die Idealisierung besteht, wie wir jetzt wissen (vgl. oben S. 222) in der Explizitmachung einer athematisch gedachten Idee. Diese athematische Idee der Wahrheit ist nun in der „vollen Übereinstimmung zwischen dem Gemeinten und dem Gegebenen" und im „idealen Verhältnis der erkenntnismäßigen Wesen" gedacht. (Obwohl die Bezeichnung „ideal" im ersten Wahrheitsbegriff fehlt, sollte es für uns schon klar sein, daß die „volle Übereinstimmung" nur einen idealen Charakter haben kann, denn das Gemeinte und das Gegebene treten in das Wechselspiel der Wahrheit nicht als Korrelate *faktischer* Akte, sondern als Korrelate der Akte *in specie,* und haben somit einen „spielraumartigen" Charakter.)

Dennoch rekurriert Husserl für die Begründung der logischen Idealisierung der Wahrheit an sich nicht schlechthin auf die Idee der Wahrheit, wie sie im ersten Begriffspaar gedacht wird, sondern verlangt die viel weiter führende Reduktion auf die ideale

---

[1] Für die Interpretation der Wahrheitsbegriffe s. oben § 29, bes. S. 154 f.

Einheit der Erfahrung überhaupt. Diese Erweiterung erklärt sich daraus, daß Husserl in der Periode zwischen den LU und FTL die Rolle der Horizontintentionalität entdeckt hat (vgl. FTL, S. 177 Anm.). Jede gegenständliche Intention führt (in thematischer oder athematischer Weise) über sich hinaus in andere Intentionen, sodaß die „volle Übereinstimmung" oder das „ideale Verhältnis der erkenntnismäßigen Wesen" in keinen einzelnen Akten, sondern erst in der unendlichen Einheit aller Erfahrungsakte zustande kommen kann. (Korrelativ kann die Idealisierung der idealen Identität nicht mehr in der Deckung einzelner Akte fundiert sein, in denen sich so etwas wie ein „individuelles Erfahrungssubstrat" konstituiert. Nicht die sinnlichen „Individuen" bilden die letzte Stufe bei der Enthüllung der genetischen Implikationen der fundierten Gegenständlichkeiten, sondern, wie wir erklärt haben, eine „*Welt* von Individuen." Deshalb tritt nun in EU als letztes Substrat nicht der individuelle Erfahrungsgegenstand, sondern die „Allnatur" als die ursprüngliche Welt der Erfahrung. Dazu vgl. oben § 33).

Dies impliziert nun, daß der Spielraumcharakter der signitiven und erfüllenden Wesenheiten einer adäquaten Wahrnehmung nicht nur *ein*grenzend, sondern auch eo ipso *aus*grenzend sind. Zu jeder gegenständlichen Intention gehört ein Horizont potentieller Intentionen. Der äußerste Horizont der jeweiligen Intentionen ist nun die Welt als die unendliche mögliche Einheit der Erfahrung. Weil nun dieser Horizont durch ein- und ausgrenzende Wesenheiten artikuliert ist, nennt Husserl die Welt als Erfahrungshorizont eine „Totalitätstypik" (EU, S. 33). In FTL geht es nicht um die Beschreibung dieser Totalitätstypik, sondern nur um den Aufweis der Welt qua Erfahrungshorizont als das letzte Implikat der logischen Idealisierungen der Wahrheit an sich und der idealen Identität.

Die Welt als Einheit der Erfahrung hat, wie wir sahen, das Wesen der *Idee*,[2] sie ist die teleologische Einheit der Erfahrung,

---

[2] Über den Entwurf einer Phänomenologie der Welt als Idee, vgl. auch J. Derridas Einleitung zu *L'Origine de la Géométrie*: „Husserl n'a jamais fait de l'Idée *elle-même* le *thème* d'une description phénoménologique. Il n'en a jamais défini directement le type d'évidence à l'intérieur d'une phénoménologie dont le ‚principe des principes' et la forme archétypique de l'évidence est la présence immédiate de la chose même ‚en personne,' c'est-à-dire, implicitement, de la chose définie ou définissable dans son phénomène, donc de la chose *finie*. (...) Ce n'est pas par hasard s'il n'y a pas de

und das besagt: sie ist die unendliche Bewegung der Gegenstandsbestimmung in der Erfahrung, und zugleich der Erfahrungsbo-
den, die feststehende Einheit dieser Bestimmungen in der Erfahrung. In dieser doppelten Bestimmung der Einheit der Erfahrung
als synthetisch werdend und ideal schon bestehend liegt nun, daß
sie zugleich den Charakter eines anschaulichen, erfahrungsmäßigen und eines intellektuellen, verstandsmäßigen Horizontes hat:
die Welt als Erfahrungshorizont ist der Spielraum für die Gegebenheit immer neuer Inhaltsbestimmungen, die in einem unendlichen Prozeß des Synthetisierens in eine einstimmige Einheit
zusammengebracht werden, und zugleich der Spielraum für das
Vorgeben idealer Hinsichten für die Sinnbestimmung des jeweils
Gegebenen (die Welt als Totalitätstypik).

Denken wir nun diese doppelte Struktur der Einheit der Erfahrung als synthetisch werdend und ideal schon bestehend zusammen mit der doppelten Struktur des die Wahrheit konstituierenden Wechselspiels von Meinung und Gegebenheit, so können wir
jetzt verstehen, warum die Sinn- und die Inhaltskonstitution
nicht getrennt werden können, wie es in der Repräsentationstheorie impliziert ist. Denn der letzte Grund der Sinn- und Inhaltskonstitution ist, wie wir sahen, die Welt als teleologische Einheit
der Erfahrung.

Die Welt qua Erfahrungshorizont erscheint also als jener gesuchte „Ursprung," welcher sich über die Antithetik des irrationalen Anfangs und des unendlichen Regresses überhebt.[3] Die
Enthüllung der Sinnesimplikationen führt nämlich nicht, wie
gesehen, auf „Urapperzeptionen" oder „Urgegebenheiten," sondern auf die Offene Ganzheit des Erfahrungshorizonts als einer
unendlichen und idealen Synthese. Erst die Orientierung an der
Horizonthaftigkeit der Welterfahrung ermöglicht die Überwin-

phénoménologie de l'Idée. Celle-ci ne peut pas se donner en personne, elle ne peut être
déterminée dans une évidence, car elle n'est que la possibilité de l'évidence et l'ouver-
ture du ‚voir' lui-même; elle n'est que la *déterminabilité* comme l'horizon de toute
intuition en général, milieu invisible du voir analogue à la diaphanéité du Diaphane
aristotélicien" (in Edmund Husserl, *L'Origine de la Géométrie;* Paris: Presses Universitaires de France, 1962; p. 150 f.). Zu einem Ansatz der phänomenologischen Beschreibung der Idee s. oben S. 146-150.

[3] Zum Problem der Bestimmung der phänomenologischen Philosophie als einer
Wissenschaft der ursprünglichen Welterfahrung vgl. Werner Marx, „Vernunft und
Lebenswelt," in *Hermeneutik und Dialektik* (hrg. von R. Bubner, K. Cramer und
R. Wiehl; Tübingen: J. C. B. Mohr, 1970), I. Band, S. 217 ff. (Neugedruckt in W.
Marx, *Vernunft und Welt* (Phaenomenologica 36); den Haag: M. Nijhoff, 1970.)

dung jener Antithetik. Richten wir uns nämlich allein nach der Aktintentionalität, so ist es unverständlich, wie es Synthesen geben können soll, die immer schon geleistet sind, ohne je vollzogen worden zu sein, (was eben die Paradoxie der Synthesen der Welterfahrung ist). Denn von Standpunkt der Aktintentionalität müssen wir jede synthetische Leistung als das Resultat eines ursprünglichen *aktuellen* Vollziehens ansehen. Wir müssen deshalb diese aktuell vollzogenen Synthesen in ihrem Zeitverlauf zergliedern, was nun impliziert, daß es einen Moment gegeben hat, wo diese Synthesen noch nicht vollzogen waren. Dies aber bildet die Aporie des irrationalen Anfangs. Wollen wir auch keinen unendlichen Regreß annehmen, weil dies ein fauler Kompromiß wäre, so müssen wir dann einräumen, daß es Synthesen gibt, die immer schon geleistet wären, ohne daß sie dennoch aktuell vollzogen gewesen sind. Darin liegt eben die Paradoxie der *passiven Synthesen*, in denen eben eine Welt als für das Bewußtsein immer schon daseiend konstituiert ist. Erst die Aufdeckung der Horizontintentionalität erlaubt, die konkrete Möglichkeit dieser passiven Synthesen zu sehen. Gleichzeitig erweist sich, daß die Passivität dieser Synthesen nichts mit ,,Empirischen,'' mit ,,Rezeptivität'' von sinnlichen Daten zu tun hat, sondern mit der Idee einer teleologischen Einheit der Erfahrung, die den Horizont für den unendlichen Fortgang der Erfahrung erst eröffnet. Diese Einsicht in das Wesen der passiven Synthesen der Welterfahrung erlaubt uns jetzt zu sehen, warum der Konstitutionsprozeß keinen Anfang im eigentlichen Sinne hat, noch ohne Anfang ist: er hat eher einen jeweiligen Ursprung aus der Welt, die immer schon im Horizont der lebendigen Gegenwart des konstitutiven Lebens da ist.

HUSSERLS „TRANSZENDENTALE ÄSTHETIK": WELTONTOLOGIE ODER HERMENEUTIK DER VORPRÄDIKATIV ERFAHRENEN WELT?[1]

§1. *Der Begriff der transzendentalen Ästhetik als Weltontologie*

Die Konstitution des Gegenstandessinnes und des Gegenstandes schlechthin (im phänomenologischen Verstande als leibhaftig Selbstgegebenes und identisches Substrat von Prädikationen) läßt sich erst klären, wie wir zeigten, wenn die intentionale Analyse in die vorkonstituierten Sinneshorizonte der jeweiligen aktiven und passiven Sinngebungen eindringt. Da nun die „Welt" der vorprädikativen Erfahrung als universaler Sinneshorizont und korrelativ die „Welterfahrung" als letzte Instanz der Sinnesauslegung erwiesen wurden, so nimmt die Wissenschaft von der vorprädikativ erfahrenen Welt eine fundamentale Stellung innerhalb der transzendentalen Philosophie ein.

Husserl hat den Kantischen Titel: „Transzendentale Ästhetik" übernommen, um die zum Zweck der transzendentalen Begründung der formalen Logik durchgeführte Intentionalanalyse der vor-prädikativen Welt zu bezeichnen (vgl. *Formale und Transzendentale Logik*, S. 256 f.). Bei Husserl aber bezeichnet dieser Titel nicht ausschließlich eine erkenntnistheoretische Disziplin, wie es bei Kant wohl der Fall ist. Für Kant nämlich hat die

---

[1] Die vorliegende Arbeit, ursprünglich als eine Dissertation konzipiert, sollte nach dem ursprünglichen Plan durch Untersuchungen zum Thema „Weltapperzeption" und „transzendentale Ästhetik" abgerundet werden. Es zeigte sich aber nachgerade, daß die für diese Arbeit geplanten Grenzen bei weitem überschritten werden müßten. Solche Untersuchungen verlangen nämlich eine systematische Aufbereitung von Husserls unveröffentlichten Texten zu diesem Thema und eine umfangreiche Interpretationsarbeit. Sie werden also ihren geeigneten Platz in einem neuen Buch finden.

Die folgende Beilage ist ein partieller und vorläufiger Ertrag aus unserer Beschäftigung mit der Thematik der Sinnkonstitution anhand von Husserls Manuskripten zur transzendentalen Ästhetik. Wir haben uns zur Veröffentlichung dieser Beilage aus zwei Gründen entschlossen: 1. sie vertieft (im Vergleich mit dem bisher von uns Dargelegten) das Verständnis der Thematik der logischen Sinneskonstitution, und 2. sie zeichnet die Richtung künftiger Untersuchungen zum Thema Sinnkonstitution – Weltapperzeption vor.

transzendentale Ästhetik die Aufgabe, die Prinzipien a priori der
Sinnlichkeit herauszustellen (vgl. *Kritik der reinen Vernunft* A 21,
B 35), wobei der Endzweck dieser Analyse darin besteht, die
Möglichkeit von synthetischen Urteilen a priori über Erfahrungs-
gegenstände zu begründen (B 73), und die Erscheinungen, die das
Feld der Sinnlichkeit ausmachen, dahin einzuschränken, ,,daß
sie nicht auf Dinge an sich selbst, sondern nur auf die Art gehe,
wie uns, vermöge unserer subjektiven Beschaffenheit, Dinge erscheinen'' (A 251). Man kann zwar Husserls transzendentale
Ästhetik in analoger Weise umschreiben: auch sie hat invariante
Formstrukturen der Erfahrung (Zeit, Raum, Assoziationsregeln),
und somit ein Apriori der Erfahrung herauszuarbeiten, wobei sie
die Erfahrungsgegenstände insofern auf den Bereich der Phänomene einschränken muß, als sie ihren Seinssinn nur in Bezug auf
eine transzendental konstituierende Subjektivität bestimmen
kann. Sie soll aber darüber hinaus in eine *ontologische* Dimension
eindringen, insofern sie den letzten Möglichkeitsgrund der Erfahrungsgegenstände nicht in den Synthesen einer aktiv konstituierenden Subjektivität finden kann, sondern tiefer eindringend
im passiven Vor-bewußt-Sein einer *Welt* reiner Erfahrung, die
den universalen Sinneshorizont jeder Synthese bildet. Dem Husserlschen Entwurf zufolge soll also die transzendentale Ästhetik
in *weltontologischer* Absicht durchgeführt werden.

So versteht Husserl die Strukturen der vorprädikativen Erfahrung (auf welche die syntaktischen Kategorien und die operativen
Regeln des prädikativen Denkens zurückbezogen werden) als
,,invariante Strukturformen'' der Erfahrungs*welt*. Diese ,,invari-
anten Formen'' sind zwar im transzendentalen Bewußtsein ver-
ankert als das *konstitutive* Apriori der Erfahrung; sie sind indessen
keineswegs Formen des transzendentalen *Subjekts*, sondern Formen des transzendentalen *Bewußt-Seins* der Welt. Als solche sind
diese ,,invariante Formen,'' die die Erfahrung strukturieren, in
einem *ontologischen* Sinn zu fassen: sie betreffen nämlich das
Verstehen von Sein und das Sein selbst als Verstandenes.

Um die Bedeutung dieser transzendentalen Ästhetik = Weltontologie systemimmanent zu interpretieren und zugleich kritisch
zu reflektieren, finden wir ratsam, von Husserls Erfahrungsbegriff auszugehen.

§2. *Husserls Begriff der reinen Erfahrung*

Ihrer Grundbedeutung nach besagt *Erfahrung* für Husserl die *Selbstgegebenheit*, insonderheit die *evidente* Selbstgegebenheit eines Gegenstandes (vgl. *Erfahrung und Urteil*, S. 21 und 11 f.). „Erfahrung" steht also nach dieser Definition für all diejenigen Intentionen, die nicht „leer" oder „bloß" vorstellende sind, sondern ihre Gegenstände als „selbst da," „leibhaftig da" darstellen. Insofern nun der Erfahrungsbegriff in Abhebung gegen die Leerintentionalität bestimmt wird, soll man auch die verschiedenen Arten von der Leerintentionalität und das je nachdem wechselnde Verhältnis von Erfahrung und Leerintention in Betracht ziehen, um den Begriff einer *reinen* Erfahrung zu gewinnen.

1. „Leerintention" kann z.B. einen „meinenden" oder „signitiven" Akt bedeuten, der einen Gegenstand intendiert, ohne ihn zur Gegebenheit zu bringen. Die intentionale Analyse zeigt, daß die konkrete Erfahrung (und selbst die voll evidente Erfahrung, wo alle Intentionen erfüllt sind) von Leerintentionen umspielt ist; dabei sind diese keine zufällige, abstraktiv wegzudenkende „Randerscheinungen" der Evidenz, sondern spielen im Gegenteil eine allerwichtigste Rolle in der Selbstgebung eines Gegenstandes, insofern die signitiven Intentionen allein die Selbstheit eines Gegenstandes konstituieren können.[2] Insofern nun unter „Leerintention" die „signitive Intention" verstanden wird, muß die Entgegensetzung von Erfahrung und Leervorstellung daraufhin relativiert werden, daß diese für die Selbstgegebenheit eines Gegenstandes genau so begründend sind, wie die leibhaftig darstellenden Intentionen.

2. Unter „Leerintention" kann man aber auch diejenigen Intentionen verstehen, die *nie* einen Gegenstand als leibhaftig selbstgegeben darstellen können, wie z.B. die Akte der Erinnerung, der Phantasie usw. Die Unterscheidung darf aber auch hier dahingehend relativiert werden, daß diese Leerintentionen eine notwendige Beziehung zur Wahrnehmung haben: sie sind nämlich Abwandlungsmodi der Wahrnehmung, insofern in ihr fundiert, und haben darum einen anschaulichen, obzwar nicht wahrnehmungsmäßigen Charakter.

3. Man kann schließlich unter „Leerintention" auch diejenigen

---

[2] Zur Rolle der signitiven Leerintention in der Konstitution des identischen Gegenstandes vgl. oben S. 96 ff.

Intentionen verstehen, die die Erfahrung überhaupt übersteigen, und zwar so, daß die Unterscheidung nicht mehr relativiert werden kann. Bei Kant entspricht dies der Unterscheidung von Erfahrung und Spekulation (transzendenter Gebrauch der Denkkategorien und der regulativen Ideen der Vernunft). Bei Husserl wiederholt sich diese Unterscheidung als diejenige von *Erfahrung* und *Idealisierung*, wohl aber nicht in der gleichen Weise wie bei Kant, weil für Husserl die Denkkategorien der Logik, der Wissenschaften – also diejenigen Kategorien, die eine objektiv bestimmbare ,,Natur" konstituieren –, schon als *Idealisierungen* gelten. Insofern bilden die Denkkategorien keineswegs einen Möglichkeitsgrund der Erfahrung als solcher, sondern sind höchstens von der Erfahrung her zu motivieren. Die Logik und die Naturwissenschaft gelten deshalb für Husserl als eine transzendierende ,,Interpretation" der Erfahrung, die der Erfahrung selbst untergeschoben wird.

Für Husserl verkörpert das wissenschaftliche Denken eine transzendierende Interpretation[3] der Erfahrung, weil es auf ,,Idealisierungen" gründet, welche die Erfahrungsmöglichkeiten übersteigen. Das wissenschaftliche Denken idealisiert die Erfahrung bzw. die Erfahrungswelt in dem Sinne, daß sie die Erfahrungsgegenstände in einem System von ideellen, exakt konstruierten Begriffen zu erfassen versucht, die es möglich machen, von der Subjektivität der Erfahrung abzusehen und die Erfahrungsgegenstände ,,objektiv," d.h. auf ihr vermeintes Ansichsein hin zu bestimmen. Das wissenschaftliche Denken verliert zwar nie den Bezug zur Erfahrung, insofern es ihm immer darauf ankommt, die Phänomene im Erfahrungsbereich zu erklären; der Erfahrung aber wird eine ideelle Begrifflichkeit substruiert, die sich nicht mit ihr deckt.

Die ,,Idealisierungen" der objektiven Identität und Bestimmbarkeit jedes Gegenstandes, korrelativ die Idealisierung der Entscheidbarkeit jedes Urteils als wahr oder falsch (d.h. die Idee, daß in jedem Satz ein Gegenstand objektiv bestimmt und identifiziert wird) bilden aber das Fundament der formalen Logik, mithin des Denkens überhaupt. Insofern muß auch das logische Denken als

---

[3] Insofern das wissenschaftliche Denken die Erfahrungen, die es beim Experimentieren macht, als Zeichen der objektiven ,,Natur" der Dinge *deutet*, darf es als eine ,,Interpretation" der Erfahrung bezeichnet werden.

eine „Interpretation" (genauer als die Sprache der Interpretation) betrachtet und der Erfahrung entgegengestellt werden. Da aber die genannten Idealisierungen nicht nur die Logik des wissenschaftlichen Denkens, sondern auch schon das prädikative Urteilen überhaupt leiten, soll der ganze Bereich des Prädikativen (anders als bei Kant) dem der Erfahrung gegenübergestellt werden.

Mit der Entgegenstellung von *Erfahrung* und *Idealisierung* haben wir also einerseits die erfahrungsmäßige Selbstgegebenheit des Gegenstandes und andererseits die objektive Bestimmung eines Gegenstandes nach Idealbegriffen. Beides – Erfahrung und logisch-wissenschaftliche Idealisierung – erheben den Anspruch, den Gegenstand selbst zu treffen. Der Gegenstand aber ist jeweils anders intendiert. *Einerseits* bedeutet die Selbstgegebenheit des Gegenstandes das leibhaftige Selbstdasein des Gegenstandes vor dem erfahrenden Bewußtsein. Die leibhaftige Präsenz eines Gegenstandes ist jedoch nur in der Relativität einer perspektivisch erschlossenen Welt möglich. Die erfahrungsmäßige Selbstgegebenheit des Gegenstandes ist somit ein subjektiv-relatives *Phänomen, Erscheinung*. Als Erscheinung setzt sie einen Erscheinungsraum voraus, d.h. einen Spielraum für die Selbstgebung des Gegenstandes. Dieser ist an einem Subjekt zentriert, um das es sich erschließt. Die Selbstgegebenheit eines Gegenstandes setzt somit in zweierlei Hinsicht die Bezogenheit des erscheinenden Gegenstandes auf eine konstituierende, d.h. erscheinen lassende Subjektivität: als *Erscheinung* ist der Gegenstand: 1. Gegenstand für sie, und 2. Erscheinendes in einem Erscheinungsraum, der seine Mitte in ihr hat. – *Andererseits* bedeutet die objektive Bestimmung eines Gegenstandes, wie es „an sich" ist, eben das Absehen von seiner Relativität auf eine konstituierende Subjektivität und seine Entrückung aus dem kontextartigen Erscheinungsraum, in dem er als erfahren erscheint. Was an dem Gegenstand einen subjektiven Sinnbezug hat – also speziell die sinnlichen Bestimmtheiten – wird durch Abstraktion der konstituierenden Subjektivität und durch Korrelation mit einem idealen Begriffssystem als bloß empirische indices objektiver Bestimmungen betrachtet.

Als eine „Interpretation" der Erfahrung, die diese auf ein irrelatives Anschsein hin übersteigen will und ihr zu diesem

Zweck ein Begriffssystem substruiert, darf das logisch-wissen-schaftliche Denken ähnlich wie andere Weisen des Weltauslegens eingestuft werden. So haben die aus Theorie und Praxis,[4] wie die aus anderen soziokulturellen Bereichen entstehenden Weltinter-pretationen das gemeinsame Merkmal, nicht erfahrungsmäßig konstituiert zu sein.

Die ,,reine Welterfahrung'' stellt aber für Husserl keineswegs einen von den ,,Weltinterpretationen'' abgeschlossenen Bereich des intentionalen Verhaltens. Husserl verkennt nicht, daß wir die intentionalen Gegenstände jeweils aus einer verschiedenen Inte-ressenlage und kulturellen Situation her erfahren;[5] daß sie ihren Sinn daraus erhalten und somit uns als immer schon gedeutet begegnen. Husserl postuliert deshalb die reine Erfahrung, d.h. eine mit Interpretation nicht mehr durchsetzte Erfahrung, als etwas *abstraktiv* zu Gewinnendes. Die intentionale Analyse der reinen Welterfahrung setzt also erst nach dem Abbau der ge-schichtlichen Sinnesniederschläge unserer Weltauslegung an, d.h. nach der Reduktion der aus unserer kulturellen Lebenswelt ent-stammenden Habitualitäten.

Gegen die Anwendung eines abstraktiven Verfahrens innerhalb der Intentionalanalyse hat man aber – mit Recht – Bedenken geäußert. Was garantiert nämlich, daß dieser abstraktive Prozeß, dessen sich die intentionale Analyse bedient, um die Strukturen der reinen Erfahrung bloß zu legen, am Ende doch nicht als etwas Konstruiertes und phänomenologisch nicht Aufweisbares erwie-sen wird? In *Erfahrung und Urteil* hatte Husserl sich damit gerechtfertigt, daß er die Abstraktion der reinen Erfahrung als die ,,Grundstruktur jeder Erfahrung im konkreten Sinne'' (S. 53) ansetzte, und zwar in dem Sinn, daß das schlichte Begegnen eines Gegenstandes die Voraussetzung für hinzukommende Sinnbildun-gen im Bereich der Praxis, des interpretierenden Denkens usw. darstellen soll.

In den Manuskripten zur Weltapperzeption wird ähnlich moti-viert, wenn Husserl das Argument vorbringt, daß nur eine Welt reiner Erfahrung die Identität der Welt beim Wandel der Welt-auslegungen garantieren kann. Nur weil sich die Welt als Selbst-gegebenes der schlichten Erfahrung vor jeder Sinnauslegung

---

[4] Vgl. *Erfahrung und Urteil*, S. 52.
[5] Vgl. unten S. 209 f.

konstituiert ist, haben wir Bezug zu einer uns allen gemeinsamen Welt.

Husserls Argumentation in A VII 6[6] zufolge bedeutet die Reduktion auf die Welt purer Erfahrung keineswegs das Absehen von allen Interessen des Ich; deshalb ist sie eigentlich nicht abstraktiv, sondern wird aus einer konkreten Situation her gewonnen. Wir zitieren daraus folgenden Satz: ,,Es ist nicht korrekt, ja leicht irreführend, wenn man in dem Übergang von der Welt, wie sie mir und uns jeweils konkret geltende ist, nun sagt: ich will mich an die Welt rein als Welt der Erfahrung halten und ,abstrahiere' zudem von allen Gefühlen, Stimmungen, in die sie mich, als wie sie mir durch Erfahrung gegeben ist, versetzt, ich abstrahiere von den praktischen Interessen, die ich in bezug auf sie verfolge, von meinen praktischen Vorhaben welcher Art immer, auch von allen meinen wissenschaftlichen Vorhaben, sowie auch von den Gedanken, die ich mir für sie bilde und gebildet habe'' (A VII 6, S. 5a).

Die ,,Abscheidung,'' wie Husserl sagt (l.c.), einer Welt reiner Erfahrung rechtfertigt sich jedoch aus der Möglichkeit, bei der Gegebenheit jedes weltlich Seienden folgendes zu unterscheiden: ,,1) mit welchem Gehalt es mir gilt in Gewißheit als seiend, 2) wie ich mich dazu verhalte als zu dem mir so geltenden, als zu dem für mich so und so Seienden, bezw., wie wir uns dazu verhalten, als zu dem gemeinsam für uns in Gewißheit Seienden. Das weist auf Gefühl und Stimmung, das weist auf Begehren, anderes Wünschen, praktische Möglichkeiten gewinnen, sich entscheiden, handeln. Es weist aber auch auf Unterschiede von Verhaltungsweisen in Ernst und Spiel mit entsprechenden habituellen Interessen, auf betrachtendes und theoretisches Erfahren, auf Interessen der Bewährung, auf habituelles theoretisches Wahrheitsstreben. Das Interesse der Bewährung im jeweiligen Dienst einer Praxis (des Ernstes oder Spieles ev. der zum Ernst gewordenen Theorie) führt auf Erfahrung als Selbsthabe, Selbsterfassung, als konsequente Erfahrung auf das volle Selbst gerichtet, das in der praktischen Situation das praktische Interesse voll erfüllt. Und schließlich können wir ein theoretisches Interesse dafür etablieren, die für uns seiende Welt der reinen Erfahrung

---

[6] Wir zitieren im folgenden ausgiebig von diesem Text (entstanden circa 1930), da er noch nicht veröffentlicht wurde und deshalb schwer zugänglich ist.

zu konstruieren – uns ausschließlich auf Erfahrung zu beschrän-
ken und die Frage zu stellen, wie überhaupt konsequente Erfahrung und darin Konsequenz des Erfahrens selbst und erfahrenen
Welt überhaupt und als solche aussehen müßte" (A VII 6, S.
5b). Die Reduktion auf die pure Erfahrungswelt setzt also ein
theoretisches Interesse an der Selbstgegebenheit der Welt voraus.
Dieses Interesse gilt nun eben dem irrelativen Seinssinn, welcher
der Welt zukommt, wenn diese außerhalb praktisch-kultureller
Interessenlagen betrachtet wird, also aus der „Interessenlage"
reiner Theorie aus. Erst diese besondere Interessenlage eröffnet
den Zugang zur Welt als eine nach identischem, invariantem
Seinssinn selbsterfahrene Welt. „Wenn aber im fortschreitenden
Erfahren und im fortschreitenden Konnex kommunizierender
Subjekte und ihrer sich vergemeinschaftenden Erfahrungen die
Welt als dieselbe gilt und nur aus dem Tun der Subjekte sich an
Bestimmungen, an Gehalten bereichert, so ist die Frage, was
diese eine und selbe Welt ist und, wie weit immer, sie in solchen
Umgestaltungen und Erweiterungen ihres zeitweiligen Soseins
verfolgt werden mag, wie sie als Welt aus reiner Erfahrung notwendig beschaffen sein muß, unabhängig von der jeweiligen Ausgangssituation, den jeweiligen Subjekten, des für sie wirklich
Erfahrenen usw. Die Frage gilt dann also den Wesenstrukturen,
die einer im Wandel der einzelsubjektiven Erfahrung (und der
beteiligten endlichen Intersubjektivitäten selbst) erfahrenen
identischen Welt notwendig zukommen müssen rein als Welt
solcher universalen Erfahrung, und wie korrelativ die Wesensstruktur fortschreitender Erfahrung selbst, Einzelerfahrung, Ver-
gemeinschatungen der Erfahrung beschaffen ist, als immerfort
identische Weltobjekte in einer identischen Welt, bezw. diese
selbst erfahrend haben müssen" (A VII 6, S. 6a).
    Wenn nun die Welt reiner Erfahrung als identischer Seinssinn
unabhängig von der „jeweiligen Ausgangssituation," die unser
Verhalten zum weltlich Realen vorbestimmt, thematisiert werden
kann, so hat die Reduktion auf die Welt purer Erfahrung durch
Abbau der idealisierenden Konstruktionen der exakten Wissenschaften in diesem Kontext folgende Bedeutung: 1. insofern die
exakten Wissenschaften den Anspruch erheben, die Welt als
objektiv bestimmbare Natur zu treffen, bedeutet die Rückkehr
zur Welterfahrung zwar die Bestimmung der Welt als einen

subjektiv-relativen Bereich der Intentionalität; 2. insofern aber die exakten Wissenschaften ihre „Objektivität" nicht aus dem erfahrungsmäßig Gegebenem haben und somit nicht eine Explizierung der Erfahrung, sondern eine „Weltinterpretation" liefern, die trotz ihres Anspruchs auf Objektivität doch nur aus einem besonderen Entwurf des erkennenden Subjektes verständlich ist, bedeutet die Rückkehr von der Wissenschaft zur Erfahrung die Restituierung der Welt als den Bereich der eigentlich objektiven, den Gegenständen als selbstgegebenen erst gerechten Evidenz.

Somit wird die exakte Wissenschaft auf die Seite des hermeneutischen Denkens gebracht,[7] während die transzendentale Philosophie als Ontologie der Welterfahrung entworfen wird.

§3. *Die transzendentale Ästhetik als Weltontologie: der „strukturalanalytische" Ansatz*

Für die Durchführung der transzendentalen Ästhetik als *Weltontologie* wählt Husserl zunächst den traditionellen Ansatz bei

---

[7] Daß die Wissenschaft – der Erfahrung gegenüber – eine „hermeneutische Sprache" verwendet, wird von Philosophen, die aus entgegengesetzten Richtungen des philosophischen Denkens kommen, auch erkannt und kräftig zu Ausdruck gebracht. Vgl. z.B. Jean Ladrière, „La théologie et le langage de l'interprétation," *Rev. Phil. de Louvain*, 1970, 3, pp. 241–267. Wir zitieren folgenden Passus, der unseres Erachtens mit den phänomenologischen weltontologischen Analysen in Einklang steht: „La science tend à s'accorder à des aspects de la réalité sur lesquels nous pouvons obtenir des indications par l'intermédiaire de nos appareils sensoriels. Mais elle ne vise pas pour autant à reconstituer le système total des phénomènes. Ce n'est pas du tout le vécu qui l'interesse, mais la structure du monde, autrement dit son aspect logique. Elle détermine à l'avance ce qu'elle espère atteindre, grâce à une schématisation abstractive qui répond à une ontologie implicite, selon laquelle l'étoffe de l'univers visible est de nature logique. Bien entendu cette ontologie ne peut être tenue pour vraie à l'avance; elle représente une sorte de croyance préalable, qui doit être mise à l'épreuve dans la réalisation même du dessein qu'elle sous-tend. La perception n'est invoquée que pour nous donner indirectement des informations sur la structure que nous essayons de reconstituer. Mais, comme on l'a déjà souligné plus haut, elle ne peut founir ces informations qu'à la condition d'être interpretée elle-même au moyen d'un langage adéquat. Or ce langage doit être approprié à la nature presumée de la réalité visée, autrement dit il doit être conforme aux présuppositions ontologiques selon lesquelles s'effectue le déchiffrement de l'univers. Il ne peut donc être que le langage des mathématiques. Comme on peut dire que l'ontologie préalable est elle-même une sorte d'interprétation globale, on est amené à distinguer deux niveaux de l'interprétation: il y a l'interprétation fondatrice, qui ouvre le domaine à l'intérieur duquel pourra se déployer l'entreprise théorique et fournit à l'avance la justification de celle-ci, et il y a l'interprétation effectuante, qui remplit pour ainsi dire progressivement le cadre ainsi établi en élaborant effectivement des théories dont elle s'efforce d'établir critiquement la validité" (S. 256).

In Anknüpfung an K. Popper und P. Feyerabend, zeigt Ladrière, daß „même dans les sciences empiriques, nous n'atteignons jamais des faits purs, indépendamment du langage, que nous ne pouvons parler de faits qu'en les interprétant, que le langage de la science doit donc être considerée comme un langage hernéneutique" (S. 253).

den Form-Inhalt-Modell. Daß Husserl die Theorie der Welterfahrung anhand eines Denkmodells aufstellen will, die sich bei anderen intentional-analytischen Fragen nicht bewähren konnte, läßt sich dennoch verstehen, wenn man folgendes berücksichtigt: Die Forderung einer transzendentalen Ästhetik als Weltontologie ergibt sich, wie wir sahen, aus Husserls Bestimmung des Erfahrungsbegriffes als Selbstgegebenheit (in der Erfahrung konstituiert sich die Welt in ihrem Selbstsein mit einem identischen, ihrem Ansichsein angemessenen Seinssinn): die Erfahrung aber erweist sich als ein Bereich von Sinnbildungen, die im stetigen Wandel begriffen sind, wobei jedoch ein identischer Beziehungspol der konstituierenden Intentionen stets erhalten bleibt. Es leuchtet daher ein, daß Husserl die in der Welterfahrung konstatierte Verflechtung von Sinnesabwandlungen und Sinneserhaltung durch Anwendung des Form-Inhalt-Modells erklären möchte; die Form stellt nämlich in der traditionellen Metaphysik das Moment des ständigen Vorhandenseins dar, während der Wandel dem Inhalt überlassen wird. Die Selbstheit des Gegebenen (d.h. der Welt) wird somit in einer invarianten Form gesucht. Die eigentliche Aufgabe der transzendentalen Ästhetik wäre daher die Aufweisung der formal-ontologischen Struktur der Erfahrungswelt. Die Implikationen dieses theoretischen Ansatzes wollen wir jetzt anhand eines Forschungsmanuskripts Husserls,[8] das wir für besonders repräsentativ seines Denkens halten, ausführlicher darstellen.

Husserls Ontologie der Erfahrungswelt stützt sich unseres Erachtens auf drei Hauptthesen, die er zwar als solche nicht ausdrücklich heraushebt, die wir aber auseinander zu halten versuchen wollen.

1. Die These, daß sich die Welt in *identischer Seinsgeltung* erhält.

Diese These besagt: Bei aller Modalisierung und Korrekturbedürftigkeit unserer Welterfahrung, ist nicht nur jeweils *eine* Welt, sondern eine und die *selbe*, uns allen gemeinsame Welt ständig gemeint. Es ist immer eine identische Welt, in der ich, in der wir – d.h. ich und die Menschen, die mit mir mittelbar oder unmittelbar kommunizierend eine Intersubjektivität bilden können –

---

[8] Das Manuskript trägt die Signatur A VII 14 und die Aufschrift: *Transzendentale Ästhetik*. Es enthält Texten, die zwischen 1920 und 1929 konzipiert wurden.

leben, trotz aller Unstimmigkeiten in unseren Weltvorstellungen, die die Welt ihrem Sosein nach anders erscheinen läßt.[9]

2. Die These, daß die Welt bei allem Wandel der Erfahrungsinhalte in einem *invarianten* „*Formstil*" erhalten bleibt.

Diese These besagt folgendes: Obwohl sich die Welt ihrem Sosein nach uns jeweils anders erscheint, dürfen wir nicht nur das Sein der Welt als ihr ständiges Weitergelten für uns behaupten, sondern auch das Bestehen einer invarianten Formstruktur.[10] Während die erste These den Wandel der Welt ihrem Sosein nach ganz allgemein und undifferenziert konzediert, schränkt die zweite These dagegen den Wandel auf das *inhaltliche* Sosein der Welt ein. Also, nicht nur ihrer Seinsgeltung nach, sondern auch der formalen Struktur ihres noematischen Seinssinnes nach verharrt die Welt für uns in ständiger Identität.

Die so entworfenen Ontologie der Welterfahrung wird auf diese Weise zu einer Theorie der Welt als „natura formaliter spectata,"[11] freilich aber auf einer transzendental-ästhetischen Stufe, insofern diesen Formen der Welterfahrung (bzw. der Erfahrungswelt) ein bloß typischer und nicht der exaktdefinite Charakter von idealisierten Formalitäten zukommt.

---

[9] „Aber es genügt zunächst das für uns, daß wir, wo immer wir unser Leben fassen, ‚die' Welt finden als die unsere und zunächst als die immerfort erfahrene und erfahrbare, als in unserer Vergangenheit immerfort erfahrene und erfahrbar gewesene und selbstverständlich voraussichtlich, immer ebenso sein werdende" (A VII 14, S. 2 b). „In diesem Wechsel erhält sich doch ‚die Welt' in identischem Sein, oder was dasselbe, in durchgehend Identitätsgeltung. Die Welt ist und bleibt dieselbe, nur bedarf sie nach dem, was in ihr ist und was ihre Beschaffenheit anlangt, der Korrektur" (a.a.O., S. 3 a). „Was wir in abstraktiver Beschränkung auf die Erfahrungswelt des Einzel-Ich beschrieben haben, gilt offenbar fort, auch wenn wir zum Wir übergehen, also wenn wir uns in Gemeinschaft mit anderen Erfahrenden voraussetzen und schließlich dazu übergehen, diese Gemeinschaft beliebig zu erweitern. (...) Immer bleibt dies erhalten, daß eine gemeinsame Welt erfahren ist, und das gilt uns auch als selbstverständlich, daß gegenüber den Differenzen im Geltungsbestand dieser Welt, also den Unstimmigkeiten unserer und fremder Erfahrungen, doch ein Ausgleich durch herzustellende Einstimmigkeit möglich ist" (a.a.O., S. 3 b).

[10] „Aber den Weltglauben habe ich doch, als den durch alle bisherige Erfahrung in ihrer universalen Verknüpfung hindurchgehenden an ‚diese' Welt, an eine Einheit, für die eine universale Formstruktur vorgezeichnet ist ..." (A VII 14, S. 32a).

[11] „Eine Beschreibung der Erfahrungswelt, eine allgemeine, typisierende Beschreibung, die mir die Welt nach ihren durchgehenden typischen Strukturen enthüllt, ist natürlich eine Leistung des Denkens. Aber was ich dabei leiste und in der höheren Stufe zu neuartiger Selbstgegebenheit bringe: Begriffe und Sätze über die Natur, schließlich in eidetischer Betrachtung die Wesensgesetzmäßigkeit einer Welt überhaupt – formaliter spectata –, das ist eben reine Beschreibung auf dem Grunde möglicher reiner Erfahrung (was eigentlich eine Tautologie ist)" (A VII 14, S. 4 a).

3. Die Welt erhält sich in einer invarianten *regional-ontologischen* Formstruktur.

Die These ergänzt die vorangehende, indem sie das Wesen der Formstruktur der Welt bestimmt. Es handelt sich nicht um faktische, d.h. historisch-kulturell bedingte Kategorien, sondern um Wesensgattungen, eidetische Regionen, die eine *ontologische* Notwendigkeit mit sich führen:[12] sie betreffen somit das Wesensmäßige in der Weltapperzeption.[13]

Die dritte These, daß die Welt in einer invarianten Formstruktur regional-ontologischen Charakters erhalten bleibt, ist die folgensschwerste, weil sie erst die Möglichkeit einer strengen philosophischen Wissenschaft von der Welt ermöglicht. Die erste These brachte bloß die Gewißheit des Seins der Welt gegenüber der Unstetigkeit der Einzelerfahrungen zum Ausdruck – und zwar indem die Seinsgewißheit der Welt als die Voraussetzung, d.h. als ein notwendiges intentionales Implikat der Erfahrung von Realem genommen wurde. Während diese ihrem Wesen nach inadäquat bleibt (und immer so bleiben muß), hat die Seinsgewißheit der Welt einen fraglosen und apodiktischen Charakter, insofern sie die Voraussetzung jeder Einzelerfahrung, und somit jeder Intention auf Transzendentes ist. Die erste These stellt also nur eine Berichtigung von Husserls früherer Annahme der Möglichkeit einer „Weltvernichtung." Diese Annahme gründete auf der anderen Hypothese, daß sich die Seinsgewißheit der Welt in ähnlicher Weise konstituierte, wie die Seinsgewißheit von Einzelrealen, nämlich als ein Anspruch, die auf Bewährung in einer synthetischen Verknüpfung von Erfahrungen, die in Einstimmigkeit verlaufen, angewiesen ist. Die Seinsgewißheit der Welt war also vom Standpunkt einer „Welterfahrung," „Weltapperzeption" her gedacht, welche am Modell der Dingwahrnehmung konstruiert war.

[12] „Systematische Gliederung der anschaulichen Welt nach Regionen (konstitutiven Kategorien); es sind die obersten Regionen möglicher Deskription, es sind also die radikalen deskriptiven Regionen; Oberbegriffen der deskriptiven Wissenschaft. Das Apriori der anschaulichen Welt: Die a priori möglichen Welten (individuell anschaulichen Welten), das in exemplarischen Anschauungen von Objekten der betreffenden Region in freier Variation erfaßbare Wesen, in reinen Begriffen expliziert. Nehmen wir den Ausdruck *transzendentale Ästhetik* in denkbar weitesten Sinn, so würden diese entsprechenden Welten die gesamte Wesenslehre möglicher anschaulicher ‚Objektivität' überhaupt umspannen" (A VII 14, S. 14 a–b).
[13] „Die Frage der Ontologie ist, was gehört zum Wesen der Welt und einer Welt überhaupt" (A VII 14, S. 32b).

Die philosopische Anerkennung der Seinsgewißheit der Welt bedeutet eine Befreiung von cartesianischen Denkschemata. Indessen, obwohl die Hypothese der „Weltvernichtung" und der Angewiesenheit des Weltseins auf Bewährung in der Erfahrung der Theorie der transzendentalen Epoché (in *Ideen I*) zugrunde gelegt wird, stellt ihre Berichtigung durch die erste These jedoch keinesfalls einen Widerruf der Theorie der Epoché, insofern die Seinsgewißheit der Welt weiterhin als transzendental erkannt wird, d.h. als die Seinsgewißheit eines nicht-mundanen Subjektes, das eben Welt (als Welt der Erfahrung in inhaltlicher Hinsicht) konstituierend ist.

Die erste These impliziert dessenungeachtet noch nicht, daß diese Welt, deren Sein transzendental gewiß ist, auch bestimmbar, geschweige denn an sich bestimmbar, sei. Sie behauptet nur das Sein der Welt als gewiß. Was sie aber ist, welches ihr Wesen ist, und wie dieses bestimmt werden kann, bleibt dahingestellt. Erst die zweite These behauptet, sie sei bestimmbar, insofern eben ein Formstil in der Weltkonstitution aufweisbar ist.[14] Erst die Aufweisung dieses Formstils ermöglicht einem, von Aussagen über Einzelreales zu Aussagen über einen die einzelrealen Seienden übergreifenden Formzusammenhang überzugehen. Das Wesen dieses Formzusammenhanges bleibt aber unbestimmt, insofern ihre konstitutive Verfassung unbestimmt bleibt. Dieser Formzusammenhang kann nämlich etwa kulturellbedingte Weltvorstellungen betreffen, die vom Standpunkt subjektiver Interessenlagen bestimmt sind. Die Aufweisung eines solchen Formzusammenhanges könnte also gegebenenfalls nur ein geschichtliches Apriori bloß legen, das hermeneutisch wohl relevant wäre, aber nicht das Apriori einer in apodiktisch universaler Seinsge-

---

[14] „Subjektiv bestehen immerzu Offenheiten, unbeantwortete und nicht zu beantwortende Fraglichkeiten, an sich aber ist alles bestimmt, – die Welt ist Idee, korrelativ der Idee der im Leben beständig motivierten Bestimmtheit. Im Sinn der Erfahrung, in der Struktur des Erfahrungsglaubens, des universalen in seiner Gesamtstruktur, ist nun der Sinn der Welt einer allgemeinen Formstruktur nach vorgezeichnet. Ich habe nie für alles eine Bestimmung durch einen darauf expreß gerichteten in Erfahrungszusammenhang motivierten Glauben. Und *wenn* ich einen Glauben habe, so weiß ich sehr wohl, daß es ein Glaube auf Kündigung ist, der eventuell der Korrektur, eventuell sogar der Preisgabe gewärtig sein muß. Aber den Weltglauben habe ich doch, als den durch alles bisherige Erfahrung in ihrer universalen Verknüpfung hindurchgehenden an ‚diese' Welt, an eine Einheit, für die eine universale Formstruktur vorgezeichnet ist, und hinsichtlich der möglichen Erfüllung die Art, wie die Kenntnisnahme und der Weg dazuhin aussehen müßte" (A VII 14, S. 31 a–32 a).

wißheit intendierten Welt ausmachen könnte. Erst die dritte These präzisiert das Wesen dieses Apriori: es handelt sich nicht um kulturell bedingte Auffassungsformen der Weltrealitäten, sondern um regional-ontologische Formstrukturen, die eine objektive Notwendigkeit mit sich führen, und die somit die Bestimmung der Welt, wie sie an sich ist, ermöglichen. In inhaltlicher Hinsicht bleibt natürlich alles über die Welt Ausgesagte offen, d.h. nur unvollkommen unbestimmt und mit der Subjektivität der perspektivischen Auffassungen behaftet. Wenn aber die Welt nicht nur von einer kontingenten Interessenlage her bestimmt wird, sondern auch von einem theoretischen Standpunkt her, und wenn die theoretische Bestimmung der Welt einem notwendigen und objektiven Formstill gemäß erfolgt, so ist damit die Möglichkeit gegeben, zu bestimmen, wie es im voraus, a priori, mit der Welt bestellt ist.[15]

Die kritische Auswertung der transzendentalen Ästhetik wird den unterschiedlichen Charakter dieser Thesen zu berücksichtigen haben. Da erst die dritte These für den „struktural-analytischen" Ansatz der transzendental-ästhetischen Weltontologie charakteristisch ist, so wird diese nicht in ihrer Ganzheit getroffen, wenn die dritte These eventuell entkraftet wird. Wir bieten im folgenden Paragraph eine Kritik dieser These, indem wir zeigen, daß die Umschreibung einer Erfahrungswelt anhand von ontologischen Strukturformen zwar nicht überhaupt, aber zumindesten im Sinne einer die „Ideenwelt" transzendental begründenden Disziplin unmöglich ist.

4. *Transzendentale Ästhetik und genetische Phänomenologie*
Da für Husserl die Problematik der transzendentalen Begrün-

---

[15] „Fragen wir also ganz empirisch: Was für ‚Weltvorstellung' haben wir Menschen heutzutage oder hatten die Menschen immer? – so kann das zunächst allerdings bloß diejenige Vorstellung oder, konkreter gesprochen, diejenige allgemeine Weltmeinung betreffen, die die Menschen sich im Lauf der Erfahrung und in ihr motiviert, von der Welt gebildet und in ihren sprachlichen Fixierungen, darunter in ihren mytischen Urteilen oder in ihren philosophischen, angesprochen haben. Es kann aber auch heißen, was für allgemeine Weltvorstellung, was für allgemeine Meinung in allgemeiner Weltanschauung ergibt sich und ergibt sich notwendig, wenn wir uns irgendwelche Menschen in rein doxischer Einstellung, in einem ‚rein theoretischen Interesse' Welterfahrend denken und uns nun ausdenken, was sich für die erfahrene Welt notwendig ergeben muß, wenn überhaupt die erfahrende Setzung (oder ‚Meinung') in Form konsequenter Bewährung (eventuell durch Korrekturen hindurch) verlaufen würde" (A VII 14, S. 33 a).

dung eine Rückführung von den Denkkategorien auf die reine
Erfahrung erfordert, hat bei ihm die Unterscheidung von ,,reiner
Erfahrung'' und ,,idealisierendem Denken'' nicht nur einen *struk-*
turellen Sinn, sondern muß auch in einem *genetischen* Sinn gedacht werden. Dies zwingt Husserl zum Versuch, eine Trennungslinie zwischen reiner Erfahrung und ,,idealisierendem Denken'' zu
ziehen, als ob sie zwei aneinander grenzenden Bereiche (der Bereich der Sinnlichkeit und der Bereich des prädikativen Urteils,
also des Verstandes) wären, welche die Vernunft – d.h. das intentional konstituierende Bewußtsein – nacheinander zu durchziehen
hätte. Da nun der Phänomenologe die Erfahrung unter Abstraktion des urteilenden Denkens bestimmen muß, so ist er auf die
Sphäre des rein Wahrgenommenen zurückgewiesen. Diese ist aber
eine Sphäre, wo eigentlich kein Gegenstand als solcher intendiert
wird, denn zum Sinn des Gegenstandes als solchem gehört die
ideelle Identität; ferner, es ist nicht möglich, daß in der Sphäre
des reinen Wahrnehmens ein *Ding* als solches erfahren wird, da
die kategorialen Bestimmungen der Substanzialität und der Kausalität, welche zum Sinn des Dinges gehören, keine Bestimmungen der reinen Erfahrung sind. In der Sphäre des rein Wahrgenommenen begegnen uns nur – wie Husserl sagt – ,,Phantome,''
die raum-zeitlichen ,,Apparenzen'' der Dinge, eben vor ihrer
Konstitution als Dinge: die ,,Phantome'' sind nämlich bloß
raum-zeitlich ausgebreitete, empirische (farbige, klingende, etc.)
Komplexionen, die den Stoff zur nachträglichen kategorialen
Auffassung liefern.

Die Bestimmung des Wahrgenommenen als solchen, d.h. als
sinnlicher Darstellungsinhalt außer seiner kategorialen Darstel-
lungsform hatte Husserl schon in den *Logischen Untersuchungen*
zum Zweck der beschreibenden Analyse von sinnlichen und kategorialen Synthesen vorgeschlagen. Die Bestimmung des Wahrgenommenen als solchen unter dem Titel ,,Phantom'' findet man
zum ersten Mal in *Ideen II*, wo die Unterscheidung zwischen den
ästhetischen Synthesen und denjenigen von Dingen als substanzial-kausalen Einheiten behandelt wird. Obwohl die Standpunkte
jeweils verschieden sind (in den *Logischen Untersuchungen* geht
Husserl vom Standpunkt des formal-analytischen Apriori aus,
in *Ideen II* dagegen vom Standpunkt des formal-synthetischen
Apriori), sind sie komplementär. Die Rede von ,,Phantom'' und

die Rede van ,,Darstellungsinhalt" stimmen darin überein, daß
beide zum Zweck der Beschreibung von *Formstrukturen* der Gegenstandskonstitution formuliert sind. Wenn nun Husserl in den
Manuskripten zur transzendentalen Ästhetik darauf zurückgreift,
so zeigt sich darin, daß er mit dem Form-Inhalt-Modell weiter
operiert.

Da nun aber die analytische Gegenstandskonstitution und die
synthetische Dingskonstitution in der Sphäre der puren Wahrnehmung fehlen, so fehlt damit auch die Weltkonstitution
schlechthin, insofern für diese letzte die Auffassung von objektiven Zusammenhängen im logischen ,,Raum" und von realen
Verknüpfungen im sinnlichen Zeitraum erforderlich ist.[16] Soll
also die Weltapperzeption schon auf der Stufe der Erfahrung
erklärt werden, so muß der Erfahrungsbegriff weiter als der
Wahrnehmungsbegriff gefaßt werden.

So erklärt sich die stetige Verschiebung der Trennungslinie
zwischen ,,Verstand" und ,,Sinnlichkeit" in den in Frage stehende
Manuskripten: auf der einen Seite muß Husserl diese Grenze ganz
hoch festsetzen, weil die wahrgenommenen Welt qua Welt (=qua
System aller Gegenstände) Sinnstrukturen enthält, die der bloß
wahrnehmenden Erfahrung nicht entstammen können: es sei
zuerst auf die ,,Sinnestranszendenz" hingewiesen, die jedem Gegenstand als idealem Substratspol und jedem Ding als substan-
zial-kausalem Verhältnis gehört, und des weiteren auf die ,,Sin-
nestranszendenz" die bei der Konstitution der Welt als allumfassenden Gegenstandeshorizontes die Überschreitung aller Grenzen
gebietet. Um dieser Sinnestranszendenz Rechnung zu tragen,
muß Husserl die Trennungslinie zwischen Verstand und Sinnlichkeit so hoch wie möglich ziehen, damit auch die Erfahrung als sie
entwerfend gefaßt werden kann. Diese Sinnestranszendenz nennt
Husserl wegen der Unendlichkeit, die in ihr impliziert ist, eine
Idee. Es gibt allerdings einen ganz rechtmäßigen Sinn, in dem
man von Ideen in Bezug auf die Erfahrung sprechen kann, wie
wir noch sehen werden. Insofern aber Husserl die ideelle Sinnestranszendenz der Weltfahrung als eine durch ontologische Formen bestimmt[17] denkt, führt dies praktisch zur Unmöglichkeit,

---

[16] Husserl bestimmt ausdrücklich die Welt als ,,Gegenstandsmannigfaltigkeit,"
,,Gegenstandssystem" in A VII 14. Siehe S. 30 a.

[17] ,,Subjektiv bestehen immerzu Offenheiten, unbeantwortete und nicht zu beant-

Verstand und Sinnlichkeit zu trennen. Denn die Formen der
Sinnlichkeit wären erst Weltkonstituierend, wenn sie den selben
ideellen Charakter hätten, wie die Formen des Verstandes.

Andererseits aber, wenn die reine Erfahrung als Boden und
Ursprung des idealisierenden Denkens in Abhebung gegen dieses
umschrieben werden soll, dann muß die Grenzlinie so tief wie
möglich gezogen werden, um die reine Erfahrung rein von allen
Denkinhalten zu erhalten. Daher der Versuch, die Erfahrung auf
das reine Wahrnehmen einzuschränken. Da aber bei dieser Einschränkung die Weltkonstitution nicht mehr durch die Erfahrung
zu erklären ist, muß man die Trennungslinie wieder nach oben
verschieben. So erweist sich die Alternative bei der Unterscheidung von Sinnlichkeit und Verstand als ein ,,circulus vitiosus.''

Daran scheitert unserer Ansicht nach die transzendental-ästhe-
tische Weltontologie – zumindesten, insofern sie den struktur-
analytischen Ansatz für die genetische Klärung des Verhältnisses
zwischen Erfahrung und ,,Ideendenken'' übernimmt. Es scheint,
als ob Husserl unter dem Titel ,,transzendentale Ästhetik'' nur
eines von beiden anzubieten hätte: entweder die Kantische Theorie der ,,natura formaliter spectata,'' und somit die Projizierung
des wissenschaftlichen Weltbildes in eine vom Denken her konstruierte reine Erfahrung, oder sonst etwas, was deskriptiv zwar
nicht sinnlos ist, aber eigentlich nichts mehr mit ,,Welt'' im
eigentlichen Sinne zu tun hat.

Hätte aber Husserl es damit bewenden lassen, so wäre sein
ganzes Projekt einer transzendentalen Begründung des logischen
Denkens mißglückt. Die Manuskripten zur transzendentalen Ästhetik nehmen aber auch einen anderen Standpunkt ein, der eine
andere Unterscheidung zwischen Erfahrung und idealisierendem
Denken ermöglicht.

Der Entwurf der transzendentalen Ästhetik als Weltontologie
scheitert an der Unmöglichkeit, eine *Welt* reiner Erfahrung durch
Apperzeptionsformen zu umgrenzen. Zur Weltkonstitution gehört das Vorgreifen über die Wahrnehmung hinaus auf das Bestehen von objektiven Sachverhältnissen (d.h. das Vorgreifen auf

wortende Fraglichkeiten, an sich aber ist alles bestimmt, – die Welt, ist Idee, korrelativ der Idee der im Leben beständig motivierten Bestimmtheit. Im Sinn der Erfahrung, in der Struktur des Erfahrungsglaubens, des universalen in seiner Gesamtstruktur, ist nun der Sinn der Welt einer allgemein Formstruktur nach vorgezeichnet''
(A VII 14, S. 31 a).

identische, objektiv bestimmbare Gegenstände als beharrende
Kausaleinheiten). Welt wird somit nur in einer Ad-perzeption
konstituiert, d.h. in einer zur Wahrnehmung hinzukommenden
Antizipation nach Ideen der objektiven Erfahrung. Die Weltapperzeption ereignet sich somit erst in der Überschreitung der
Wahrnehmung. Man kann zwar noch in einem uneigentlichen
Sinne von „Welt reiner Wahrnehmung" sprechen, insofern man
die Formen der Sinnlichkeit bzw. der sinnlich erfahrenen Gegenstände mit zur Welt rechnet. Dabei aber rechtfertigt sich die
Rede von „*Welt* reiner Wahrnehmung" nicht aus einer intentionalen Analyse der Wahrnehmung, sondern aus der über sie hin-
ausgreifende Antizipation. Es gibt also eigentlich keine „*Welt*
reiner Wahrnehmung," sondern nur eine erst durch „Ideendenken" konstituierte Welt, wo aber freilich Strukturen zu unterscheiden sind, die unabhängig der eigentlichen Weltkonstitution
bloß gelegt werden können.

Es wäre nichts dagegen einzuwenden, wenn die transzendentale Ästhetik nicht eine transzendental begründende Disziplin
sein sollte, wenn das idealisierte Weltbild der exakten Wissenschaften nicht auf die „Erfahrungswelt" zurückzuführen wäre,
und wenn es also kein Genesis- und Begründungsverhältnis
zwischen Erfahrung und Denken gäbe. Wir sind aber der Meinung, daß es Husserl gelingt, dieses Verhältnis zu erklären, wenn
er die Erfahrung nicht mehr nach Auffassungsformen bestimmt,
sondern nach der ihr immanenten Teleologie auf Wahrheit. Wir
unterscheiden also (trotz ihrer Vermengung in den Forschungs-
texten Husserls) den struktural-analytischen Ansatz der transzendentalen Ästhetik, welche die Welt reiner Erfahrung diesem
Ansatz zufolge nach regionalen Strukturformen zu beschreiben
hat, und einem anderen Ansatz, den wir genetisch-analytisch
nennen können, und der unseres Erachtens zu einer anderen
Bestimmung der transzendentalen Ästhetik und ihrer ontologischen Bedeutung führt.

Der Ausdruck „Teleologie der Erfahrung" bezeichnet nichts
anderes als die schon zur Geltung gebrachte Bestimmung der
Erfahrung als Selbstgegebenheit eines Gegenstandes, insofern die
Selbstheit eines Gegenstandes nicht das empirische Korrelat einer
aktuellen Synthesis ist, sondern die ideale Bestimmung eines
Bewußtseins. Nur insofern die Erfahrung auf Selbstgegebenheit,

und das heißt: auf Wahrheit ausgerichtet ist, vermögen wir einen Bezug zu Gegenständen, zur Welt, herzustellen. Die Erfahrung als weltkonstituierend hat also keineswegs – wie vom „strukturalistischen" Ansatz her supponiert wird – den Charakter purer Wahrnehmung, sondern sie ist schon die Bewegung eines Diskursus, der sich nach teleologischen Ideen richtet. Insofern ist die Erfahrung schon Vernunft und die strukturelle Unterscheidung von „reiner Wahrnehmung" und „Ideendenken" fällt weg. Der Vernunftcharakter der Erfahrung wird mehrmals von Husserl betont und zwar im allgemeinen, wenn die Erfahrung als Evidenz bestimmt wird.

Dies besagt aber keine rationalistische Einholung der Erfahrung. Denn Vernunft kommt für die Erfahrung weder als Vermögen, noch als Formstruktur, in Frage, sondern als die *intentionale* Dimension der Erfahrung. Die Erfahrung ist *schon* Vernunft, indem sie auf Wahrheit (d.h. auf objektive Bestimmung) ausgerichtet ist. Dies besagt aber auch, daß sie *noch nicht* Vernunft ist. Vernunft ist als *telos* schon in der Erfahrung angelegt, aber noch nicht realisiert. Das heißt, daß die Vernunft die eigentliche Seinsweise der Erfahrung ist, die diese zu sein hat. Dieses Zusein der Erfahrung, die Husserl gewöhnlich Antizipation nennt, nennt er in einigen Spätmanuskripten bezeichnenderweise auch als „Entwurf"[18] (selbstverständlich in Anlehnung an Heidegger). Insofern die Erfahrung nach Ideen antizipierend ist, hält sie sich von vornherein in einem Horizont der Vorausgelegtheit. Die Erfahrung legt schon die Welt aus, sie ist an sich z.B. schon Logik oder Wissenschaft, indem sie auf eine aktuelle Auslegung vorgreift und sie voraussetzt.

In der Teleologie der Erfahrung ist also zweierlei enthalten:

1. Insofern Vernunft in der Erfahrung schon angelegt ist, darf man sagen, daß die Erfahrung von sich aus Auslegung anregt, Auslegung fordert. Nehmen wir die Logik und das wissenschaftliche Denken als eine Art der Erfahrungsauslegung, so dürfen wir sagen, daß die Idealisierungen der Wahrheit an sich und der objektiven Bestimmbarkeit schon in der Erfahrung enthalten sind. Man darf daher diese Idealisierungen im Rückgang auf die Erfahrung nur deshalb begründen, weil die Erfahrung von sich

---

[18] Vgl. A VII 1, S. 3a.

aus auf solche Auslegung vorblickend ist (freilich „nur" als *eine Möglichkeit*).

2. Da man aber nie am Anfang einer Geschichte steht, darf man annehmen, daß die Auslegungsmöglichkeiten der Erfahrung nicht nur offene Möglichkeiten sind, sondern schon erfüllte, zumindest ansatzweise „gekonnten" Möglichkeiten. Räumt man das ein, so muß auch zugegeben werden, daß die Explizierung der Erfahrungsstrukturen immer von einer Auslegungstradition her unternommen wird. So nimmt Husserl gerade die formale Logik und die exakte Naturwissenschaft, die er in der vorprädikativen, „reinen" Erfahrung begründen will, zum Leitfaden seiner Analyse der Erfahrung.[19] So ist die Erfahrung, die er thematisiert, nicht die Erfahrung schlechthin, sondern die Erfahrung, die sich eben in der Logik und in der Naturwissenschaft auslegen läßt. Daß Husserl so vorgegangen sei, bezeugt aber nicht nur die Einseitigkeit seines Verfahrens (wie man es ihm kritisch vorhalten kann), sondern auch (und dies ist der positive Ertrag aus der Kritik an Husserl) die unumgängliche Zirkularität der transzendentalen Ästhetik. Wenn die Erfahrung die Logik zu begründen vermag, dann nur, weil sie durch ihre immanente Teleologie auf die Wahrheit als wahres oder objektives Sein die Logik und die exakte Wissenschaft „vor sich" hat als eine ihr immanente Möglichkeit.

Die Intentionalanalyse, welche die Erfahrung nicht mehr erkenntnistheoretisch anhand von „Auffassungsformen" bzw. ontologisch anhand von invarianten Strukturen erklären will, sondern die Erfahrung am Leitfaden ihrer teleologischen Struktur zu erforschen versucht, verschafft uns also die Möglichkeit, die Lehre der transzendentalen Ästhetik neu zu verstehen und zu bewerten. Dem struktural-analytischen Ansatz zufolge sollte die Erfahrung in sich ein invariantes Formapriori der Welt durchblicken lassen. Aus Gründen, die wir jetzt kennen, mußte dieser Versuch fehl schlagen. Gleichwohl stand dieser Ansatz in Einklang mit Husserls Begriff der Philosophie, insofern er zu einem Boden absoluter Voraussetzungslosigkeit – die Weltstruktur als Erfahrungsstruktur – führen sollte. Der teleologische-genetische Ansatz dagegen geht an die Erfahrung heran vom Standpunkt

---

[19] Vgl. E. Tugendhat, *Der Wahrheitsbegriff bei Husserl und Heidegger*, S. 254, und Paul Janssen, *Geschichte und Lebenswelt* (Phaenomenologica 35), S. 200.

ihrer immanenten Auslegungsmöglichkeiten. Insofern diese Auslegungsmöglichkeiten kein übergeschichtliches Apriori darstellen,
d.h. insofern die zeitliche Struktur der Erfahrungsteleologie nicht
nur als Offenheit für Zukünftiges, sondern auch als Bindung
an Vergangenes verstanden wird, muß der teleologisch-genetische
Ansatz auf das philosophische Desideratum der Voraussetzungslosigkeit verzichten. Daß es indessen bei Husserl nie dazu
gekommen ist, versteht sich aus der Einseitigkeit seines Verfahrens, die nur die Logik als Auslegungsmöglichkeit der Erfahrung
in Betracht zieht; er konnte aus diesem Grunde nicht mehr einsehen, daß die Irrelativität der am Leitfaden der Logik erwiese-
nen Erfahrungsstrukturen (Strukturen der objektiven Bestimmung, die ein starres regional-ontologisches System bilden) sich
erst in Bezug auf einen Sinneshorizont konstituiert, der selber
relativ ist und dessen Erschließung die Leistung einer geschichtlich erfolgten Stiftung ist.

Husserls Suche nach einer von Theorie und Interpretation ge-
reinigten Erfahrung behält trotzdem unseres Erachtens ihr Recht
und darf nicht zugunsten einer historizisierender Hermeneutik
preisgegeben werden. Daß die Erfahrung vor-interpretierend sei,
heißt nicht, daß sie im Griff einer faktischen, geschichtlich
verfestigten Interpretation gefangen ist; vielmehr hält sie sich
in der jeweiligen geschichtlichen Auslegung als einer von ihren
Möglichkeiten, und das heißt (Husserls Möglichkeitsbegriff gemäß): als ihrer *Vermöglichkeit*. Eine Frage nach der „reinen"
Erfahrung hat dann noch Sinn, weil die Erfahrung eben als unser
(erkennendes) Verhältnis zur Welt eben als dieses Verfügbarsein
für und Fähigkeit zu Interpretationen verstanden werden kann.
Aus diesem Grund geht die Philosophie in die bloße Verdeutlichung von historischen Sinneshorizonten und faktischen Weisen
unseres In-der-Welt-Seins: kulturelle Lebenswelten, Sprachspiele
oder wie das heißen mag, nicht ein, sondern soll darüber hinaus
eine transzendentale Untersuchung unseres erfahrungsmäßigen
Weltbezuges in kritischer Absicht durchführen.

Diese Erkenntnis zwingt zu einer Revidierung der üblichen
Kritik an Husserls Begriff der Philosophie als einer voraus-
setzungslosen Wissenschaft. Obwohl eine voraussetzungslose Analyse der „reinen Erfahrung" als *methodisch* unmöglich erwiesen
ist, und zwar wegen des hermeneutischen Charakters, den die

Erfahrung aus ihrer antizipativen Ausrichtung auf Wahrheits-
möglichkeiten gewinnt, hat die aus diesem Grunde zwangsläufig
hermeneutisch vorgehende Erfahrungsanalyse paradoxerweise
etwas zum *Thema*, was als Voraussetzungsloses angesprochen
werden darf und muß, sc. den apodiktischen Weltbezug der Erfahrung, insofern sie durch ein Ideenapriori vorbestimmt ist, d.h.
durch ein Apriori, welches erst die Möglichkeit von Weltauslegungen erschließt und offen hält.

Desgleichen muß die Kritik von Husserls Durchführungsver-
such der transzendental Ästhetik als Weltontologie dahingehend
revidiert werden, daß die Apodiktizität und Idealität der Welterfahrung (d.h. ihr nicht bloß faktischer oder historischer Charakter) eben als Thema einer Weltontologie erhalten bleibt, auch
wenn die transzendentale Ästhetik die Welt nicht mehr nach
starren Kategoriensystemen beschreiben kann. Die oben durchgeführte Unterscheidung von drei Hauptthesen innerhalb Husserls Weltontologie (s. S. 212 ff.), dient uns jetzt dazu eine differen-
zierte Beurteilung von Husserls Projekt vorzunehmen. Es hat
sich nämlich gezeigt, daß die Widerlegung der regional-ontologischen These gar nicht die Möglichkeit einer Weltontologie in
Frage stellt, insofern diese den identischen Seinssinn der Welt
als Ideenapriori und Möglichkeitsgrund der faktischen Weltauslegungen zu reflektieren hat.

Wir glauben, damit ein erneutes Interesse für Husserls Beschäftigung mit der „reinen Erfahrung" in einem transzendentalen Sinn gerechtfertigt zu haben. Wir sind der Meinung, daß
seine Lehre von der transzendentalen Ästhetik einen wichtigen
Ansatz für einen neuen Klärungsversuch des unsere Seinsweise
konstituierenden Weltbezuges enthält. Der vorliegende Aufsatz
entwickelte die Prinzipien für eine Interpretation der Husserlschen Lehre von der transzendentalen Ästhetik, nämlich die
Unterscheidung der strukturellen und der genetischen Analyse
der Erfahrungswelt und die Unterscheidung vom regional-ontologischen Weltbegriff und von einem „hermeneutischen" Begriff
der Welt als Idee. Er wies zugleich den Weg, den unserer Ansicht
nach einzuschlagen ist, sc. den Weg, der über die Verdeutlichung
der verschiedenen Weltauslegungen zur „reinen" Welterfahrung
als Möglichkeit der Weltauslegung führt. Die Wiederbelebung des
Interesses an einer phänomenologischen Wissenschaft von der

Welt als Erfahrungswelt darf aber unseres Erachtens nicht gegen andere Richtungen des gegenwärtigen Philosophierens ausgespielt werden. Weil wir von der Vorausgelegtheit der Erfahrung in der Logik und andere Formen der Weltauslegung und des In-der-Welt-Seins (Sprache, Arbeit, Technik, Kunst usw.) ausgingen, räumten wir eo ipso Platz für diejenigen Disziplinen ein, die zum Zweck der analytischen Verdeutlichung dieser Sinneshorizonte entworfen wurden. Insofern nun die Phänomenologie sich kritisch mit diesen Sinneshorizonten befassen, sie auf ihre Relativität und Genesis befragen, und uns darüber aufklären muß, steht sie in einem Begründungsverhältnis zu diesen anderen ,,Philosophien'' der Gegenwart, die sich neben der transzendentalen Phänomenologie als untergeordnete Disziplinen des philosophischen Denkens erweisen.

VERWENDETE ABKÜRZUNGEN VON HUSSERLS WERKTITELN

LU I   – Logische Untersuchungen, Band I Prolegomena zur reinen Logik).

LU II   – Logische Untersuchungen, Band II, 1. Teil (Untersuchungen zur Phänomenologie und Theorie der Erkenntnis).

LU III   – Logische Untersuchungen, Band II, 2. Teil (Elemente einer phänomenologischen Aufklärung der Erkenntnis).

Ideen I   – Ideen zu einer reinen Phänomenologie und phänomenologischen Phänomenologie. Erstes Buch.

Ideen II   – Id. Zweites Buch.

Ideen III – Id. Drittes Buch.

HUS X   – Band X der „Husserliana," Zur Phänomenologie des inneren Zeitbewußtseins.

HUS XI – Band XI der „Husserliana," Analysen zur passiven Synthesis.

FTL   – Formale und Transzendentale Logik.

EU   – Erfahrung und Urteil.

CM   – Cartesianische Meditationen.

Krisis   – Die Krisis der europäischen Wissenschaften und die transzendentale Phänomenologie.

LITERATURVERZEICHNIS

Asemissen, H.U. *Strukturanalytische Probleme der Wahrnehmung in der Phänomenologie Husserls*. Kantstudien, Ergänzungsheft, Band 73.

Bachelard, S. *La Logique de Husserl*. Paris: Presses Universitaires de France, 1957.

Berger, G. *Le Cogito dans la Philosophie de Husserl*. Paris: Aubier, 1941.

Biemel, W. ,,Les Phases décisives dans développement de la philosophie de Husserl" in *Husserl*, Cahiers de Royaumont III. Paris: Les Editions de Minuit, 1959.

Breton, S. *Conscience et Intentionnalité*. Paris: E. Vitte, 1956.

De Muralt, A. *L'Idée de la Phénoménologie*. Paris: Presses Universitaires de France, 1958.

Derrida, J. ,,Introduction" zu E. Husserl, *L'Origine de la Géométrie*. Paris: Presses Universitaires de France, 1962.

De Waelhens, A. *Phénoménologie et Vérité*. Paris: Presses Universitaires de France, 1953.

Fink, E. *Studien zur Phänomenologie*. Den Haag: Martinus Nijhoff, 1966.

Husserl, E. *Logische Untersuchungen*. 5. Auflage. Tübingen: Max Niemeyer, 1968. (3 Bde.)

— *Die Idee der Phänomenologie*. 2. Auflage. Den Haag: Martinus Nijhoff, 1958. (Husserliana, Bd. III)

— *Philosophie als strenge Wissenschaft*. Frankfurt: V. Klostermann, 1965.

— *Ideen zu einer reinen Phänomenologie und phänomenologischen Phäno-menologie*. Erstes Buch: *Allgemeine Einführung in die reine Phänomeno-logie*. Den Haag: M. Nijhoff, 1950 (Husserliana III).

— Id. Zweites Buch: *Phänomenologische Untersuchungen zur Konstitution*. Den Haag: M. Nijhoff, 1952 (Husserliana IV).

— Id. Drittes Buch: *Die Phänomenologie und die Fundamente der Wissen-schaften*. Den Haag: M. Nijhoff, 1952 (Husserliana V).

— *Zur Phänomenologie des inneren Zeitbewußtseins 1893–1917*). Den Haag: M. Nijhoff, 1966 (Husserliana X).

— *Erste Philosophie (1923–1924)*. 1. und 2. Teil (2 Bde). Den Haag: M. Nijhoff, 1956 und 1959 (Husserliana VII und VIII)

— *Phänomenologische Psychologie (1925)*. Den Haag: M. Nijhoff, 1962 Husserliana IX).

— *Analysen zur Passiven Synthesis (1918–1926)*. Den Haag: M. Nijhoff, 1966 (Husserliana XI)

— *Formale und Transzendentale Logik*. Halle: Max Niemeyer, 1929.

— *Cartesianische Meditationen und Pariser Vorträge*. Den Haag: M. Nij-hoff, 1963 (Husserliana I).

— *Erfahrung und Urteil*. Hamburg: Claassen Verlag: 1964.

— *Die Krisis der europäischen Wissenschaften und die transzendentale Phänomenologie*. 2. Auflage. Den Haag: M. Nijhoff, 1962, Husserliana VI).

Ingarden, R. „Le problème de la constitution et le sens de la reflexion constitutive chez Edmond Husserl" in *Husserl*, Cahiers de Royaumont III. Paris: Les Editions de Minuit, 1959.

Janssen, P., *Geschichte und Lebenswelt*. Den Haag: Martinus Nijhoff, 1970.

Kant, I. *Kritik der reinen Vernunft*. Hamburg: Felix Meiner Verlag (Philosophische Bibliothek), 1956.

Kern, I. *Husserl und Kant*. Den Haag: M. Nijhoff, 1964.

Landgrebe, L. *Der Weg der Phänomenologie*. Gütersloher Verlagshaus, 1963.

Lauer, J. Q. *Phénoménologie de Husserl*. Paris: Presses Universitaires de France, 1955.

— *The Triumph of Subjectivity*. New York: Fordham University Press, 1958.

Lyotard, J.-F. *La Phénoménologie*. Paris: Presses Universitaries de France, 1959.

Marx, W. „Vernunft und Lebenswelt" in *Hermeneutik und Dialektik*. Tübingen: J. C. B. Mohr, 1970. Neugedrückt in: *Vernunft und Welt* (Phaenomenologica 36). Den Haag: M. Nijhoff, 1970.

— „Das Problem der Sonderwelten bei Husserl." Freiburg: Verlag Rombach, 1969.

Merleau-Ponty, M. „Sur la phénoménologie du langage" in *Problèmes Actuels de la Phénoménologie*. Paris: Desclée de Brouwer, 1952.

Ricoeur, P. „Introduction du traducteur" zu E. Husserl, *Idées Directrices pour und Phénoménologie*. Paris: Gallimard, 1950.

Sokolowski, R. *The Formation of Husserls Concept of Constitution*. Den Haag: Martinus Nijhoff, 1964.

Tran-Duc-Thao, *Phénoménologie et matérialisme dialectique*. Paris: éditions Minh-Tân, 1951.

Tugendhat, E. *Der Wahrheitsbegriff bei Husserl und Heidegger*. Berlin: Walter de Gruyter, 1967.

SACHREGISTER

DATE DUE

MAR 1 0 2001			
			Printed in USA